Buch

In unserer Zeit der Orientierungslosigkeit und Verunsicherung ist es wichtiger denn je, unsere innere Kraft zu entwickeln und positive Einflüsse auf unser Lebensgefühl zu verstärken. Dazu lädt die bekannte Schauspielerin und Moderatorin Michaela Merten mit ihrem persönlichen Mutmachbuch ein. Sie schildert die Höhen und Tiefen ihres Lebens und ihre daraus resultierenden Einsichten. In fünf Stufen hilft sie LeserInnen zu einer neuen Lebensqualität:
1) Bestandsaufnahme – Wo stehe ich, wo will ich hin?
2) Richtige Ziele setzen. Tipps zu Entschleunigung und einem achtsamen Leben.
3) Loslassen, Verzeihen. Techniken für innere und äußere Reinigung.
4) Vernünftig reduzieren mit guter Ernährung, gesundem Wohnen und Freunden, auf die Verlass ist.
5) Den inneren Kritiker erkennen und Selbstliebe entwickeln.

Michaela Merten führt von innen nach außen – nicht umgekehrt, wie es dem inhaltslosen Zeitgeist der Verpackungsmeister und Schönheitsoperationen entspricht. Für ein breites Publikum zeigt die erfolgreiche, viel bewunderte Frau in prägnanter Sprache praktische Wege für die harmonische Balance von Körper, Geist und Seele.

Autorin

Michaela Merten hat ihre Schauspielausbildung am berühmten Max-Reinhardt-Seminar in Wien absolviert. Es folgten Engagements in namhaften Schauspielhäusern. Bekannt wurde sie durch zahlreiche Filmrollen, insbesondere ihre Hauptrolle in der Serie »Katrin ist die Beste«. 1999 wurde sie von den Lesern der Zeitschrift TV-Neu zur beliebtesten Schauspielerin Deutschlands gewählt. Michaela Merten hat sich einen Namen gemacht als Moderatorin, Schauspielerin, Sängerin und mit ihrer eigenen Glaskollektion. Sie ist glücklich mit dem Schauspieler Pierre Franckh verheiratet. Beide leben mit ihrer Tochter Julia in München.

Michaela Merten

Seelen-Coaching

Wege zu Gelassenheit und Lebensfreude

GOLDMANN
ARKANA

FSC
Mix
Produktgruppe aus vorbildlich
bewirtschafteten Wäldern und
anderen kontrollierten Herkünften
Zert.-Nr. SGS-COC-1940
www.fsc.org
© 1996 Forest Stewardship Council

Verlagsgruppe Random House FSC-DEU-0100
Das für dieses Buch verwendete FSC-zertifizierte Papier
München Super liefert Mochenwangen.

Die Originalausgabe dieses Buches erschien 2006 ebenfalls bei Arkana,
München in der Verlagsgruppe Random House GmbH.

1. Auflage

Vollständige Taschenbuchausgabe März 2009
© 2006 Arkana, München
in der Verlagsgruppe Random House GmbH
Umschlaggestaltung: Design Team München
Umschlagfoto (Porträt von Michaela Merten): Armin Brosch
Lektorat: Gerhard Juckoff
WL · Herstellung: CZ
Satz: Uhl + Massopust, Aalen
Druck und Bindung: GGP Media GmbH, Pößneck
Printed in Germany
ISBN 978-3-442-21859-2

www.arkana-verlag.de

Inhalt

Ein paar Gedanken vorweg… 11

1. Stufe: Wollen 15
   Wo stehe ich… 17
   Wo ist das Glück zu Hause? 27
   Gesunde Seele, gesunder Körper 36
   Aufgabe oder aufgegeben? 44
   Angst – von Anfang an dabei 50
   Wer nicht fragt, der nicht gewinnt 58
   Bedürfnisse erkennen und anerkennen 62
   Lieber unglücklich als glücklich? 67
   Missachtung in der Kindheit führt
      zu Minderwertigkeit 72
   Vergleich lähmt 79
   Ja, ich will! Die Entscheidung 84

2. Stufe: Entschleunigen 89
   Finden Sie wieder in Ihren natürlichen
      Rhythmus zurück 91
   Die Geschichte vom kleinen Mann
      im Ohr 96
   Lernen Sie Nein zu sagen 100
   Energie ist ein lebendiges Gebilde 105
   Wie man den Augenblick genießen lernt 111
   Perfektionismus ist die beste Selbstverhinderungs-
      maßnahme 116
   Keine Sorgen machen, leben! 123

Zeit 127
Allein sein oder all-eins sein 133

3. Stufe: Reinigen 139
Weg vom Ex! Lassen Sie los... 141
Manipulation 146
Wie viel Wut steckt noch in Ihnen? 149
Verzeihen und Vergeben – der Weg zur
  Leichtigkeit 154
Gedankenverschmutzung 158
Die Macht der Ohnmacht 163
Zweifel – Segen oder Fluch? 170
Unzufriedenheit bringt Unfrieden 176
Trauerarbeit heilt die Seele 181
Bin ich schuld? 185

4. Stufe: Reduzieren 189
Entrümpeln Sie Ihr Zuhause, und Sie entrümpeln
  Ihre Seele 191
Machen Sie sich innerlich frei von Stress 196
Was ist wirklich wichtig im Leben? 202
Entspannen Sie sich und lassen Sie los 208
Positive Gedanken – positives Erleben 213
Verwirrung und die Jagd nach Statussymbolen 216
Entscheiden Sie sich, glücklich zu sein 222
Emotionale Konflikte bergen die Lösung in sich 226

5. Stufe: Lieben 231
Fangen Sie an, sich selbst zu lieben 233
Fangen Sie an zu lieben, was Sie tun 241
Die Kraft der Partnerschaft 246
Entwickeln Sie sich zu einem liebenden Menschen .. 252

Fluchtmechanismen 257
Warum machen wir uns zum Affen? 261
Emotionale Kommunikation 264
Eine Verbindung zu sich und anderen entwickeln ... 269
Authentisch sein 274
Angst vor Nähe ist Angst vor Hingabe 278

Zum Ausklang 283
Literaturtipps 285
Danke! 287

Du bist wie deine tiefen, drängenden Wünsche.
Wie deine Wünsche, so ist dein Wille.
Wie dein Wille, so ist deine Tat,
und wie deine Tat, so ist dein Schicksal.
Upanischade

Ein paar Gedanken vorweg...

Jeder Mensch ist dazu geboren, sein wahres Potenzial zu leben und zu entdecken! In uns steckt viel mehr, als wir uns zugestehen! Was hindert uns also daran, einfach in die Welt hinauszugehen, spannende Dinge zu erleben, erfüllte Liebesbeziehungen zu erschaffen und rundum glücklich zu sein? Kurzum, das Leben zu leben, das uns zusteht? In uns ist ein unendlicher Reichtum an Möglichkeiten und Fähigkeiten.

Bis ich diese Wahrheit für mich entdeckt hatte, vergingen viele Jahre voller Minderwertigkeitsgefühle, Verwirrung, Unzulänglichkeiten, Fehler, kaputter Liebesbeziehungen und der Gewissheit, auf Erden die Einzige zu sein, die so fühlt und der nichts gelingt.

Diese Phasen wurden begleitet von Gefühlen der Einsamkeit, Ohnmacht, Hilflosigkeit und des schleichenden Misstrauens in mir, ob nicht alles, was uns ausmacht, ein »Versuchslabor« einer höheren Kraft – genannt »Gott« – ist. Dieser »Gott« beobachtet alles, was wir tun, und bestraft uns genau in dem Moment, in dem wir am glücklichsten sind. Also lieber gleich unzufrieden und unglücklich bleiben, mit einem leeren Gefühl im Bauch und der schleichenden Gewissheit, dass dies doch nicht alles gewesen sein kann. Warum bin ich denn hier? Um meine Seele zu erlösen? Welche Seele? Kennen wir uns?

Es folgten viele Jahre des Ausprobierens und der Sinnsuche. Ich fand mich in Gruppen wieder, in denen viel geweint und geschrien wurde, wo man sich ständig umarmte oder angiftete und die Wände wackelten unter den vielen Hassbezeugungen, die sie aushalten mussten. Kissen wurden gewürgt und geschlagen und Bäume im Wald umarmt. Ich malte und bastelte mich selbst in vielen verschiedenen Variationen und spülte oft mein »altes« Selbst ins Klo. Ich ließ mich von Grund auf analysieren von Astrologen und anderen, neu erfundenen Errechnungsmethoden und stellte bei Familienaufstellungen Omas, Opas, Uromas, Uropas, Kinder und Eltern dar. Ich besuchte die Heilpraktikerschule, um über die lateinischen Namen der Muskeln hinaus festzustellen, was den Menschen ausmacht.

Ich las Chopra, Murphy, Wilde, die Bhagavadgita, die Bibel, verglich die verschiedenen Religionen und Sichtweisen miteinander, affirmierte Mantras, verknotete meine Finger in Mudras, zuckte im Todeskampf meiner vielen früheren Leben und machte kinesiologische Übungen, um die Gehirnhälften zu synchronisieren. All diese verschiedenen Formen der Sinnsuche brachten mich meinem wahren Selbst sehr nah, und ich fing an zu begreifen, was mich ausmacht und wie ich mein Potenzial leben kann. Ich bekam einen Einblick in meine Seelenstruktur und in die daraus resultierende Aufgabe.

Die »Seele« ist für viele Menschen abstrakt und nicht greifbar. Kaum ein Begriff ist geheimnisvoller und rätselhafter als der Begriff Seele, gleich gefolgt von: Liebe, Glück und Erleuchtung. Niemand weiß so richtig, was die Seele ist, wo sie herkommt und wohin sie wieder verschwindet. In den vielen Jahren der Selbstfindung und des Beschäftigens mit den verschiedenen Religionen bin ich zu der Einsicht gekommen, dass jeder Mensch die Kommunikation mit seiner Seele finden kann und sollte, was immer er darunter versteht. Man kann nur für sich selbst eine Überzeugung erschaffen, die für einen gültig ist, denn wir sind ein kleines, eigenes Universum mit einer enormen Schöpferkraft! Diese Schöpferkraft kann sich in die unterschiedlichsten Richtungen manifestieren.

Alles ist eine Entscheidung! Sie können sich entscheiden, Ihre Welt als Zumutung zu empfinden; Sie können sich aber auch entscheiden, Ihre Welt zu lieben und als Quelle unendlicher Möglichkeiten zu sehen.

Um eine gute Startposition für das Ausleben des eigenen Potenzials zu haben, ist es sehr hilfreich, so viel wie möglich über sich zu wissen und zu kennen. Diese Selbsterkenntnis macht Sie zu einem erwachsenen und selbstverantwortlichen Wesen.

Selbstverantwortung ist das, was gleich nach der Selbstfindung kommt.

Wenn Sie sich selbst gut kennen, dann ist der größte Teil zur Selbstverwirklichung geschafft.

Wie Sie Ihr Leben wieder selbstbestimmt in Ihre Hände nehmen und darüber hinaus die Welt für sich erschaffen können, die Sie sich wünschen, das möchte ich Ihnen anhand dieses Buchs zeigen. Natürlich gehört auch eine Portion Mut dazu und die Bereitschaft, etwas ändern zu wollen, aber wenn Sie diesen Einsatz leisten und sich auf die Suche machen, Ihr wahres Seelenpotenzial zu entdecken, dann können Sie sich Ihr eigenes Paradies erschaffen. Ich freue mich darauf, Ihnen dabei behilflich zu sein!

1. Stufe
Wollen

1. Wo stehe ich…

> Wir sollten von Zeit zu Zeit von uns zurücktreten,
> wie ein Maler von seinem Bilde.
> *Christian Morgenstern*

Wo stehe ich? Wer bin ich? Was will ich?

Selten nehmen wir uns – freiwillig – die Zeit, um uns diese Fragen zu stellen. Vielleicht stellen wir sie uns sogar ab und zu, sind aber mit den Antworten überfordert oder meinen, dass wir sowieso nichts an den Tatsachen ändern können.

Heutige Tatsachen sind die Entscheidungen, die Sie in der Vergangenheit gefällt haben.

Deshalb können Sie die Tatsachen von morgen *heute* beeinflussen.

Aus meiner Erfahrung heraus weiß ich, dass man alles im Leben verändern kann. Sie können aus der Tür hinausgehen und Ihr Leben ändern – wenn Sie wollen. Ich habe mein Leben schon oft geändert und auch meine Ziele. Mich fasziniert die Kraft des Willens und des Geistes. Fast alle Menschen unterschätzen ihre Kraft oder haben Angst vor ihr. Ich persönlich liebe es, mich weiterzuentwickeln und durch permanentes Hinterfragen meines Selbst meine Stärken und Schwächen kennen zu lernen.

Um die Kraft des Anfangs zu nutzen, sollten wir erst mal »von uns zurücktreten«, uns eine kleine Ruhepause im Alltag gönnen und uns verschiedene wichtige Fragen stellen:

Wer bin ich *wirklich*? Was will ich *eigentlich* von meinem Leben?

Um herauszufinden, was man wirklich will, ist es sehr hilfreich zu wissen, wer man ist.

Nun, um herauszufinden, wer man ist, gibt es vielerlei Wege. Wichtig ist nur, die Entscheidung zu fällen, sich auf diesen Weg zu begeben. Denn er kann steinig, traurig und hilflos, aber auch spannend, wundervoll und erleichternd sein. Eines ist er jedoch immer: Bewusstsein schaffend. Und wo Bewusstsein ist, ist Erkenntnis nicht weit.

Erkenntnis trägt die Kraft der Veränderung in sich.

Die Erkenntnis um die Dinge, die mich in meinem Leben gebremst oder behindert haben, war sehr hilfreich, um diese Dinge aus meinem Leben zu entfernen. Auch Freunde oder Lebenspartner können unbewusst die eigene Entwicklung hinauszögern. Oft wusste ich nicht, aus welcher Richtung die Energie kam, die mich in meiner Entwicklung bremsen wollte. Nur eine genaue Betrachtung meines Gefühls und der immer wiederkehrenden Situationen hat mich darauf gebracht.

Als ich das Problem »orten« konnte, habe ich zur Veränderung der Situation einige Entscheidungen gefällt.

Wenn man erkannt hat, wo der Ursprung eines Problems liegt, dann muss man diese Situation nicht mehr unbewusst herausfordern. Man kann sich zwar freiwillig entscheiden, diese Situation in seinem Leben wieder stattfinden zu lassen, aber es ist dann kein unbewusster Zwang vorhanden. Diese unbewussten Zwänge hindern uns daran, der oder die zu werden, die wir in Wahrheit sind. Nämlich selbstbestimmte Persönlichkeiten auf dem Weg zur Vollkommenheit.

Natürlich sind wir Kinder unserer Eltern, Eltern unserer Kinder, Ehefrau/Ehemann und noch vieles mehr. Wir sind aber auch selbstbestimmte Wesen in einer Welt voller Entscheidungen und Möglichkeiten.

Diese vielen Möglichkeiten mögen ob ihrer Vielfalt sehr verwirrend sein, aber sie zeugen doch davon, dass wir alle immer genug Auswahl haben, uns für etwas oder gegen etwas zu entscheiden.

Alle diese Möglichkeiten sind von Menschen erschaffen worden, die – genauso wie Sie und ich jetzt – an dem Punkt standen: Bleibe ich so, wie ich bin, oder versuche ich herauszufinden, ob da noch *mehr* vorhanden ist? Mehr Freude, mehr Kreativität, mehr Lust, mehr Reichtum, mehr Möglichkeiten etc. Sicher haben Sie sich schon öfter gefragt: »Habe ich mehr Kapazität zur Verfügung, als ich ahne?«

Neugierig auf sich selbst zu sein, ist ein wichtiger Faktor auf dem Weg zur Erkenntnis. Mehr aus seinem Leben machen zu wollen, ist eine Sehnsucht, die gestillt werden will.

Ursprünglich kommen wir alle mit einer riesigen Neugier auf die Welt. Ein Kind verbringt seine komplette Zeit damit, herauszufinden, wie alles funktioniert. Es ist enthusiastisch in seinen Entdeckungen. Es kann sich fallen lassen und sich völlig dem Hier und Jetzt hingeben. Warum haben wir diese Neugier und diesen Enthusiasmus hinter uns gelassen? Was hat uns dazu gebracht, dass wir nicht einmal mehr unsere Sehnsucht und unser Grundbedürfnis nach Erkenntnis ausleben wollen?

Die Welt liegt uns zu Füßen, es ist alles im Überfluss vorhanden, und doch gibt es etwas in uns, das uns davon abhält, diese Fülle zu leben.

Wie jede Reise fängt auch die Reise zu uns selbst mit dem ersten Schritt an. Wir alle tragen viel mehr Fähigkeiten in uns, als wir wissen und ausleben. Vieles von dem, was wir uns insgeheim wünschen, können wir erreichen, wenn wir uns *dafür* entscheiden.

Alle Wünsche tragen die Sehnsucht nach Verwirklichung in sich.

Warum also nicht nach den Sternen greifen? Warum immer nur anderen dabei zusehen, wie sie es tun? Warum seine Ziele niedrig halten? Wenn man die Ziele nicht hoch genug steckt, dann kann man nicht mal in die Nähe davon kommen.

Immer wenn ich bisher in meinem Leben an einem Wendepunkt angelangt war, dann wollte ich dringend herausfinden, wo der Ursprung meines »Problems« lag. Ich brauchte Klarheit. Um diese Klarheit für mich zu bekommen und um herauszufinden, was ich zukünftig gerne möchte und wo ich stehe, ist es für mich sehr hilfreich gewesen, alles, was ich dachte und fühlte, auszuformulieren und in einer oder mehreren Listen zusammenzufassen.

Ich persönlich bin ein großer Fan von solchen Listen, weil ich an mir selbst erfahren habe, wie effektiv sie sind.

Durch das Aufschreiben meiner Bedürfnisse, meiner Sorgen und Wünsche habe ich erst mal Klarheit in dieses undurchsichtige Gedanken- und Gefühlsknäuel gebracht.

Probieren Sie es doch auch mal aus:

Holen Sie einfach jetzt ein normales Blatt Papier und einen Stift, und unterteilen Sie das Blatt in drei Spalten. Überschriften dieser Spalten können sein:
Wo stehe ich jetzt? Was kann ich? Was möchte ich?

In der ersten Spalte listen Sie alles untereinander auf, was Sie jetzt zum gegenwärtigen Zeitpunkt bereits tun und können: Beruf, Hobbys etc.
In der zweiten Spalte listen Sie alles auf, was Sie darüber hinaus noch können: Zusatzausbildungen, Interessen etc.
In der dritten Spalte listen Sie alles auf, was Sie sich noch wünschen: berufliche Veränderung, Familie, Reisen etc.
Schreiben Sie ohne Scheu alle Ihre Wünsche und Sehnsüchte auf. Bewerten Sie keinen Ihrer Wünsche! Egal ob er Ihnen lächerlich erscheint oder ob Sie sich dafür zu alt, zu hässlich, zu inkompetent etc. fühlen.
Fangen Sie einfach an, stellen Sie Ihre Scham beiseite, spielen Sie Detektiv und finden Sie heraus, wer Sie wirklich sind. Und ganz wichtig: Seien Sie ehrlich!

Folgende Aspekte Ihres Seins sollten Sie in Ihrer Liste betrachten: Ihren Körper, Ihre Gefühlswelt, Ihre Beziehungen (zu sich und zu anderen), Ihre Lebensumstände, Ihre Geldangelegenheiten, Ihre Mitarbeit an der Umwelt, Ihr psychisches Gleichgewicht und Ihren Glauben (Religion). Wenn Sie keiner Religion angehören, dann betrachten Sie Ihr Weltbild und Ihre spirituellen Wurzeln. Sie können auch jedem Thema eine eigene Spalte widmen.

Wenn Sie alle diese Aspekte aufgelistet haben, werden Sie sehr schnell merken, wo die Reise hingeht. Vergleichen Sie die Spalten. Sie werden deutlich sehen, wo noch viel Platz für Antworten ist. Ihnen wird klar, was in Ihrem Leben zu wenig stattfindet und wo Sie zu viel Zugeständnisse machen.

Es können Schuldgefühle oder Traurigkeit hochkommen. Vielleicht erinnern Sie sich an verpasste Chancen oder an Menschen, von denen Sie glauben, dass sie Ihnen den Weg verstellt haben. Vielleicht sitzen Sie ratlos vor dem Blatt Papier und trauen sich nicht, etwas zu schreiben, aus Angst, jemand könnte es lesen oder entdecken. Sie können diese Listen erst mal nur sich selbst zeigen. Sie offenbaren Ihre Sehnsüchte sich selbst auf eine ganz andere Art und Weise. Wenn Sie mögen, können Sie die Listen später auch verbrennen.

Seien Sie geduldig mit sich. Es braucht Zeit, sich selbst zu beschreiben, seine Gedanken in Worte zu fassen und tatsächlich auf einem Papier zu lesen. Sie müssen dieses Schriftstück niemandem zeigen. Bleiben Sie dran! Auch wenn Sie erst mal lange vor dem weißen Blatt sitzen sollten.

Wenn Sie diese Art der Entscheidungsfindung zum ersten Mal praktizieren, dann kann es sein, dass Sie ratlos davorsitzen und Zeit brauchen, bis etwas in Ihnen hochkommt, das Sie benennen können.

Sie können aber die Chance ergreifen und ehrlich zu sich selbst sein. Natürlich kann es wehtun, aber Sie können mir glauben, es tut noch viel mehr weh, wenn man seine Sehnsüchte und Bedürfnisse verdrängt.

Seien Sie liebevoll mit sich, Sie stehen vor keinem Richter, der Ihnen gleich den Kopf abreißt! Es gibt keine Strafe, weil Sie etwas in der Vergangenheit vermeintlich nicht geschafft haben. Zensieren Sie sich nicht, schreiben Sie alles auf, was Ihnen in den Sinn kommt. Sie allein können sich bewusst machen, was Sie sich innerlich *wirklich* wünschen.

Wenn Sie so weit sind – das kann drei Stunden oder drei Tage oder drei Wochen dauern –, dann betrachten Sie die vollgeschriebenen Spalten und spüren in sich hinein, welcher Wunsch nach Veränderung der stärkste ist. Dieser Wunsch bestimmt die Richtung. Wenn Sie sich zum Beispiel beruflich verändern wollen, dann listen Sie das auf, was Sie dafür brauchen. Zusatzausbildung, Zeit, Geld, Seminare, Training etc. Wenn Sie sich partnerschaftlich verändern wollen, dann sollten Sie genauso ehrlich sein und die Verantwortung für Ihre Aktionen übernehmen.

Diese Listen helfen Ihnen, mit sich selbst in Kommunikation zu treten. Dann fällt Ihnen die Kommunikation nach außen zum Thema »Veränderung, Sehnsüchte, Wünsche« etc. wieder leichter.

Die Listen sind ein neues »Rezept« für Ihr Leben. Sie helfen Ihnen, erst mal gedankliche Klarheit in die Liebesbeziehung zu bringen oder in die berufliche Situation. Wenn Sie die Listen durcharbeiten, dann fangen Sie an zu ahnen, was Sie eigentlich wollen und brauchen.

Innerlich kann sich zum Beispiel eine berufliche Veränderung als dringender Wunsch herauskristallisiert haben: Wenn Sie selbst nicht genau wissen, wie Sie Ihr neues Ziel erreichen können, dann zögern Sie nicht, sich Menschen zu suchen, die Erfahrung in diesem neuen Berufswunsch haben. Jeder Vorstand eines großen Unternehmens hat einen Berater, meistens sogar mehrere. Warum nicht auch Sie? Befragen Sie Leute, die in diesem Beruf bereits arbeiten und Erfahrung haben, holen Sie sich kompetente Ratschläge!

Sprechen Sie *nicht* mit Leuten über Ihre Ideen, die keine Erfahrung mit dem Thema haben. Deren unqualifizierte Meinung könnte Sie schwächen und verunsichern.

Recherchieren Sie – mit dem Internet ist es ein Leichtes, an Informationen zu gelangen. Telefonieren Sie, fragen Sie sich durch, und machen Sie Termine. Bleiben Sie hartnäckig! Nehmen Sie sich selbst an die Hand, und gehen Sie Ihren Weg. Wenn Sie dafür eine Zusatzausbildung brauchen, fein, dann machen Sie eben eine! Wer sagt denn, dass es dafür zu spät sein sollte? Für die eigene Weiterentwicklung und Freude ist es nie zu spät!

Als ich Sehnsucht hatte, nach 14 Jahren Bühnenabstinenz

wieder aufzutreten, nahm ich noch einmal Gesangsunterricht. Als ich eine Reiterin spielen sollte, nahm ich Reitunterricht. Für mich ist es ganz selbstverständlich, mich weiterzubilden. Nun ist mein Berufsbild sehr vielschichtig und erfordert vielerlei Fertigkeiten. Wenn ich eine Fechterin spielen muss, dann nehme ich eben Fechtunterricht. Ich habe eine alte Dame von 80 Jahren kennen gelernt, die nahm Klavierunterricht!

Wer sagt denn, dass Sie Ihre Sehnsucht gleich zum Hauptberuf machen müssen?

Ein guter Bekannter von uns wurde als Sohn eines Bauunternehmers geboren. Es war klar, dass er in die Fußstapfen des Vaters treten würde. In seiner Lehrzeit ging der Junior seinem Traum des Filmemachers nach, aber es war ihm klar: Dieser Berufswunsch würde niemals im strengen Elternhaus akzeptiert werden. So ordnete er sich brav unter, heiratete, gründete eine Familie mit zwei Kindern und leitete das väterliche Unternehmen. Nach fast zwei Jahrzehnten fand er sich am Rande einer Depression wieder, zwar ging er jeden Tag ins Büro, aber er hatte keine Freude daran. Er entfremdete sich von seiner Frau, weil er sich selbst nicht mehr kannte. Alles kam ihm so sinnentleert vor und dadurch auch so schleppend und schwer.

Genau in dieser Phase trafen mein Mann und ich ihn in einem Café. Er kam auf uns zu und suchte das Gespräch. Sehr schnell kamen wir an den wunden Punkt: Er wollte seine Sehnsucht leben und Schauspieler werden. Nun, das ist an sich nichts Ungewöhnliches, das wollen heutzutage viele Menschen. Aber bei ihm war es etwas anderes, er brannte regelrecht dafür, in seinen Augen war der Schmerz über die verpassten Jahre zu sehen, in denen er nicht einmal versucht hatte, seinen Traum zu leben. Jetzt mit Anfang vierzig schien es ihm fast unmöglich, von vorne zu beginnen. Er hatte schon viel durchgemacht, seine Frau hatte ihn verlassen, die beiden kleinen Kinder kamen mit der Situation nicht klar, und im Geschäft lief es nicht besonders gut.

Wir rieten ihm, es erst mal mit kleinen Schritten zu versuchen. Nicht gleich die sichere finanzielle Basis aufzugeben, sondern nebenher Schauspiel- und Sprechunterricht zu nehmen, sich langsam mit der neuen Situation anzufreunden und mutig – ohne auf seine Kritiker zu hören – seinen Weg zu gehen. Er war entschlossen, dieses Mal keine weiteren Jahre verstreichen zu lassen, sondern er setzte die Ratschläge sofort in die Tat um. Mittlerweile hat er schon mehrere kleine Rollen im Fernsehen gespielt und sogar einen Kinofilm mitproduziert. Er arbeitet jetzt drei Tage in der Woche im Unternehmen und die restliche Zeit widmet er seinen Kindern und seinem Herzensberuf.

Was ist Ihr Herzensberuf? Wie viel Zeit Ihres Lebens verwenden Sie für die Umsetzung Ihrer Ziele?

Neulich sprach mich eine Frau auf einer Ausstellungseröffnung an und sagte, sie würde mich so bewundern für all das, was ich mache, sie würde auch so gerne schreiben. Ich fragte sie, was sie denn beruflich mache. Sie antwortete, dass sie Hausfrau sei, aber immer so viel zu tun hätte, dass keine Zeit für sie übrig bliebe. Darauf hin sagte ich ihr, dass es auch eine Form der Ausrede sei, keine Zeit für sich zu haben.

Im Grunde ist es eine Art Flucht vor sich selbst und seinen Bedürfnissen. Man könnte ja feststellen, dass man für etwas Talent hat! Dann wäre man verärgert, dass man es nicht schon früher entdeckt hat! Wie viel Zeit wollen Sie eigentlich noch vergeuden?

Im weiteren Gespräch fanden wir gemeinsam heraus, dass sie sehr wohl eine Stunde pro Tag Zeit hätte, etwas zu tun, was ihr Freude machen würde. Es war sehr schön zu sehen, wie ihre Augen anfingen zu leuchten und wie sie inspiriert war, mehr Zeit für sich zu beanspruchen, um herauszufinden, was sie wirklich möchte.

Und wie steht es mit Ihnen? Wie viel Zeit wollen Sie noch mit Weglaufen verbringen? Mit dem Unterdrücken Ihrer Sehnsüchte? Wann sollen die Sehnsüchte wirklich werden? Im nächsten Leben? Oder jetzt, wo Sie schon ein Stück Ihres Lebensweges gegangen sind?

Wer soll es sonst für Sie tun, wenn nicht Sie selbst? Denn jetzt kommt's:

Die schönsten Listen nützen Ihnen nichts, wenn Sie nicht bereit sind, danach zu *handeln*. Die Listen sind ein Hilfsmittel, durch das Sie Klarheit über Ihre Situation bekommen – die Konsequenz, die sich aus diesen Erkenntnissen ergibt, nennt sich:

Handeln, Tun, Umsetzen.

Ernennen Sie sich selbst zu Ihrem Lieblingsprojekt, und bleiben Sie konsequent auf Ihrem Weg, bis Sie das Ziel erreicht haben. Ich kann Ihnen versichern, es lohnt sich!

Lebensfreude ist unser natürlicher Zustand, mit dem wir geboren sind und den wir als Kinder hatten – jetzt ist es an der Zeit, wieder wie ein Kind zu sein und sich zu freuen!

2. Wo ist das Glück zu Hause?

Jeder von uns sehnt sich danach, glücklich zu sein. Manchmal erscheint es fast unmöglich, das Glück zu finden. Wenn man meint, es endlich gefunden zu haben, entgleitet es einem, wie ein Stück nasse Seife. Dauerhaft glücklich zu sein, die Anforderungen des Alltags zu bewältigen, die Liebe zu leben, ohne vor der überwältigenden Anzahl der zu erledigenden Dinge zu kapitulieren, scheint fast unmöglich.

Dabei könnte es so einfach sein! Glücklich zu sein, sein Glück als solches zu erkennen, kann man lernen.

Es ist nur eine Frage der Betrachtungsweise. Man kann lernen, sich über das Erreichte zu freuen und nicht ständig darüber unglücklich zu sein, dass das Leben nicht nach den eigenen Vorstellungen funktioniert. Unser Denken ist die eigentliche, größte Hürde, die es zu überwinden gilt.

Als ich endlich begriff, dass ich bereits glücklich bin und nichts dafür tun muss, um glücklich zu sein, und alle anderen Menschen um mich herum auch nichts tun müssen, damit ich glücklich bin – von dem Zeitpunkt an fühlte ich mich zum ersten Mal in meinem Leben wirklich befreit. Alles wurde plötzlich viel leichter und einfacher. Der Druck fiel weg, den ich mir selbst und anderen Menschen gemacht hatte. Glücklich zu sein ist mein natürlicher Zustand geworden. Ich habe mich von dem gedanklichen Zwang befreit, dass die Welt sich nach meinen Bedürfnissen zu richten hat, dass die Menschen so sein sollen, wie ich es möchte. Ich habe aufgehört, alles in meine Richtung verändern zu wollen, ich habe losgelassen und mich dafür geöffnet, was auf mich zukommt.

Zum ersten Mal in meinem Leben begann ich zu ahnen, was die asiatischen Lehrmeister damit meinen, wenn sie das Leben als einen »ruhigen Fluss« beschreiben.

Aber bis ich innerlich den »Schalter« für meine neue Lebenseinstellung umlegen konnte, musste sehr viel Vorarbeit gemacht werden.

Lassen Sie uns einmal einen kleinen Rückblick wagen, dorthin, wo die Fähigkeit, Glück zu erfahren und zu erleben, ihren eigentlichen Anfang nimmt. Dorthin, wo uns beigebracht wird, was Glück ist und wir diesen Begriff »Glück« für uns ganz persönlich mit Leben füllen: in unsere Kindheit.

Wie hat es in Ihrer Kindheit ausgesehen? Wie wurde Ihnen in Ihrer Kindheit beigebracht, glücklich zu sein? Haben Sie sich als Kind über einen sehr langen Zeitraum ohne Unterbrechung glücklich gefühlt, oder wurde ein langer Zeitraum der Langeweile und des Unwohlseins kurz unterbrochen durch aufflackernde Freude? Worin bestand diese Freude? Kam sie aus dem Inneren oder bestand sie aus äußeren Reizen wie einem neuen Spielzeug oder einer versprochenen Handlung, zum Beispiel Eis essen gehen, Schlitten fahren etc.?

Bereits in der Kindheit wird uns signalisiert, dass wir nur glücklich sein können, wenn die Menschen um uns herum etwas *tun* oder uns etwas *Materielles geben*... Dies bringt uns Kinder auf die raffiniertesten Ideen.

Wir manipulieren unsere Eltern in unsere Richtung, damit sie genau das tun, was wir möchten. Wenn es uns gelingt, sind wir glücklich; wenn es nicht gelingt, sind wir frustriert. Da wir einen starken Willen haben, zumindest als Kind, werden wir es immer wieder und wieder versuchen, Mama und Papa dazu zu bringen – notfalls bis die Stimmbänder reißen –, die eigenen Wünsche zu erfüllen, so lange, bis es klappt.

Der Grundstein für die feste Überzeugung »Du bist dazu da, um mich glücklich zu machen« wurde dadurch schon sehr früh gelegt. Da wir uns bald daran gewöhnt haben, dass jeder um uns herumspringt, um unsere Bedürfnisse zu erfüllen (oder einfach nur, damit wir Ruhe geben), übertragen wir dieses Verhalten nahtlos ins Erwachsenenleben.

Unsere bereits integrierte Überzeugung wird uns durch die konsumorientierte Gesellschaft nur bestätigt.

Wir sehen, hören und lesen ständig darüber, was wir alles zum Glück brauchen. Glück scheint nur in der Anhäufung von Materie zu liegen, und je teurer diese Materie ist, desto glücklicher haben wir uns zu fühlen.

Das Glück ist also angeblich nur im Außen zu finden, und die Menschen um uns herum sollen gefälligst dafür sorgen, dass wir glücklich sind. Dauernd werden die »Mitspieler« in unserer Welt manipuliert, damit sie das tun, was wir unbedingt zum Glück brauchen. Nur so, glauben wir, eine Ahnung davon zu bekommen, was es heißen könnte, glücklich zu sein.

Oder wir gehören selbst zum »Club der Animateure« und haben das Gefühl, ständig um jemanden herumspringen zu müssen, um ihn glücklich zu machen.

Der Moment des Glücks ist aber sehr schnell vorbei, deshalb versuchen wir wieder mit allen Mitteln, die uns zur Verfügung stehen, dieses Gefühl zu *bekommen*. Und genau da liegt der folgenschwere *Irrtum*. Wir müssen nichts *bekommen*, wir *haben* bereits alles.

Wenn wir ständig meinen, etwas bekommen zu müssen, dann fangen wir an zu glauben, dass wir nichts haben. Nicht nur im materiellen Sinn. Wir sind so fixiert auf Materie, dass wir sogar anfangen zu glauben, dass innerlich in uns selbst nichts vorhanden ist. Dass wir innen drin leer sind. Dass da nichts ist.

Wir bemerken nur noch die äußeren Unterschiede von »viel besitzen« oder »wenig besitzen«. Dadurch verstricken wir uns in Überzeugungen, durch die wir uns noch minderwertiger und unglücklicher fühlen.

Klar, als wir noch Kinder waren und bei jeder Gelegenheit eine Schnute gezogen und geweint haben oder hingefallen sind und uns wehgetan haben, wurden wir sofort hochgehoben und getröstet. Alle Aufmerksamkeit war wieder bei uns, wir waren der Mittelpunkt, wenigstens für die paar Minuten. Daran kann man sich gewöhnen! (An die Süßigkeiten, die man als Trost bekommt, übrigens auch ...)

Dadurch manifestiert sich die felsenfeste Überzeugung, dass alle anderen im Außen für unser Glück verantwortlich sind. Aber die anderen funktionieren leider nicht so, wie man es gerne hätte – deshalb sind wir unglücklich. Wir versuchen unsere Umgebung dorthin zu manipulieren, dass »alles wieder gut« ist, dass wir uns glücklich fühlen, weil jeder brav mitspielt.

Wir haben uns abhängig gemacht von den Launen, der Willkür und sogar der Gnade anderer Menschen. Wir sind frustriert, weil wir nicht verstehen, warum wir nicht glücklich sind.

Wir fühlen uns als Opfer. Keiner beachtet uns mehr, wir haben das Gefühl, nur noch funktionieren zu müssen, und entfernen uns immer mehr von uns selbst und unseren Gefühlen. Auch in der Kindheit war es erst mal wichtig, sich »richtig« zu verhalten. Über das »richtige« Verhalten bekam man das, was für das eigene Überleben wichtig war. Der Überlebensdrang in der Kindheit hat sich im Erwachsenenleben fortgesetzt. Wir streben nach dem »richtigen« Verhalten, um Erfolg und Anerkennung zu bekommen. Jetzt sind wir überzeugt davon, dass wir abhängig von Chefs, Auftraggebern und Kollegen sind.

Die Sehnsucht des Kindes, endlich erwachsen zu werden und somit frei zu sein, hat sich nicht eingelöst. Wir befinden uns wieder in der Ohnmachtsschleife.

Auf der Suche nach dem Glück im Außen verlieren wir unsere Freiheit.

Wir leben in Unruhe, Angst, Verzweiflung und Missgunst. Wir streiten wegen jeder Kleinigkeit und sind überwältigt von negativen Gefühlen. Wir denken, wenn wir uns mehr Wissen, Geld, Macht oder mehr Ansehen erwerben, dass wir dann endlich glücklich sind. Wir leben ständig in der Zukunft und sind im Wunschdenken verhaftet: »Wenn ich dies oder jenes *habe* oder *bekomme*, dann bin ich glücklich…«

Auch ich habe mich anfangs komplett über das Außen definiert. Für mich lag das Glück erst mal im Erfolg und der Anhäufung von Geld. Wenn ich viel drehte, war ich glücklich; wenn ich wenig drehte, war ich unglücklich. Wenn das Telefon läutete, um mich zu informieren, dass ich engagiert war, sprang ich in die Luft vor Freude, und die Wochen und Monate, in denen es nicht läutete, verbrachte ich latent gereizt und launisch. Die Tatsache, dass das Telefon nicht läutete oder niemand am anderen Ende der Leitung war, der mir einen Film anbot, ließ mein Selbstwertgefühl in den Keller sinken. Die Tage, Wochen und Monate verstrichen, ohne dass ich etwas Sinnvolles getan hätte. Arbeitslos wollte ich mich nicht melden, weil ich mich schämte. Ich wollte mir nicht eingestehen, dass mich niemand wollte.

Als der Frust fast nicht mehr zu ertragen war, fing mein Umdenken an. Ich war doch eigentlich ein freier Mensch!

Es nannte sich zwar »arbeitslos«, aber im Grunde genommen konnte ich die »Wartezeit« doch komplett für mich nutzen! Ich war gesund – das ist schon mehr als manche Menschen von sich behaupten können –, und ich hatte viele Ideen, die ich in die Tat umsetzen konnte, wenn ich meine Fixierung auf die Schauspielerei losließ. Gut, die Finanzen waren nicht gesichert, aber ich hatte viel brachliegendes Potenzial und Zeit, dies konnte ich doch nutzen!

Nach diesen – endlich wieder positiv orientierten – Gedanken, wachte ich am nächsten Morgen zum ersten Mal mit einer guten Laune auf.

Ich benannte meine Möglichkeiten, indem ich meine Listen schrieb, und führte mir dadurch meine Fähigkeiten vor Augen. Oft hat man Fähigkeiten, die man selber an sich nicht wahrnimmt, dann kann es auch ganz hilfreich sein, wenn man liebe Freunde die positiven Eigenschaften beschreiben lässt. Zum Beispiel hatte ich meine Kontaktfreudigkeit innerlich nicht als Fähigkeit abgespeichert. Ich war und bin eben so, was sollte daran schon Besonderes sein? Heute kommt mir meine Kontaktfreudigkeit sehr zugute, denn ich kann dadurch viele Türen öffnen, die schüchternen Menschen eher verschlossen bleiben.

Durch das Bewusstmachen meiner Fähigkeiten und Talente fing ich an, das Leben mit den Augen der Dankbarkeit anzusehen. Ich bedankte mich innerlich bei allem und jedem. Besonders dafür, dass ich körperlich und geistig gesund bin, in einem Land der Freiheit lebe, wo eine Frau in der Gesellschaft etwas zählt. Wenn man einmal einen kleinen Seitenblick in andere Kulturen wirft, dann kann man als Frau wirklich dankbar sein, in einem Kulturkreis zu leben, der die Frau achtet. In Indien werden schätzungsweise 4 Millionen weibliche Embryonen jährlich nach der Ultraschallbestimmung abgetrieben, weil Mädchen nur Geld kosten. Ehefrauen werden in Brand gesteckt (Haushaltsunfall), wenn der Mann gelangweilt ist.

In Teilen Chinas sind Scheidungen verboten und werden mit dem Tod oder durch Verstümmelung bestraft. In Afrika werden jährlich 13 Millionen kleine Mädchen durch Beschneidung verstümmelt. Diese grausame Liste ließe sich endlos fortsetzen und würde deutlich zeigen, dass wir hier – meiner Meinung nach – vor allem Wohlstandsprobleme haben.

Nun leben wir hier und müssen uns hier zurechtfinden. Auch hier haben wir viele Probleme, trotzdem könnten wir überlegen, ob diese Probleme, gemessen an denen der Welt, vielleicht erst mal zu relativieren sind.

Gewalt entsteht da, wo Liebe fehlt. Wenn jeder sein Leben hier und jetzt bewusst betrachtet, egal wie scheußlich und demütigend es vielleicht ist oder wie eintönig und eingesperrt es sich vielleicht anfühlen mag, dann ist der erste Schritt zur positiven Veränderung bereits getan.

***Bewusstes* Betrachten der eigenen Lebensumstände bringt eine Entscheidung hervor. Egal in welcher Richtung.**

Sie können sich auch wieder entscheiden, nichts verändern zu wollen, aber dann ist es wenigstens eine bewusste Entscheidung. Wenn wir die Vorgänge verstehen, warum wir etwas zulassen oder warum wir so und nicht anders handeln, dann haben wir die Wahl, uns anders zu entscheiden.

Unser Denken hält uns oft gefangen, wir wollen den Tatsachen nicht ins Auge blicken, unsere Denkmuster lassen uns eher in der Hölle schmoren als den Himmel genießen.

Wer weiß, was das Leben noch für uns bereithält? Die vielen Gespräche, die ich mit Menschen führe, zeigen mir, dass es in jeder Familie Dramen, Tragödien und auch viel Liebe gibt.

Es gibt keine Ausnahme. Kinder sterben zu früh, alte Menschen sind jahrelang bettlägerig und beanspruchen die Aufmerksamkeit der ganzen Familie. Unfälle ziehen Behinderungen nach sich, Babys kommen krank zur Welt. All dies gehört zum Menschsein dazu. Es bedeutet nicht, dass man nur glücklich sein kann, wenn alles »perfekt« läuft!

Das Glück liegt in den einfachen, kleinen Dingen. Seien Sie dankbar und freuen Sie sich darüber! Es ist nicht selbstverständlich! Morgen kann es schon ganz anders aussehen – haben Sie denn das jetzige Glück erkannt und gelebt? Im Vergleich scheint das Glück immer in der Vergangenheit zu liegen: »Früher war alles besser« – auch das ist ein Trugschluss.

Unser Denken blendet einfach die negativen Erlebnisse aus der Vergangenheit aus und will sich nur noch an die schönen Dinge erinnern.

Es gibt kein »Früher« mehr, es gibt nur ein »Jetzt«, wo Sie das Glück erfahren können. Sind Sie jetzt glücklich? Oder vergrübeln und verschimpfen Sie gerade jetzt im Geiste Ihre ganze schöne Lebenszeit?

Tun Sie sich einen Gefallen mit einer kleinen Übung:

Wenn Sie hier und jetzt nicht glücklich sind, dann tun Sie so, als ob Sie gerade glücklich wären. Einfach mal ausprobieren! Es wird Ihnen leichter fallen, dieses Glücksgefühl herzustellen, wenn Sie sich daran erinnern, wie Sie sich zum Beispiel für ein Rendezvous mit Ihrem Schwarm fertig gemacht haben, dann sind Sie ja auch selig wie auf Wolke sieben durch die Wohnung geschwebt. Warten Sie nicht so lange, bis Sie wieder verliebt sind! Verlieben Sie sich jetzt in Ihre Situation und seien Sie glücklich.

Dieses »So tun als ob« hilft Ihnen dabei, den Sprung in eine andere Überzeugung zu wagen. Sie überlisten sozusagen Ihr vorhandenes Denken und setzen stattdessen etwas anderes ein. Mit der Wiederholung dieser »So tun als ob«-Übung wird es Ihnen immer leichter fallen, Ihr Denken zu überlisten und das Hier und Jetzt auf diese neue Grundstimmung zu eichen.

Wenn Sie diese Übung oft genug anwenden, dann beobachten Sie mal, wo sich Ihr Emotionalkörper lieber aufhält – im Negativ-Denken oder im Positiv-Denken.

Es kann durchaus sein, dass Sie weiterhin alles schrecklich finden *wollen,* es kann auch sein, dass Ihre jetzigen Lebensumstände für Sie nicht gerade lustig sind. Aber mit dem Negativ-Denken werden Sie Ihre Umstände nicht verändern können, im Gegenteil, es wird alles nur noch mühsamer für Sie. Negatives Denken ist Kraft raubend. Diese Kraft bräuchten Sie eigentlich, um Ihre Situation ins Positive zu ändern. Durch negatives Denken bestätigen Sie nur ununterbrochen Ihre Lage. Sie halten sich selbst in Ihrem »Jammertal« gefangen.

Eine positive Einstellung zu Ihrer Situation bringt Ihnen den Humor zurück, den Sie brauchen, um das Leben als Glück zu empfinden.

Denn das ist es! Sie werden das Glück erst spüren können, wenn Sie Ihr Leben selbstbestimmt in Ihre Hände nehmen. Wenn Sie die vielen Möglichkeiten, die in Ihnen wohnen, entdecken und anwenden lernen.

Das ist ein ständiger Entwicklungsprozess.

Diese »So tun als ob«-Übung hilft Ihnen dabei, Ihre bisherige Einstellung so lange durch eine neue Einstellung zu ersetzen, bis Sie Ihre Fähigkeit, konstant Glück zu empfinden, in Ihr Sein integriert haben. Also los! Ich will Sie schweben sehen...

3. Gesunde Seele, gesunder Körper

> Sei freundlich zu deinem Leib,
> damit deine Seele Lust hat, darin zu wohnen.
> *Teresa von Avila*

Stellen Sie sich vor, wie die Seele Ihnen durch Ihren Körper hindurch zuruft: »Hör auf damit, ich kann nicht mehr!«

Am Anfang ist die Stimme der Seele ganz leise und liebevoll, sie sagt: »Es ist im Moment sehr stressig, mir geht es nicht besonders gut, könntest du bitte für genügend Schlaf sorgen, damit wir uns ausruhen können?« Oder: »Ich habe wirklich viele, viele Nächte durchgearbeitet, ich bin ganz erschöpft. Meinst du, eine richtig schöne Fieberattacke würde dich daran erinnern, etwas leiser zu treten?« Später wird sie dann lauter, wenn sie sagt: »Jetzt haben wir schon Herzrhythmus-Störungen, weil du die Nacht zum Tage machst und dich nie ausruhst. Meinst du ein schöner Aufenthalt im Krankenhaus würde uns guttun und du würdest dadurch zur Ruhe kommen?«

Solche inneren Dialoge könnten sich abspielen, wenn Sie auf Ihre innere Stimme hören würden.

Die Warnsignale der Seele werden häufig einfach verdrängt und ignoriert, mit dem Ergebnis, dass die Seele anfangen muss zu »schreien«, damit wir sie überhaupt wahrnehmen. Unser Körper ist der unmittelbare Ausdruck unserer Seele, er wird krank, wenn wir seelisch etwas nicht verarbeiten können.

3. Gesunde Seele, gesunder Körper

Der Zusammenhang zwischen einer gesunden Seele und einem gesunden Körper wird mittlerweile auch mehr und mehr von der Schulmedizin anerkannt – wie toll! Die asiatische Medizin weiß seit über 4000 Jahren um dieses ganzheitliche Prinzip von Körper – Seele – Geist und (be)handelt danach.

Ganz spannend fand ich in diesem Zusammenhang die Sprüche, die wir fast nebenher von uns geben, wenn wir zum Beispiel sagen: »Mir ist eine Laus über die Leber gelaufen« oder »Das geht mir an die Nieren«, »Das ist mir auf dem Magen geschlagen«, »Die Angst steckt mir noch in den Knochen« etc.

Wenn wir etwas traurig finden, dann spüren wir es doch körperlich, oder nicht? Wenn ich zum Beispiel einen Brief bekommen habe, der sehr offiziell aussieht, den aber noch ungeöffnet in der Hand halte, dann klopft mein Herz schneller und mir wird richtig flau im Magen, weil ich Angst habe vor dem, was drinstehen könnte. Obwohl es überhaupt keinen logischen Grund dafür gibt. Oder wenn mich jemand verbal verletzt, dann versetzt es mir einen Stich ins Herz oder einen Schlag in die Magengrube. Dann brauche ich wieder einige Zeit, um mich zu beruhigen und um diese Sache zu verarbeiten.

Erst seit kurzem weiß man, dass Herz und Darm eigene Netzwerke von Tausenden von Neuronen besitzen, die reagieren und sich außerdem verändern können. Sie verhalten sich fast wie lokale »Gehirne«.

Sie können sich sogar »erinnern«. Unser »Hirn« sitzt also auch im Darm und im Herzen. Das Herz sendet elektromagnetische Schwingungen aus, die man noch in einigen Metern Entfernung vom Körper nachweisen kann.

Die Schulmediziner haben mittlerweile verstanden, dass sie

mit der »Reparaturmedizin« nicht mehr weiterkommen. Die teuren Geräte sind nicht fähig, den Menschen wieder vollständig gesund zu machen. Den Menschen als isoliertes Ersatzteillager zu betrachten, voller Knochen, Muskeln und Innereien, losgelöst von seinem seelischen Befinden, kann keine so dauerhaften Heilerfolge bringen, als wenn man die Ursache der Erkrankung mit in Betracht zieht und die Gefühle ernst nimmt.

In unseren staatlichen Krankenhäusern fängt zwar ein Bewusstseinswandel an, der immer größere Kreise zieht, aber es wird noch eine Weile dauern, bis die Schulmedizin und die Naturheilkunde Hand in Hand arbeiten.

Als ich ein Treffen von Heilern, Medizinmännern und -frauen, Schamanen und Schamaninnen aus aller Welt besuchte, war ich sehr angetan davon, dass in Neuseeland eine staatliche Klinik mit Maori-Heilern zusammenarbeitet.

Die Heiler werden zu den Patienten gebeten, die von den Ärzten bereits aufgegeben wurden. Sie besuchen diese Patienten, vollziehen ihre Heilungsrituale und erzielen damit beachtliche Heilerfolge. Wie das sein kann? Nun, dafür kann es mehrere Gründe geben. Vielleicht vertraut der Patient dem Maori-Heiler unbewusst mehr als dem behandelnden Arzt.

Das Unbewusste ist in diesem Fall sehr wichtig, denn wenn der Patient sich unbewusst gegen seine Heilung wehrt und nicht wirklich gesund werden will – oder dem Arzt nicht vertraut, dann will er ihm seine Genesung nicht schenken. Etwas versperrt sich vielleicht innerlich in ihm und verzögert dadurch unbewusst seine Heilung.

Um genau zu prüfen, ob der Patient auf die Behandlung eines Heilers oder einer Heilerin anspricht, nimmt der Medizinmann oder Schamane erst Kontakt mit der Seele des Patienten auf und *fragt,* ob er geheilt werden möchte. Die Bereitschaft, geheilt werden zu wollen, bildet eine ganz wesentliche Basis für die erfolgreiche Behandlung.

Wichtig ist auch, ob der Patient von diesem einen Heiler behandelt werden möchte oder ob er mehr auf einen anderen Heiler anspricht. Erst wenn es ein tiefes Einverständnis zwischen Heiler und Patient gibt, kann ein Heilungsprozess in die Wege geleitet werden.

Wenn der Patient nicht an seine Heilung glaubt, dann wird auch ein Schamane nicht viel ausrichten können, denn der freie Wille der Seele ist unantastbar.

Der Heiler versucht Kontakt mit der Seele oder dem höheren Selbst des Patienten aufzunehmen, um herauszufinden, warum die Krankheit sich im Körper eingenistet hat. Diesen Kontakt kann er durch verschiedene Rituale oder Gesänge erreichen.

Sobald eine Verbindung besteht, entwickelt sich eine Art »Seelentanz«, in dem die Genesung eingeleitet wird.

Ich persönlich hatte schon mehrere beeindruckende Erlebnisse mit hawaiianischen Heilern, Schamanen aus Afrika, Maori-Heilern und indischen Medizinern.

Durch meine jahrelangen Erfahrungen mit Schulmedizinern leiderprobt, fand ich viele Antworten über den Zusammenhang zwischen Körper und Seele in der ganzheitlichen Sichtweise der ayurvedischen und chinesischen Medizin, aber auch in der ursprünglichen Naturheilkunde, die wir hierzulande haben.

Wichtig dabei ist, welche Worte gewählt werden, um die Heilung zu motivieren. Ich finde es in unserer Sprache schon befremdlich, dass es zum Beispiel »Krankenhäuser« anstatt »Gesundheitshäuser« gibt. Unbewusst wird uns dadurch ständig suggeriert, wir seien krank anstatt gesund.

In China funktioniert das Gesundheitswesen genau umgekehrt wie bei uns, da wird ein Arzt bezahlt, solange seine Patienten gesund sind; wenn einer seiner Schützlinge erkrankt, hört dieser mit den Zahlungen auf. Der Arzt wird sich natürlich ziemlich beeilen, seinen Patienten wieder gesund zu machen.

Dieses System bewirkt, dass der Arzt sich um die Gesunderhaltung seiner Klienten kümmern muss und kein Geld mehr verdient, wenn sie krank werden. Bei uns verdienen die Ärzte an den Kranken, deshalb ist es für sie wichtig, dass wir krank werden und bleiben. Mittlerweile kann man aber erkennen, dass eine Veränderung stattfindet. Die erste Krankenkasse hat sich in »Gesundheitskasse« umbenannt, man spricht immer mehr von Vorbeugen statt Reparieren, und in die Präventivmedizin wird viel investiert.

Ich fände es sehr wichtig, die besten Erkenntnisse beider Gesundheitssysteme zu vereinen, so wie es in der Klinik in Neuseeland möglich ist. Als ich die beiden Maori-Heiler (ein Mann und eine Frau) kennen lernte, bat ich sie, an mir ein Heilungsritual zu vollziehen, denn ich hatte zu der Zeit eine chronische, schmerzhafte Blasenentzündung. Wir gingen in einen ruhigen Raum, und ich legte mich hin.

Als Erstes fing die Frau an zu singen, und der Mann betete. Dann legten beide ihre Hände auf meinen Bauch, und ich spürte, wie mein Inneres anfing sehr heiß zu werden, es war fast so, als ob es anfinge zu brodeln. Mein Bauch wurde ganz heiß und meinen ganzen Körper durchflutete eine Hitzewelle. Die beiden sangen und beteten ohne Unterbrechung, bis zu dem Punkt, an dem sie spürten, dass es genug sei. Dann wurde es still. Sie blieben im Raum, in sich im Gebet versunken, und ich blieb noch eine Weile liegen, überwältigt von der Kraft dieser Gesänge und der Hitze, die meinen Körper durchflutet hatte.

Als ich sie nach dem Inhalt der Gebete und Gesänge fragte, sagten sie, dass sie zu Gott beteten. Sie sagten, dass nur Gott heilen kann und ihr Glaube an ihn und seine Heilkraft so stark sei, dass sie diese auf den Klienten übertragen können.

Wie man die Kraft auch immer nennen mag, die in uns und um uns ist und die das ganze Geschehen lenkt und leitet, Tatsache war, dass meine Schmerzen weg waren. Seit dieser Zeit habe ich keine Blasenentzündung mehr.

Unser Körper-Seele-Geist-System ist auf der einen Seite leicht zu beeindrucken, auf der anderen Seite sehr komplex und schwer zugänglich. Den Schlüssel zur Heilung halten wir selbst in der Hand und geben ihn nicht jedem, auch wenn wir von Spezialisten zu Spezialisten rennen, um Antworten zu finden. Meistens bestätigen wir uns selbst, dass uns keiner helfen kann.

Solange Sie glauben, die Verantwortung für Ihre Gesundheit jemand anderem übertragen zu müssen, bekommen Sie früher oder später ein Problem.

Die Antworten liegen in Ihnen, niemand anderes kann sie für Sie herausfinden. In dieser Zeit noch viel weniger als früher, denn die Ärzte sind von der Flut der Krankheiten überfordert. Sie können die Sprache der Seele nicht mehr lesen, die sich durch den Körper ausdrückt. Wenn ein Arzt heutzutage länger als drei Minuten mit Ihnen spricht, verdient er nichts mehr an Ihnen! In drei Minuten soll er etwas über Sie erfahren? So viel, dass er Sie gesund machen kann? Wie soll das gehen?

Haben Sie sich selbst einmal gefragt, was Sie brauchen, um gesund zu werden? Sie brauchen doch sicher keinen Herzinfarkt, keine Krebserkrankung oder einen Schlaganfall, damit Sie Ihre momentane Situation überdenken können? Damit Sie Ihrer Seele zuhören?

Der Körper ist der Übersetzer der Seele ins Sichtbare.
(Christian Morgenstern)

Um meinen Körper zu verstehen, fand ich die kleinen Bücher von Louise Hay sehr hilfreich. Jedes innere Organ, jeder Knochen hat eine seelische Entsprechung. Meine Blasenentzündungen waren zum Bespiel ein Zeichen dafür, dass ich nicht gut loslassen konnte.

Die Leber steht für Autoritätsprobleme oder Vaterthemen. Hautprobleme korrespondieren mit dem Herzen etc.

Unsere Emotionen lenken unsere Geschicke. Wir sollten lernen, die Sprache unserer Gefühle zu verstehen, um nachzuvollziehen, wie wir dauerhaft gesund bleiben können. Unser Herz-Hirn ist sehr empfindsam, es reagiert wie ein Seismograph auf jede Kleinigkeit.

Es beeinflusst unser Gehirn und die Ausschüttung der Hormone. Wenn wir unter Druck stehen und im Stress sind, dann verbraucht unser System unglaublich viel Energie. Andererseits können wir, indem wir uns ein schönes Erlebnis vor unserem geistigen Auge vorstellen, unser Herz beruhigen.

Für unser System ist es nicht wichtig, ob wir gerade mittendrin in der Situation stehen oder ob es eine imaginäre Situation ist. Es reagiert auf beides, als ob es die Realität wäre.

Diese Erkenntnis ist deshalb so wichtig, weil wir uns willentlich »umprogrammieren« können. Wir können entscheiden, ob ein Erlebnis in unserem Erinnerungsfeld bleibt und uns in Zukunft beeinträchtigen wird oder nicht. Das Erleben an sich werden Sie nicht verändern können, aber den Umgang damit. Wenn die Hauptursache aller Krankheiten Stress ist, dann ist es doch an der Zeit, diesen Stress nicht mehr als destruktive Energie wahrzunehmen, sondern ihn – wenn man ihn schon nicht abstellen kann – als positive Erfahrung zu bejahen. Oder sein Erlebnisfeld so zu verändern, dass nichts einen mehr stressen kann.

Meine Lieblingsübung zu diesem Thema nenne ich »Lächelnde Organe«:

> *Ich setze mich in den Schneidersitz, schließe meine Augen und stelle mir innerlich meine Organe vor: Leber, Nieren, Darm, Milz, Bauchspeicheldrüse, Magen etc. Nun gehe ich in Gedanken zu jedem einzelnen Organ und stelle mir vor, dass es lächelt. Dies wiederhole ich mit jedem Organ, so lange, bis es in meinem Bauch richtig »grinst«, dann muss ich auch grinsen.*

Diese Übung ist eine sehr wirksame »Gute-Laune-Übung«, nach ihr gehe ich ganz beschwingt in den Tag!

4. Aufgabe oder aufgegeben?

Wir leben in einer Gesellschaft, die immer älter, aber auch immer kränker wird. Bezeichnenderweise leben die ältesten Völker dieser Erde nicht in technisierten Großstädten, sondern weit weg von jeglicher Zivilisation in kleinen Dörfern. Sie sind umgeben von frischer Luft, frischer Nahrung, einer liebevollen Gemeinschaft und einer lebendigen Familie. Meistens arbeiten die alten Leute noch bis zum letzten Atemzug. Sie fühlen sich gebraucht und anerkannt, sie haben einen Platz in der Gemeinschaft und sie füllen ihre Aufgabe voller Freude aus. Wenn sie gehen müssen, blicken sie auf ein reiches, emotionales Leben zurück, voller Höhen und Tiefen, voller Liebe und Streitigkeiten und voller Erneuerungen.

So viele Menschen sind deprimiert oder haben resigniert, weil sie sich nutzlos fühlen. Sie sind hilflos einer Welt ausgeliefert, in der jeder scheinbar seinen Platz gefunden hat, nur sie selbst nicht. Dieser innere Wunsch, etwas zu bedeuten im Leben, ist dem Alltagskampf erlegen. Diese brennende Frage »Was habe ich für eine Aufgabe?« ist der scheinbaren Erkenntnis gewichen: »Das schaffe ich sowieso nicht.« Um dem Ganzen die Krone aufzusetzen, fühlt man sich zu alledem noch einsam und unverstanden. Spiegeln die anderen um einen herum doch die perfekte Auslebung ihrer Träume.

Ich bin immer wieder überrascht, wie grau und traurig die Gesichter der Menschen in der Stadt wirken. Es scheint fast so, als sei alle Freude von ihnen gewichen und der Alltagsstress hätte alles verdrängt, was Spaß macht. Resignation ist sicher keine Antwort auf vermeintlich verlorene Chancen.

Jeder Tag bringt eine neue Inspiration mit sich.

Sie können jeden Tag die Augen aufmachen, einen tiefen Atemzug nehmen und sich entscheiden, etwas zu verändern.

Diese Entscheidung können Sie jeden Tag fällen! Und dann auch in die Tat umsetzen! Betrachten Sie sich im Spiegel und fragen Sie sich, ob genau das Leben, das Sie jetzt leben, das richtige für Sie ist. Ob es Ihren Fähigkeiten entspricht. Blicken Sie nicht auf andere und vergleichen Sie sich nicht. Hören Sie nicht auf den Zweifler in Ihrem Inneren, der da sagt: »Die hat ja leicht reden, die hat ja so viele Talente« – Sie auch!

Jeder Mensch hat eine ganz besondere Begabung für das, was er gerne tut.

Finden Sie heraus, was Sie *wirklich* interessiert. Wo ist Ihre Neugier geblieben? Erinnern Sie sich an Ihre Träume, die Sie als Kind hatten. Was wollten Sie damals werden? Was wollten Sie der Welt erzählen? Oder wollten Sie die Welt retten? Gab es irgendetwas, das Sie den Menschen mitteilen wollten? Können Sie sich daran erinnern, welches Spiel Sie am liebsten gespielt haben?

Welches Märchen war Ihr Lieblingsmärchen?

Merken Sie sich die erste Antwort, die Ihnen gerade jetzt in den Sinn kommt. Schreiben Sie sie auf. Weiter geht's, was wollten Sie noch? Reisen, heiraten, Kinder kriegen (wie viele?), Häuschen bauen, auswandern, autark sein, in den sozialen Dienst gehen ... es gibt unzählige Lieblingsgedanken. Denken Sie diese wieder, erinnern Sie sich an sie! Schreiben Sie sie auf.

Sobald Schuldgefühle hochkommen sollten, weil Sie diese Träume noch nicht verwirklicht haben – Gefühle, die Ihnen die Freude am Entdecken vermiesen wollen –, schicken Sie sie weg. Wie unangemeldete, unliebsame Besucher – so nach dem

Motto: »Vielen Dank, dass ihr gekommen seid, aber ich bin jetzt beschäftigt, ich kann mich nicht um euch kümmern.«

Finden Sie Ihre Aufgabe, geben Sie mit Ihrer Suche nicht auf!

Um mein eigenes Selbstwertgefühl war es am Anfang meines Weges auch nicht so gut bestellt. Als Anfängerin war ich noch sehr unsicher, wie sich mein Weg abzeichnen würde. Ich spürte tief in mir, dass es doch noch etwas anderes – einen tieferen *Sinn* – geben muss, warum ich hierher gekommen war. Dass ich eine Aufgabe zu erfüllen hätte, die meine ganz spezielle Aufgabe sei, die nur ich erfüllen könnte. Ich war verwirrt ob meiner Talente und wusste eine ganze Zeitlang überhaupt nicht mehr, wer ich war und was ich wollte. Da ich auch nicht wusste, was meine Aufgabe war, wusste ich auch nicht, was ich wollen *sollte*. Weder mein Grübeln noch meine nächtelangen Diskussionen mit Freunden brachten mich weiter. Da bekam ich einen Tipp von einer Freundin, doch zu einer Astrologin zu gehen. Astrologie kannte ich bis dahin nur von den kleinen Horoskopen aus den Magazinen oder den mit dem Computer erstellten.

Ich konnte mir kaum vorstellen, etwas wirklich Wesentliches zu erfahren. Aber meine Neugier ließ mich dann doch bei der Astrologin anrufen. Im Prinzip hatte mir die Liste, die ich damals aufschrieb, meine Sehnsüchte gut vor Augen geführt, aber ich wollte natürlich wissen, ob ich überhaupt dazu in der Lage war, diese zu verwirklichen.

Nachdem ich ihr meine Daten durchgegeben hatte, trafen wir uns drei Wochen später zu einem ausführlichen Gespräch und der Auswertung der Daten. Sie war eine sehr erfahrene Astrologin und eine ältere Dame – genauso, wie ich mir eine richtige Astrologin vorgestellt hatte. Sie interpretierte mein

Geburtshoroskop auf eine psychologische Art und Weise. Keine Vorhersagen darüber, ob mir nächste Woche ein Ziegelstein auf den Kopf fallen würde oder nicht...

Es ging darum, mir meine Anlagen und Fähigkeiten bewusst zu machen, um herauszufinden, was meine eigentliche Aufgabe im Leben ist. Da sie mich überhaupt nicht kannte, war ich über ihre Klarheit in der Beurteilung meiner Charaktereigenschaften sehr überrascht.

Sie sagte viele spannende Dinge, die ich zum Teil schon wusste, mir zum Teil aber nicht eingestehen wollte. Sie sagte, ich würde mein Mitteilungsbedürfnis nicht nur über die Darstellung ausleben, sondern auch über das Schreiben äußern und ich hätte außerdem noch eine starke therapeutische Begabung. Als sie das sagte, durchströmte mich eine Erinnerung daran, dass ich in Gesprächen oft gesagt hatte: »Ich möchte den Menschen helfen, zu ihrem wahren Selbst zu finden. Ich möchte ihre Gefühle berühren und sie inspirieren, sich ihrer Göttlichkeit zuzuwenden.«

Besonders als Schauspielerin wollte ich stets, dass die Menschen, die meine Arbeit sahen, tief im Innersten berührt wurden und Zugang zu ihren Gefühlen bekamen.

Ich wusste intuitiv, dass ich in der Lage war, dies zu tun.

Sie sagte mir damals auch, dass ich eine große Öffentlichkeitswirkung hätte. Dieses Geschenk des Himmels wurde mir Jahre später bestätigt. Damals nervte mich meine »Öffentlichkeitswirkung«, denn während meines Studiums wussten immer *alle* darüber Bescheid, was ich tat oder nicht tat. Manchmal fühlte ich mich regelrecht verfolgt. Als ich die konstruktive Entsprechung dieser Veranlagung erfahren hatte, konnte ich viel besser damit umgehen. Mir wurde einmal mehr bewusst, dass man jede Anlage, die in einem verankert ist, konstruktiv oder destruktiv ausleben kann.

Alles hat zwei Seiten: Ich kann jammern darüber, dass jeder alles über mich weiß, oder aber ich kann dies auch als Potenzial nutzen, um die Themen in die Welt zu bringen, die mir am Herzen liegen. So wie die seelische und körperliche Gesundheit meiner Mitmenschen zum Beispiel.

Damals habe ich ihre Aussage, dass ich die Fähigkeit zu schreiben hätte und Bücher schreiben würde, nicht ernst genommen. Ich dachte: »Okay, wenn du alt und grau bist, dann kannst du dich ja mal hinsetzen und Liebesromane schreiben.« Dass ich schon so früh damit anfangen würde – und meiner Sehnsucht, den Menschen zu helfen, auf diese Weise Ausdruck verleihen würde –, hätte ich nicht gedacht.

Ich habe die drei Stunden Gespräch auf Kassette aufgenommen, und seitdem habe ich sie mir alle paar Jahre wieder angehört. Es ist sehr interessant, was ich dabei an Neuem entdecke, was ich damals schlichtweg überhört habe.

Auf jeden Fall war ich für ihre Aussagen sehr dankbar und auch sehr erleichtert darüber, dass ich »richtig ticke«, dass meine vielen Talente und Fähigkeiten zu einem Ziel hinführen und dass ich mich entscheiden kann, auf welche Art und Weise ich meine Aufgabe ausleben möchte.

Daran sieht man, dass das Leben einen immer zur richtigen Zeit an den richtigen Ort »schubst«. Die Information, etwas zu tun und danach zu handeln, ist immer da. Wir müssen nur richtig zuhören und die Signale verstehen, anstatt sie zu verdrängen.

Ein untrügliches Zeichen dafür, dass man seine Aufgabe und seine innewohnenden Fähigkeiten nicht lebt, ist es, wenn man immer unglücklicher oder wütender wird. Wenn man sich zur Arbeit schleppt und einen schon beim Gedanken daran bleierne Müdigkeit überfällt. Wenn die Arbeit einem die Kraft raubt und keine Motivation vorhanden ist. Bevor Sie aufgeben oder resignieren, sollten Sie sich aufraffen und versuchen, die Situation klar zu analysieren: Warum ist das so? Was stört mich? Kann ich mich einbringen? Werde ich ernst genommen? Wie sieht mein Arbeitsplatz aus? Kann ich optisch etwas verbessern, damit ich mich wohl fühle? Ist meine Bezahlung zufrieden stellend? Hat meine Aufgabe Aufstiegschancen, oder will ich da bleiben, wo ich bin?

Versuchen Sie nicht, sich in Alltagskleinigkeiten zu verheddern: »Meine Kollegin spült ihre Tasse nie ab, sondern stellt sie einfach in die Spüle«, »Mein Kollege gibt seine Sachen immer viel zu spät ab, und ich muss dann die verpasste Zeit wieder aufholen...«, sondern bleiben Sie bei sich, bei Ihren Vorstellungen und Wünschen, wie Sie Ihre eigene Aufgabe optimal ausfüllen können. Wenn Sie zum Schluss kommen, dies sei in Ihrer momentanen Arbeitssituation nicht möglich, dann erschaffen Sie sich selbst eine Aufgabe, die Sie nebenher machen können und die Sie ausfüllt.

Eine Aufgabe, die Ihr Interesse und Ihre Neugierde weckt – wer weiß, vielleicht können Sie eines Tages den Sprung wagen und Ihren Traum ausleben? Seien Sie bereit für Ihre Aufgabe, indem Sie sich in aller Ruhe darauf vorbereiten. Wenn die Zeit reif ist, dann wird sich die Gelegenheit wie von selbst ergeben. Denn es gibt ja keine »Zufälle« im Leben...

5. Angst – von Anfang an dabei

> Die Hoffnung aufgeben bedeutet, nach der Gegenwart
> auch die Zukunft preiszugeben.
> *Pearl S. Buck*

Bevor wir überhaupt eine eigene Entscheidung über unseren Lebensweg treffen können, wird uns schon so einiges an Selbstverhinderungsmaßnahmen in die Wiege gelegt. Von Anfang an versucht »man« – Eltern, Lehrer und Freunde –, uns davor zu bewahren, etwas »Schlimmes« zu tun oder etwas »Schlimmes« zu erleben.

Von unserer Geburt an bis zu dem Zeitpunkt, an dem wir das Elternhaus verlassen, und sogar oft noch darüber hinaus, wird uns ständig das Gefühl vermittelt, eben gerade diese »schlimmen« Erfahrungen haufenweise zu machen.

Auf Schritt und Tritt verfolgt uns dieses Gefühl. Immer in einer anderen Gestalt: der gluckenhaften Mutter, des überkritischen Vaters, des machthungrigen Lehrers und der sich sorgenden Freunde.

Als Kinder bekommen wir in einer Art »Dauerbeschallung« zu hören, wir sollten dies oder jenes nicht tun, weil die Konsequenzen daraus fürchterlich oder sogar lebensbedrohlich sein könnten. Es wird ohne Unterlass vermittelt, wenn wir auf uns allein gestellt sind, dann frisst uns der »böse Wolf«. Die bewusste oder unbewusste Angst, die daraus entsteht, ist durchaus gewollt. Denn durch das Schüren von Angst sind wir leichter zu manipulieren. Wie einfach es sein kann, die Angst in uns einzupflanzen, zeigt dieses kleine Beispiel:

Ich erinnere mich an eine Begebenheit aus der Zeit, als unsere Tochter drei Jahre alt war. Ich war mit ihr auf dem Spielplatz, wo sie und mehrere andere Kinder Fußball spielten. Ein großer Hund fand auch Spaß daran, Fußball zu spielen, riss sich vom Herrchen los, schnappte sich den Ball und sprang und tobte mit den Kindern herum. Die Kinder quietschten und schrien vor Freude und rannten dem Hund hinterher. Die Mutter eines Jungen war aber sehr aufgebracht und wollte dem Hund den Ball entreißen. Worauf dieser sich noch mehr im Ball festbiss und ihn dadurch kaputtmachte. Ihr Sohn, dem der Ball gehörte, schrie vor Wut und Empörung. Sie nahm ihn auf den Arm, um ihn zu beruhigen, und wiederholte dabei ständig den Satz: »Das ist aber ein böser Hund, das ist aber ein böser Hund«, und das Kind wiederholte schluchzend: »… böser, böser Hund«.

Der Hund war aber eigentlich ganz lieb und sprang weiter mit den Kindern herum, die sich vor ihm überhaupt nicht fürchteten. Nur für die Mutter und den Jungen fand eine ganz andere Realität statt.

Ob dieser Junge jemals wieder unbeschwert draußen auf einer Wiese Fußball spielen kann, wenn große Hunde in der Nähe sind, sei dahingestellt. Ein Erlebnis dieser Art muss nicht unbedingt eine traumatische Konditionierung für die Zukunft sein, kann aber eine werden.

Besonders wenn die Mutter oder der Vater eine große Emotion wie Angst und Bedrohung hinter eine Aussage stellen, sind wir als Kinder machtlos. Wir nehmen diese Behauptung als wahr an, weil sie – durch das Brennglas unserer Eltern vergrößert – so ein einschneidendes Erlebnis bedeutet.

Dieses kleine, fast banale Beispiel – welches gegen jedes andere austauschbar ist – zeigt deutlich, dass eine Kindheit gar nicht optimal verlaufen kann, denn es passieren immer irgendwelche unvorhergesehenen Ereignisse, die in die eine oder andere Richtung erlebt werden können. Meistens leider weitaus schlimmere Dinge, welche die Seele des Kindes nachhaltig traumatisieren.

Wenn die Mutter oder der Vater besonders ängstlich sind und jedes noch so kleine Erlebnis zu einer potenziellen Gefahr hochstilisieren, dann wird dieses Verhalten prägend für den weiteren Verlauf des Lebens.

Der kleine Junge behält nicht nur die Angst vor großen Hunden, sondern vielleicht auch die tiefe innere Überzeugung, einen Fehler gemacht zu haben, denn sonst hätte der Hund den Ball nicht kaputtgemacht.

Kinder neigen sehr schnell dazu, sich selbst schuldig zu fühlen, wenn in ihrer unmittelbaren Umgebung nicht alles optimal verläuft. So geben sie sich meistens die Schuld, wenn die Eltern streiten, weil sie denken, sie hätten den Streit ausgelöst.

Kinder fühlen sich den Stadien ihrer Entwicklung hilflos ausgeliefert. Es ist die Aufgabe der Erwachsenen, ihnen die Sicherheit zu bieten, die sie brauchen, um die Eindrücke richtig einzuordnen. Doch wenn diese Sicherheit durch die »böse, böse« Umwelt ständig in »Gefahr« ist, dann kann sich keine Basis bilden, auf der ein Kind vertrauensvoll in die Zukunft blickt.

Da wir aber dringend eine sichere Basis brauchen, versuchen wir später, wenn wir erwachsen sind, alles unter Kontrolle zu bekommen, damit auf keinen Fall etwas Unvorhergesehenes passieren kann.

Wir kontrollieren jede unserer Handlungen und die Handlungen der anderen und versuchen mit aller uns zur Verfügung stehenden Macht, Situationen zu vermeiden, die uns unangenehm sind, um die Hilflosigkeit aus unseren Kindertagen nicht wieder zu spüren.

Diese innere Programmierung – in unserem Beispiel gegen große Hunde – wird nun durch Ereignisse innerhalb Ihrer Lebensbedingungen aktiviert. Sobald ein großer Hund auf Sie zustürmt, bekommen Sie ein flaues Gefühl in der Magengegend. Wenn ich Sie jetzt fragen würde: Was brauchen Sie, um sich sicher zu fühlen?, oder: Was macht Sie ängstlich und unsicher?, würden gar nicht Sie selbst antworten, sondern Ihre Programmierung. Innerhalb des Ursprungserlebnisses hatten Sie (der Junge) nämlich gar keine Zeit, selbst herauszufinden, ob der Hund lustig oder bedrohlich war.

Die Mutter gab einfach ein Erlebnis vor. Jetzt brauchen Sie unter Umständen Jahre, um Ihre Gefühle von denen der Mutter zu unterscheiden und um einem großen Hund ohne Angst begegnen zu können.

Diese Programmierung macht uns auch noch in Zukunft viel zu schaffen. Sie bestimmt nämlich unbewusst unsere Vermeidungsstrategien. Alles, was uns Angst macht oder Beklemmungen auslösen könnte, wird vermieden – ohne dass wir die wirkliche Realität der Situation erfasst haben –, und alles was uns in Sicherheit wiegt, wird zwanghaft aufrechterhalten.

Die Überzeugung, alles unter Kontrolle halten zu müssen, aus Angst vor weit reichenden Konsequenzen, lähmt uns tief im Inneren. Ängste, Furcht und Sorgen führen uns von uns weg anstatt zu uns hin. Unsere Energie und Aufmerksamkeit werden in eine ganz andere Richtung gebündelt. Wir verbringen den größten Teil unserer kostbaren Zeit damit, Sicherheit zu schaffen und Unsicherheit zu vermeiden. Das Ursprungserlebnis gerät in Vergessenheit, aber die emotionale Erinnerung bleibt. Deshalb kommt man oft erst spät auf die Ursache der Programmierung, und manchmal ist sie – in unseren Augen – recht banal. Aber für das Kind, das dieses Erlebnis hatte, war sie alles andere als banal.

Bewerten Sie sich nicht mit Ihrem jetzigen Bewusstsein, das wäre ungerecht. Es würde Ihr »inneres Kind« verletzen, welches noch an diesem Erlebnis festhängt.

Die lebenseinschränkenden Konsequenzen bestehen darin, dass die inneren Überzeugungen, die daraus resultieren, mittlerweile in Fleisch und Blut übergegangen sind. Sie sitzen so tief, dass wir sogar glauben, wir wären nun mal so gestrickt und es wäre ein Teil unserer Persönlichkeit, welcher nicht geändert werden kann.

Ängste lähmen unsere Fähigkeiten zu kommunizieren, eine liebevolle Beziehung einzugehen und Freundschaften zu schließen. Sie grenzen unsere Freiheit ein und hemmen uns im Hinblick auf unsere Zukunft. Kreative Ideen werden sofort durch den »Angstfilter« gesiebt und verworfen. Angst unterwandert Träume, Sehnsüchte und Vertrauen. Sie macht uns misstrauisch und engt unser Bewusstsein ein.

Das einzige Bewusstsein, das in diesem Fall noch funktioniert, ist die negative Erwartungshaltung, welche fast immer bestätigt wird. Denn unsere Überzeugungen sind so stark, dass sie genau die Ereignisse herbeirufen, um diese Erwartungshaltung zu bestätigen. Angst vor etwas oder jemandem kann so stark werden, dass wir nicht einmal mehr aus dem Haus gehen wollen, aus Furcht zum Beispiel vor einem Terroranschlag oder anderen, uns ständig suggerierten Katastrophen.

Die »beste Freundin« der Angst ist übrigens die Panik. Beide passen sehr gut zusammen und haben schon so manchen starken Baum gefällt.

Warum lassen wir es so weit kommen, dass Angst, Furcht und Sorgen unser Leben bestimmen? Nun, der Anfang ist vielleicht in der Kindheit zu finden oder in einem schlimmen Erlebnis, welches fortan das ganze Leben bestimmt.

Aber irgendwann kommt die Zeit, wo Sie der Vergangenheit

5. Angst – von Anfang an dabei

die Schuld nicht mehr in die Schuhe schieben können. Wo Sie selbstbestimmt Ihre weitere »Erziehung« in die Hand nehmen können, um etwas zu ändern. Sie können sehr gut ohne Angst und Furcht leben! Sie brauchen diese Art von Ängsten nicht, die jeglicher Grundlage entbehren. Sie brauchen keine inneren Selbstgespräche, die Sie von sich wegführen, die den Großteil Ihrer Lebenszeit aufbrauchen und Sie in eine Richtung lenken, die nicht die Ihre ist, die Ihre Freude an Neuem unterwandert und Ihre Entwicklung lähmt. Ihr Denken wird sorgenvoll darum kreisen, was als Nächstes passieren könnte. Ihre Zukunft scheint besorgniserregend zu sein, denn Sie werden nie genug dafür tun können, sich endlich sicher zu fühlen.

Dass Sie schon ein ganz schönes Stück Ihres Lebens gegangen sind, in dem Sie durchaus in der Lage waren, die Situationen zufrieden stellend zu meistern, wird im Hinblick auf die Zukunft meistens vergessen.

Um einen Überblick zu bekommen, was sich im letzten Jahr alles ereignet hat, lese ich gerne in meinem Tagebuch. Es weist zwar große Lücken auf, wo keine Eintragungen sind, aber das, was ich lese, hatte ich schon zum Großteil wieder vergessen. Dann bin ich überrascht und auch ein wenig stolz, dass ich so viele unterschiedliche Herausforderungen bewältigt und daraus so viel gelernt habe. Es zeigt mir auch, dass in den scheinbar hoffnungslosesten Situationen doch noch eine Lösung verborgen lag, die mich wieder herausgeführt hat. Oft waren es auch eingebildete Probleme, die auf einem Missverständnis basierten und die zeitweise Leid hervorriefen, sich aber dann dadurch auflösten, dass man darüber gesprochen hat.

Aber wie kommt man aus dieser Angstschleife wieder heraus?

Wie bei allen Gefühlen ist es vorrangig, nicht die Ängste zu bekämpfen, sondern ihnen etwas anderes, etwas Positives entgegenzusetzen.

Alles, was man bekämpft, wird größer und bekommt noch mehr Macht.

Geben Sie Ihren Ängsten keine Macht mehr! Beobachten Sie Ihre Gedanken und Gefühle in Situationen, die Ihnen unangenehm sind, und atmen Sie ruhig und tief ein und aus. Verbinden Sie sich mit sich selbst, und setzen Sie eine positive Erwartungshaltung dagegen. Wie in einem Film, wo Sie mittendrin sagen können: Stopp! Ich will eine andere Geschichte sehen! Ich schreibe das Drehbuch um!

Die positive Erwartungshaltung, die Ihnen Ihre innere Tür wieder öffnet, heißt: Hoffnung.

Die Hoffnung führt uns aus der Angst wieder heraus.

Hoffnung ist ein wunderschöner, altmodischer Begriff, der die Motivation für alle großen Erfindungen und Taten der Menschheit war und ist. Ohne eine positive Erwartungshaltung, ohne Hoffnung braucht man kein Ziel anzustreben!

Ersetzen Sie Ihre angstvolle und sorgenvolle Erwartung durch eine hoffnungsvolle und liebevolle Erwartungshaltung. Erwarten Sie hier und jetzt das Beste in Ihrem Leben und von Ihrem Umfeld. Lassen Sie sich nicht mehr von Ihrem Verstand vorspielen, dass Sie erst mal ein sicheres Umfeld brauchen, um Ihre Ängste loszulassen. Dies wird nämlich nie geschehen, weil Sie mit dieser Einstellung nie ein vollendetes sicheres Umfeld haben werden.

Es ist fast absurd, aber Sie werden in Ihrem Leben weitaus sicherer sein, wenn Sie das Gefühl der Angst losgelassen haben. Wenn Sie diese Veränderung in Ihrem Leben vornehmen wollen, dann wird sich Ihr Erleben um ein Vielfaches positiv verbessern.

Sie können folgende Sätze sagen, um Ihrer alten Programmierung keinen Raum mehr zu geben:

Ich lasse alle meine alten Ängste los.
Ich lebe in Harmonie mit meinem Umfeld.
Ich sehe dem Leben liebevoll und voller freudiger Erwartung entgegen.
Ich weiß, dass alles nur zu meinem Besten geschieht.
Ich bin bereit, das Hier und Jetzt liebevoll zu empfangen.

Sie können sich auch selbst solche Kraftsätze (Affirmationen) überlegen und diese dann anwenden. Achten Sie darauf, dass die Worte und Sätze immer positiv formuliert sind. Je klarer, desto besser.

Seien Sie voller positiver Erwartung, dass es klappt!

Hören Sie nicht mittendrin auf! Immerhin hat es Jahre gebraucht, die Angstprogrammierung in Ihnen zu manifestieren, geben Sie sich die Zeit, diese Veränderung bewusst zu erleben und zu bejahen.

Verhaltensforscher haben festgestellt, dass ein Mensch 21 Tage braucht, um eine Gewohnheit durch eine andere Gewohnheit zu ersetzen. Das bedeutet, wir brauchen drei Wochen der Wiederholung, um eine neue Gewohnheit zu bilden. Das klingt doch gut, oder?

Fangen Sie an, Ihr Potenzial zum Glücklichsein zu leben!

Hoffen Sie und erwarten Sie, dass Ihre Befreiung naht.

Seien Sie optimistisch, denn Optimisten haben mehr vom Leben!

6. Wer nicht fragt, der nicht gewinnt

Früher und auch heute wurde und werde ich oft gefragt, wie ich dies oder jenes in meinem Leben »geschafft« habe. Damals wusste ich gar keine Antwort darauf, weil es mir so logisch vorkam, wie ich zu dem gekommen bin, was ich wollte, dass ich gar nicht groß darüber nachgedacht hatte. Meistens antwortete ich mit einem Schulterzucken: »Ich weiß nicht, ich habe einfach nach dem *gefragt*, was ich wollte.«

Es ist für mich sehr erstaunlich, wie vielen Menschen ich begegne, denen es unangenehm oder gar peinlich ist, nach dem zu fragen, was sie sich wünschen.

Oft ist es nur diese eine Kleinigkeit, die einen erfolgreichen von einem erfolglosen Menschen unterscheidet. Chancen werden verpasst, weil nicht gefragt wird; die Liebe Ihres Lebens zieht an Ihnen vorbei, weil Sie Angst haben zu fragen; gute Ideen werden nicht verwirklicht, weil nicht gefragt wird ...

Wenn Sie nicht nach dem fragen, was Sie wollen, dann werden Sie auch nicht bekommen, was Sie wollen! Es scheint eine innere Hürde zu geben, die einen in der letzten Sekunde veranlasst, doch nicht zu fragen.

Diese innere Hürde ist – wieder einmal – »nur« die Angst vor Ablehnung. Oder die Angst davor, die Frage so »falsch« zu formulieren, dass es vielleicht verletzend klingt, dass man ganz danebenliegt oder dass man sich lächerlich machen könnte.

Oft liegt es auch an unserer Erziehung. Es wurde uns vielleicht in der Kindheit nicht gestattet, Forderungen zu stellen. Ein Kind ist neugierig und wach, es fragt uns Löcher in den

Bauch – wenn dieses Kind aber ständig abgelehnt wird oder ihm das Gefühl gegeben wird, die Fragen seien lächerlich, dann wird es sehr bald aufhören zu fragen.

Unserer Tochter haben wir ganz schnell beigebracht, selbst nach Dingen zu fragen, die sie sich wünscht.

Das ging schon sehr früh los, so mit zwei Jahren. Wenn sie zum Beispiel in einem Restaurant malen wollte, weil ihr die Gespräche der Erwachsenen zu langweilig waren, dann wollte sie mich vorschicken, um nach Malstiften zu fragen. In solch einem Fall blieb ich aber stur und ermunterte sie, selbst zu fragen. Sie klammerte sich an mein Bein, schämte sich, aber da sie merkte, dass sie bei uns damit nichts erreichte, stiefelte sie los, zupfte den Kellner am Sakko und fragte nach Malstiften.

Stolz kam sie wieder zurück und wurde natürlich über alle Maßen gelobt.

Bei dieser Taktik blieben wir bis heute, denn mit einem Mal ist es nicht getan. Nur in der Wiederholung kann etwas zur Gewohnheit werden.

Natürlich erfordert es Mut, nach dem zu fragen, was Sie wollen und brauchen. Aber beim Verfolgen Ihrer Ziele brauchen Sie eben Mut! Wenn Sie schon an der ersten kleinen Hürde, nämlich einfach nach etwas zu fragen, und an der Angst vor einem möglichen »Nein« scheitern, dann ist es wirklich besser, Sie versuchen nichts aufzubauen, denn dann kann jeder Windhauch Sie umnieten. Ein »Nein« als Antwort bedeutet noch lange kein Scheitern. Es bedeutet nur, dass Sie die passende Person, die richtige Nahtstelle noch nicht gefunden haben oder dass der Zeitpunkt – noch – nicht der richtige ist.

Mag sein, dass Sie über hundert Bewerbungen geschrieben haben und noch immer ein »Nein« bekommen, dann könnten Sie sich fragen, was an Ihrer Bewerbung noch nicht optimal ist. Oder an Ihrem Auftreten? Oder vielleicht sollen Sie sich weiterbilden und etwas anderes in Ihrem Leben machen?

Wir sollten nicht hartnäckig auf die Tür blicken, die verschlossen ist und mit aller Gewalt versuchen, sie wieder aufzumachen. Dadurch verstellen wir unseren Blick auf die Türen, die gerade dabei sind aufzugehen.

Beim Verfolgen unserer Ziele sollten wir konstant und konsequent bleiben. Wenn Sie nicht fragen, dann werden Sie nie erfahren, ob ein »Ja« möglich gewesen wäre. Tja, wenn Sie Gedanken lesen könnten und telepathisch begabt wären, dann bräuchten Sie Ihre Stimme nicht mehr zu betätigen, aber bis dahin…

Besonders wichtig ist es, ein »Nein« nicht persönlich zu nehmen. Eine Ablehnung hat oft gar nichts mit Ihnen zu tun! Es will Sie keiner fertigmachen oder abwerten. Es passt vielleicht schlicht und ergreifend gerade nicht. Das hat nichts mit Ihnen persönlich oder mit Ihren Fähigkeiten zu tun. Bleiben Sie einfach weiter am Ball!

Ich liebe es, Biographien von großen Persönlichkeiten zu lesen. Von Menschen, die wirklich im Leben etwas bewegt haben. Deren Werdegang war ausnahmslos geprägt von Niederlagen, Schicksalsschlägen und der daraus entstandenen Kraft weiterzumachen. Besonders in meiner Pubertät fand ich solche Biographien sehr tröstlich, denn dadurch bekam ich das Gefühl, dass das Leben nicht glatt verlaufen muss und kann, damit man Erfolg hat.

Wenn Sie Erfolgsgeschichten von Menschen lesen oder erfahren, dann werden Sie oft die Formulierung hören: »Er/Sie war durch nichts aufzuhalten«, »Sie ging konsequent ihren Weg«, »Er wusste schon immer, was er wollte« oder »Nach jeder Niederlage stand er/sie wieder auf, als ob nichts gewesen wäre.«

Wie sieht es bei Ihnen aus?

Durch was lassen Sie sich aufhalten? Durch ein paar verschämte Gedanken wie: »Ach, ich traue mich nicht zu fragen, das ist doch peinlich«?

Wirklich »pein-lich« ist es, wenn Sie Ihren Traum nicht leben können!

Das schmerzt auf eine ganz subtile Art und Weise. Früher oder später werden die seelischen Schmerzen stärker, vielleicht sogar so stark, dass Sie sie betäuben müssten, um sie nicht zu spüren. Ob das der richtige Weg ist?

7. Bedürfnisse erkennen und anerkennen

Wir Menschen haben sehr viele Bedürfnisse! Unter Umständen wechseln diese Bedürfnisse jährlich, monatlich, täglich oder sogar stündlich. Es sind mitunter so viele, dass wir gar nicht mehr wissen, was wir wirklich wollen. All diesen Neigungen, Begierden oder Anliegen liegen laut Abraham Maslow (amerik. Psychologe, 1908–1970) fünf Stufen zugrunde. Maslow gilt als einer der Gründerväter der humanistischen Psychologie, welche die Gesundheit der Seele anstrebt und die menschliche Selbstverwirklichung erforscht. Seine Theorie ist bekannt als die Maslowsche Bedürfnispyramide.

Die Basis der Pyramide bildet u.a. ein Urbedürfnis oder die Urangst der Menschheit schlechthin: die Angst vor dem Verhungern oder Verdursten.

Diese Urangst steckt so tief in uns drin, dass wir Nahrungsmittel horten, viel mehr pro Tag essen, als wir sollten, und auch mehr Gewicht in Kauf nehmen, um gerüstet zu sein, sollte eine Dürreperiode übers Land ziehen.

Zu dieser Stufe gehören auch das Bedürfnis nach Fortpflanzung und alle anderen körperlichen Bedürfnisse, wie Schlaf, Ruhe und Schmerzfreiheit.

Das zweite Bedürfnis der Menschheit ist die Absicherung von Heim und Familie:

Unser Überleben soll nicht nur genetisch gesichert sein, sondern auch durch genügend Nahrung, eine Wohnstätte und Arbeit gefestigt werden. Das Sicherheitsbedürfnis umfasst auch die Sehnsucht nach Ordnung und Gesundheit.

Das dritte Bedürfnis der Menschheit sind soziale Kontakte:
Nun haben wir uns hochgerappelt und alles abgesichert, nun können wir gerne die Tür weit aufmachen und Gäste einlassen. Man kommuniziert, bildet einen großen Freundeskreis und lebt in einer Partnerschaft. Praktiziert Nächstenliebe und kümmert sich fürsorglich um andere.

Das vierte Bedürfnis ist jenes nach Anerkennung:
Jetzt sind wir so weit, dass wir gerne zeigen, was wir haben und was wir tun. Sie kennen doch sicher auch diesen Typ Mensch, der beim ersten Besuch gleich eine Hausführung macht und Ihnen alles zeigt, vom Weinkeller bis zum ausgebauten Dachboden, und wehe man sagt nicht genügend »Ahhh's« und »Ohhh's«! Oder man wird überhaupt nur eingeladen, um das neue Schiff zu bewundern oder das neue Auto. Dieses Verhalten folgt dem Wunsch nach Lob, Ansehen und Bewunderung. Es wird der Status wichtig, die Rangfolge und die Karriere, um Wohlstand und Macht zu erhalten.

Das fünfte Bedürfnis der Menschen dreht sich um Selbstverwirklichung:
Wir wollen wissen und erfahren, wer wir sind und zu was wir fähig sind. Wir streben nach Individualität, Altruismus und Talententfaltung. Wir beschäftigen uns mit Kunst und Psychologie und wenden uns der Sinnfindung und dem Wissenserwerb zu.

Maslow geht davon aus, dass die höheren Stufen erst verwirklicht werden können, wenn die unteren Stufen erreicht worden sind. Die unteren Stufen müssen befriedigt werden, sonst sind die oberen Stufen in ihrer Verwirklichung gehemmt.

Nahezu alle Handlungen der Menschen werden von diesen fünf Grundbedürfnissen beeinflusst. Kommt eines dieser fünf

Bedürfnisse zu kurz, dann gerät alles aus dem Gleichgewicht und die Pyramide stürzt in sich zusammen. Wir werden unlustig, krank oder verweigern uns komplett. Die Motivation irgendetwas zu tun, kommt uns abhanden. Der Kollaps ist unvermeidlich.

Unsere Gesellschaft fordert sehr viel von uns. Wir sollen ständig voller Enthusiasmus und Einsatz 1000 Prozent abliefern, sonst drohen Konsequenzen, die mit unserer Urangst zu tun haben: Verlust von Arbeit, sozialen Kontakten, Familie und Anerkennung.

Im Job wird verlangt, dass man hoch motiviert seine Arbeit verrichtet und sich voller Hingabe in seine Aufgabe stürzt.

Aus der Hingabe kann aber schnell die Aufgabe seines Selbst werden. Wenn die Bedürfnisse Ihrer Arbeit oberste Priorität bekommen und Sie nicht merken, dass Ihre eigenen Bedürfnisse dabei auf der Strecke bleiben, dann ist das Burnout-Syndrom nicht weit. Trotz bester Arbeitsbedingungen, toller Kollegen und einer guten Bezahlung stehen Sie plötzlich kurz vor dem Zusammenbruch. Wie kann das sein?

Nun, die Rechnung ist ganz einfach: Wie viele Stunden pro Tag beschäftigen Sie sich mit den Bedürfnissen von anderen und wie viele Stunden pro Tag mit Ihren eigenen? Es hat nichts mit Egoismus zu tun, wenn Sie darauf achten, dass Sie selbst sich genug Raum geben. Raum für die eigene Entwicklung – für Ihre Bedürfnispyramide.

Sie können nur fest mit beiden Beinen im Leben stehen und erfolgreich sein, wenn Ihre Basis stimmt. Sie sind der Meister Ihres Lebens. Vielleicht finden Sie in Ihrer Arbeit genug Selbstverwirklichung, aber was ist mit den anderen Bedürfnissen? Wir alle kennen doch das Gefühl der Leere, wenn im Beruf alles klappt, aber in der Liebe nichts. Unser Grundbedürfnis nach liebevollen Freunden und einer wunderbaren

Partnerschaft ist sehr kraftvoll. So kraftvoll, dass es die Pyramide zu kippen vermag, wenn ihm nicht genügend Beachtung geschenkt wird.

Und was passiert, wenn unser Heim und unsere Familie zu zerbrechen drohen? Dann sind wir bei der Arbeit mit den Gedanken ganz woanders, können uns nicht mehr konzentrieren und versuchen verzweifelt zu retten, was zu retten ist. Da hilft auch das tolle Gehalt nichts. Frustkäufe können die innere Verzweiflung nicht überdecken.

Sie merken, früher oder später werden Sie sich mit Ihren Bedürfnissen auseinandersetzen müssen und feststellen, dass die Pyramide an der einen oder anderen Stelle brüchig geworden ist. Diese Bestandsaufnahme sollte man lieber öfter machen, denn sonst kommt alles ins Wanken und man findet sich vor einer Ruine wieder: körperlich, seelisch und geistig erschöpft.

Diese Basis wieder aufzubauen, kostet Sie viel Zeit und Kraft. Sie werden das Gefühl haben, alles wieder von vorne beginnen zu müssen. Sie werden müde sein und aufgezehrt von der ganzen Aufbauarbeit, die Sie schon geleistet haben und die Sie jetzt wieder leisten müssen.

Diese Grundbedürfnisse machen unser Menschsein aus. Sie sind unser Antrieb, unsere Motivation, wir können nicht aus unserer Haut.

Manchmal komme ich mir vor wie ein Teller-Jongleur. Ich setze die Teller auf einen Stab, drehe sie mit einer starken Anschubkraft, und dann muss ich dafür sorgen, dass sie nicht herunterfallen. Oft wird es sehr knapp, aber ich schaffe es immer wieder, alles am Laufen zu halten. Wenn ich etwas übersehe, dann meldet sich das jeweilige Bedürfnis lautstark und ich wende meine Aufmerksamkeit wieder in diese Richtung.

Wenden Sie Ihre Aufmerksamkeit Ihren Bedürfnissen zu, um das Gleichgewicht zu bewahren.

Lernen Sie die verschiedenen Spielarten Ihrer Bedürfnisse genau kennen. Nur Sie können darüber Bescheid wissen, was Sie brauchen und was Ihnen guttut. Es muss auch überhaupt nicht nachvollziehbar sein für Ihre Umgebung. Oft gibt es scheinbar keine logische Erklärung für Bedürfnisse. Lassen Sie es nicht zu, dass Sie sich von sich und Ihren Bedürfnissen entfernen, denn sonst werden Sie sehr schnell wieder zurückgeholt und können noch einmal von vorne beginnen. Erkennen Sie Ihre Bedürfnisse an, bewerten Sie sie nicht, schenken Sie ihnen liebevolle Aufmerksamkeit. Die Zeit, die Sie mit sich selbst verbringen, ist gut investiert. Nur wenn Sie auf allen Ebenen zufrieden sind, können Sie große Sprünge wagen.

8. Lieber unglücklich als glücklich?

Natürlich ist es erst mal viel einfacher, sich unglücklich zu fühlen und sich selbst zu bemitleiden! Man wird bedauert, man bekommt Aufmerksamkeit, man muss nicht so viel leisten, weil andere Menschen auf einen Rücksicht nehmen. Man kann sich hängen lassen und man muss nicht so viel Verantwortung übernehmen. Jammern kann ein richtiges »Suchtmittel« sein! Und wenn man keinen findet, der einen bemitleidet, dann ist Selbstmitleid die nächste willkommene Form des Leidens. Alles ist schrecklich, die Nachbarn, die Verwandten, der Chef, die Mitarbeiter… jede Kleinigkeit, die nicht funktioniert, bestimmt über die eigene Tagesverfassung.

Alles wird nur nach einem Schema betrachtet: Läuft es so, wie ich es haben will, oder läuft es anders? Wenn es anders läuft, als die eigene Vorstellung es will, dann wird man missmutig, wütend oder launisch und fühlt sich umzingelt von den Dingen, die man nicht bewältigen kann. Zwischenmenschliche Beziehungen werden als kompliziert erachtet und fast unmöglich gemacht.

Unsere negative Einstellung und Erwartungshaltung bringt uns und andere Menschen dazu, perfekt in unserem »Spiel« mitzuspielen. Unser tagtägliches Bewertungssystem hält uns gefangen. Die emotionale Programmierung lässt nichts anderes zu als ein negatives Erleben. Und dieses negative Erleben bestätigt unser Gefühl des Unglücklichseins.

Aus diesem ewigen Hamsterrad von Selbstmitleid, Missverständnissen und Verfolgungswahn auszusteigen mag nicht leicht sein, aber es lohnt sich.

Haben Sie sich mal gefragt, warum Sie so eine Erwartungshaltung haben? Warum Sie denken, Sie sind zu alt, zu dick, zu dumm, zu hilflos etc., um den Erfolg und den Platz im Leben zu haben, den Sie sich wünschen?

Haben Sie in sich hineingehört, wer da noch alles in Ihnen »redet«? Wer sagt Ihnen, dass Sie es nicht schaffen? Wer boykottiert jeden noch so naiven Traum? Wer sagt überhaupt, dass dieser Traum *naiv* ist?

Wer hat damit angefangen, Ihnen zu erzählen, dass Sie nicht liebenswert genug, nicht kompetent genug oder nicht intelligent genug sind? Ihr Chef? Ihre Kollegen? Wie können Ihre Kollegen so etwas sagen, sie kennen Sie doch überhaupt nicht? Kommen diese Reaktionen auf Ihre Person Ihnen bekannt vor? War das vielleicht schon bei Ihrer vorigen Arbeitsstelle so? Oder sogar in der Schule? Gibt es Bilder und Gefühle, die Ihnen bekannt vorkommen, und Situationen, in denen Sie sich wieder vorkommen wie ein kleines Mädchen oder ein kleiner Junge? Sagt Ihnen der Begriff »Muster« etwas?

Alle Reaktionen und Situationen, die auf Sie einströmen, folgen einem bestimmten Muster. Dieses Muster kommt aus Ihnen!

Sie sind nicht das Opfer, das sich damit abfinden muss, sondern Sie sind der Täter! Sie »senden« ständig – wie eine Radiostation mit Nonstop-Programm – solche Botschaften aus wie zum Beispiel: Man kann mich ausnutzen, ich bin zu gutmütig etc. Jetzt werden Sie sagen: Wie kann das sein, mein Chef weiß es doch nicht, ich habe es ihm nie gesagt! Gesagt haben Sie es ihm nicht, aber Sie denken es ständig und verhalten sich danach.

Unsere zwischenmenschlichen Beziehungen werden zu 95 Prozent von Signalen aus dem Unterbewusstsein gesteuert. Stellen Sie sich vor Ihrem inneren Auge vor, Sie gehen gerade auf eine Party, Sie kommen durch die Tür, und Sie bemerken sofort, ob Sie sich wohl fühlen werden oder nicht. Die Leute, die Ihnen auf dieser Party begegnen, sind Ihnen teilweise sympathisch, teilweise nicht.

Mit einem ganz besonders netten Menschen, den Sie an diesem Abend kennen gelernt haben, sprechen Sie die ganz Nacht durch. Vielleicht entsteht sogar eine Freundschaft ... wie kann das sein? Das lenkt alles Ihr Unterbewusstsein. Die Einstellung, mit der Sie auf diese Party gehen, bestimmt auch, wie viel Spaß Sie haben werden oder nicht. Wenn Sie die Einstellung mittendrin verändern, dann verändert sich auch die Party.

Sie sind der Meister Ihrer Umstände.

Die Party hat sich nicht verändert, *Sie* haben die Party *für sich* verändert. Und schon sehen Sie, was für weit reichende Möglichkeiten Sie hätten, würden Sie dieses kleine Beispiel in Situationen übersetzen, die Ihnen wirklich wichtig sind!

Sie könnten es einmal ausprobieren, indem Sie mit einer anderen Einstellung zu Ihrer Arbeit gehen oder Ihren Mitarbeitern und Beziehungspartnern begegnen. Wenn Sie etwas verändern wollen in Ihrem Leben, dann geht das nur, indem Sie sich selbst innerlich verändern.

Die asiatischen Lehrmeister legen sehr großen Wert auf Gedankenkontrolle – am Anfang wusste ich nicht, warum das so wesentlich sein sollte. Nun, nach Jahren der Beschäftigung damit, weiß ich, was damit gemeint ist:

Gedanken erschaffen die Welt! Wenn Sie ständig von den vielen tausend Gedanken pro Tag, die Sie denken, hauptsächlich negative Gedanken hegen, dann werden Ihren Gedanken negative Taten folgen. Negative Taten bringen negative Konsequenzen. Diese Wahrheit ist so einfach, dass sie nicht oft genug verinnerlicht werden kann. Ein Mensch, der negative oder positive Gedanken hegt, strahlt es auch aus. Er ist dann wie ein Magnetfeld und zieht genau die Menschen an, die sich unbewusst zu diesem Magnetfeld-Muster hingezogen fühlen.

Fangen Sie an, auf einer anderen Frequenz zu »senden«! Ändern Sie Ihre Gedanken über sich und andere! Dafür hätte ich eine kleine Übung:

Hören Sie sich selbst ganz bewusst einmal nur fünf Minuten lang zu und lauschen Sie auf Ihre eigenen Kommentare zu einer Idee oder zu einer Begegnung, die Sie gerade hatten. Wie viel Positives hören Sie innerlich?

Probieren Sie nun, sich selbst etwas ganz »Verrücktes« zu sagen, wie zum Beispiel: »Nächsten Sommer laufe ich beim Marathon mit«… und jetzt zuhören!

Schon kommt eine Flut von sabotierenden Gedanken hoch, ja, fast Beschimpfungen! Hören Sie eine Weile zu, es ist sehr interessant, sich das bewusst zu machen.

Nachdem Sie eine Weile zugehört haben, versuchen Sie herauszufinden, ob Sie diese Beschimpfungen schon irgendwo gehört haben… wer sagt das alles? Gut, Sie hören Ihre eigene Stimme, aber wer steht hinter der Stimme? Könnte es sein, dass es Ihre Mutter oder Ihr Vater ist? Haben Ihre Eltern auch nicht an Sie geglaubt? Wenn dem so ist, wie sollen Sie dann an sich selbst glauben? Und wenn dem auch so ist, wer soll denn dann an Sie glauben? Sie wissen ja, im Moment strahlen Sie »Ungläubigkeit« aus. Haben Sie sich gewundert, warum Sie niemanden haben, der an Sie glaubt? Wie soll das gehen, wenn Sie nicht an sich glauben?

Nun werden Sie sich fragen: Was soll ich tun? Ich glaube eben nicht an mich. Was kann ich ändern? Sehr viel!

Haben Sie schon mal von »Affirmationen« gehört? Affirmationen sind positive Glaubenssätze. Diese Glaubenssätze dienen dazu, die negativen Glaubenssätze zu eliminieren. Denn es ist leider nicht möglich, *nicht* zu denken. Falls Sie jetzt also meinen, wenn Sie keine negativen Gedanken mehr haben, das würde reichen, dann muss ich Sie enttäuschen.

Es kommt darauf an, diese »Gedankenzeit« mit positiven Gedanken zu füllen, wie zum Beispiel:

Ich bin kraftvoll und gesund.
Ich bin fähig, dieses Ziel ... zu erreichen.
Ich bin schön und liebenswert.
Ich bin zur Hingabe fähig.

Warum: »Ich bin...«? Diese Formulierung bringt Ihr Unterbewusstsein dazu, diese Behauptung als bestehende Tatsache anzunehmen, und verlegt sie dadurch in die Gegenwart. Es nimmt diese Aussage als wahr an, und alle bisherigen Umstände werden sich danach richten. Diese Formulierung wird von Ihrem Unterbewusstsein als etwas akzeptiert, das im Hier und Jetzt ist. Bis die äußeren Umstände sich danach richten, kann einige Zeit vergehen, deshalb ist es so wichtig, diese positiven Glaubenssätze ständig zu wiederholen, so lange, bis das Gewünschte eintritt. Viele Menschen hören sozusagen »vor der Zeit« auf und sind enttäuscht, wenn die herbeigesehnte Tatsache oder der Wunsch noch nicht eingetroffen sind.

Oft genug hat mir meine Ungeduld einen Strich durch die Rechnung gemacht. Aber mittlerweile habe ich verstanden, dass die Materie ihre Zeit braucht, um sich zu manifestieren. Die Erfahrung, die ich damit gemacht habe, zeigt mir auch, dass es darum geht, dranzubleiben, aber auch im richtigen Moment loszulassen. Dann können die Wunder im Leben stattfinden!

9. Missachtung in der Kindheit führt zu Minderwertigkeit

Niemand hat eine optimale Kindheit erlebt. Selbst wenn die Eltern es besonders gut meinten und alles getan haben, um ihr Kind glücklich zu machen – es kann genau das Falsche gewesen sein. Ganz faszinierend ist dieser Umstand an Geschwisterkindern zu beobachten. Das gleiche Elternpaar, die gleiche Erziehung – bei dem einem Kind kann es fast traumatische Erlebnisse ausgelöst haben, bei dem anderen Kind greift es nicht so gravierend in den Lebensverlauf mit ein.

Glücklicher- oder unglücklicherweise ist das Selbstwertgefühl nicht angeboren. Es wird in den ersten Jahren im Familienverbund gelernt und später anhand von Erfahrungen mit anderen Bezugspersonen ausgebildet.

Am Anfang ist noch alles »wunderbar«: Das Kind kommt voller Offenheit und Neugier zur Welt. Es lernt begierig, saugt alles Neue in sich auf und ist darauf angewiesen, dass die Eltern und sein Umfeld ständig mit ihm kommunizieren. Es will Bestätigung ohne Unterlass; es will hören, wie wundervoll es die neuen Dinge gelernt und angewendet hat.

Dies erfordert von den Eltern viel Geduld und Zeit, eine aufrichtige Kommunikation und eine liebevolle Zuwendung. Wenn diese liebevolle Zuwendung aber nicht stattfindet und das Kind vermehrt Missachtung oder sogar Spott erntet, wird es nach einer gewissen Zeit nicht mehr kommen, um sich seine Bestätigung abzuholen. Es braucht Anerkennung, um zu wissen, ob seine Sicht der Dinge ankommt oder nicht. Wenn es ständig abgelehnt wird, dann zieht es sich frustriert

9. Missachtung in der Kindheit führt zu Minderwertigkeit

zurück. Manche Kinder werden dann still, andere werden wütend und aggressiv.

Sie verstehen nicht, warum die Eltern ihnen keine Bestätigung geben wollen. Sie fühlen sich abgelehnt.

Kinder spüren genau, ob sie wegen ihres Daseins geachtet werden oder nicht. Kinder identifizieren sich mit dem, was sie tun, sehr stark. Wenn die Eltern also etwas ablehnen, was das Kind gemalt oder gebastelt hat, dann denkt das Kind, es wird selbst abgelehnt. Es kann nicht unterscheiden, ob das Tun keinen Anklang gefunden hat oder das eigene Selbst.

Wenn es eine aufrichtige und liebevolle Kommunikation in der Familie gibt, dann ist es in Ordnung, etwas nicht so schön zu finden oder dem Kind zu erklären, warum das Bild jetzt nicht so viel Anklang gefunden hat.

Letztendlich hat alles mit der Art und Weise der Kommunikation zu tun und mit der Zeit, die man damit verbringt. Familien, die viel miteinander sprechen, haben eine tiefere Verbundenheit als Familien, die fast überhaupt nicht miteinander reden.

Wenn mit dem Kind nicht gesprochen wird und es kein Lob erfährt, dann fühlt es sich sehr schnell minderwertig, weil es im Unklaren darüber gehalten wird, was die eigenen Eltern, Geschwister oder später auch die Freunde von ihm halten.

Sie kennen doch sicher auch Situationen, wo Sie glaubten, hinter Ihrem Rücken wird über Sie geredet. Da sind Sie wahrscheinlich sehr schnell unsicher geworden und haben innerlich sofort nach dem Grund gesucht, warum die Leute Sie so merkwürdig ansehen oder es im Raum still wird, wenn Sie ihn betreten ... Sie fühlen sich unsicher und schutzlos. Am liebsten würden Sie dieser Situation entfliehen. Als erwachsener Mensch können Sie das auch, als Kind nicht. Als Kind fühlen

Sie sich der Lage hilflos ausgeliefert und können keine Konsequenzen ziehen, weil Sie abhängig sind. Später werden Sie sich vielleicht in der Berufswelt genauso unsicher und abhängig fühlen. Wenn es keine Kommunikation darüber gibt, was vorgeht, dann ist man auf diffuse Signale angewiesen, die durchaus auch fehlgedeutet werden können.

Die eingebildete Minderwertigkeit ist in diesem Fall ein ständiger Begleiter. Im umgekehrten Fall hätte es auch sein können, dass das Selbstwertgefühl gestärkt und das Selbstbewusstsein unterstützt wurde.

Wenn wir uns darüber ganz im Klaren sind, dass wir unser Selbstbewusstsein wieder erlernen wollen, dann können wir uns zu *jedem* Zeitpunkt entscheiden, uns in diese Richtung weiterzuentwickeln. Für ein gesundes Selbstwertgefühl ist es sehr wichtig, die eigenen Schwächen und Schattenseiten zu akzeptieren.

Die Wörter »Schwächen« und »Schattenseiten« mag ich persönlich nicht, denn ich versuche jede Bewertung meiner selbst und die Bewertung von anderen Menschen aus meinem Sprachgebrauch zu entfernen. Es könnte ja sein, dass das, was als Schwäche gilt, sich in einer anderen Situation als Stärke erweist und umgekehrt. Zum Beispiel: Jemand ist besonders langsam und treibt mit seinem Phlegma seine Kollegen zum Wahnsinn – genau dieser Mitarbeiter kann in einer anderen Situation durch seine Bedächtigkeit eine Lösung hervorbringen, die zu dem Zeitpunkt die weitaus richtigere ist.

Da wir nun aber in unserem Sprachgebrauch und auch in der Betrachtung unseres Selbst oft von »Schwächen« und »Schattenseiten« reden, werde ich erst mal dabei bleiben.

Der größte Hemmschuh für ein gesundes, innerlich gewachsenes Selbstwertgefühl ist unsere eigene Vorstellung davon, wie wir nach außen hin wirken wollen. Ich meine damit

9. Missachtung in der Kindheit führt zu Minderwertigkeit

das Bild in unserer Vorstellung, dem wir genügen sollen und am Anfang auch genügen wollen. Wir verschwenden einen Großteil unserer Lebenszeit damit, dieses Bild von uns zu erreichen und alle Menschen dazu zu bringen, an dieses Bild zu glauben. Ein Bild, in dem es natürlich keine Schattenseiten und Schwächen gibt.

Dieses Wunschbild von uns selbst behindert uns aber auf unserem Weg zur Wahrhaftigkeit. Wir werden erst ein gesundes Selbstwertgefühl entwickeln können, wenn wir dieses Wunschbild von uns vergessen und uns mit all unseren guten und »schlechten« Seiten aussöhnen. Nur die Dinge, welche wir annehmen, können wir auch loslassen. Nehmen Sie Ihre vermeintlich »schwachen« Seiten an, Ihre Minderwertigkeit, Ihre Unvollkommenheit, versuchen Sie herauszufinden, wo die Ursachen liegen, und entscheiden Sie sich dafür, sich mit der Vergangenheit auszusöhnen.

Zeigen Sie sich in all Ihrer Verletzlichkeit, lassen Sie die Maske fallen! Haben Sie keine Angst davor, sich zu blamieren. Im Gegenteil! Die Menschen in Ihrem Umfeld sind erleichtert, wenn Sie auch mal zeigen, dass Sie nicht alles perfekt machen und dass Sie genauso überfordert sind wie sie selbst.

Das Menschsein pendelt immer zwischen den Polen hin und her: zwischen unserer Unsicherheit und Sicherheit, zwischen Annahme und Ablehnung, zwischen Freude und Leid.

Genau diese Zustände bilden unser Potenzial in zwischenmenschlichen Beziehungen. Wenn Sie jeweils nur eine Seite ausleben, dann werden Sie nicht vollständig sein und kommen nicht in die Verbindung mit sich selbst.

Wenn eine Seite verdrängt oder unterdrückt wird, strebt sie unwillkürlich nach außen, um sich zu zeigen. Diese ungelebte und ungeliebte Seite sendet unbewusste Signale nach außen, um gesehen zu werden. Von den anderen werden diese Signale aufgefangen und als »Schwachstelle« erkannt. Diese »Schwachstelle« wird dann von unseren Mitmenschen gnadenlos ausgenutzt, bis die Fassade, die man sich mühsam aufgebaut hat, zusammenbricht.

Ein Mensch hingegen, der sich seiner Polarität und Vielfältigkeit bewusst ist, kann solch einer Situation ganz souverän und gelassen begegnen. Nur in der vollständigen Annahme und Bejahung seiner selbst kann ein gesunder Selbstwert entstehen.

Betrachten wir einmal die verschiedenen Möglichkeiten, unser Selbstwertgefühl zu stärken und unser Selbstbewusstsein zu verbessern:

Beginnen Sie damit, Ihre Einzigartigkeit hervorzuheben. Was können Sie besonders gut? Wo liegen Ihre Stärken? Wenn Sie noch nicht wissen, wo Ihre Stärken liegen, brauchen Sie nur das zu betrachten, was Sie besonders gerne tun.

Jeder Mensch hat ein ganz besonderes Talent für das, was er gerne macht.

Wenn Sie es nicht auf Anhieb finden, dann lassen Sie sich Zeit. Um einen Gegenstand, den man vor langer Zeit verlegt hat, wiederzufinden, braucht es auch seine Zeit. Wie soll es uns dann mit unseren Gefühlen gehen? Wichtig ist, dass Sie nicht aufhören zu suchen. Denken Sie ohne Unterlass daran, was Sie am liebsten mögen. Wohin gehen Sie am liebsten, vielleicht ins Theater, in eine Ausstellung, zum Fußballspiel? Treffen Sie sich gerne mit Freunden? Oder sind Sie gerne alleine? Was sind Ihre Interessen? Worauf sind Sie neugierig? Was brauchen Sie, um sich wohl zu fühlen? Eine Tasse Kakao? Einen schönen Film? Können Sie besonders gut kochen? Oder organisieren? Sprechen Sie gerne vor anderen Menschen, erzählen Sie gerne Geschichten? Oder handarbeiten Sie gern? Sind Sie eine Kontaktbörse oder lesen Sie lieber alte Göttersagen? Reisen Sie gerne oder lieben Sie Ihren Garten?

Machen Sie sich eine Liste von den Dingen, die Sie gerne tun, und den Fähigkeiten, die Sie – außerhalb Ihres bereits ausgeübten Berufes – haben. Sie werden sehen, Sie können weit mehr, als Sie von sich denken. Nur: Wenn Sie es nicht von sich selbst wissen, wer soll es dann wissen? Wenn Sie diese Liste fertig haben, egal wie viel in den einzelnen Sparten steht, betrachten Sie die einzelnen Punkte mit Wohlwollen. Vergleichen Sie nicht und bewerten Sie nicht. Es gibt kein: »Ich kann zu wenig«.

Manche Menschen haben eine einzige Fähigkeit zur Meisterschaft gebracht und damit sich und vielen Menschen geholfen. Wir leben in einer Zeit, in der jede individuelle Fähigkeit eine Chance hat, ausgelebt zu werden. Halten Sie sich Ihr liebstes Talent oder Ihr größtes Interesse vor Augen und träumen Sie sich in dieses hinein. Stellen Sie sich ganz genau vor, wie es wäre, wenn Sie dies ausleben würden. Haben Sie keine Scheu, es sieht Ihnen dabei niemand zu, Sie können sich erst mal alles vorstellen, was Ihnen Freude macht. Sie brauchen im ersten Moment auch gar nicht an eine Verwirklichung zu denken – fürs Erste ist es wichtig, dass Sie spüren, wie einzigartig Sie sind, was in Ihnen für Fähigkeiten schlummern. Bejahen Sie diese Fähigkeiten und glauben Sie daran, dass Sie diese Fähigkeiten haben!

Sie haben die Möglichkeit, alles zu erleben und in Ihre Richtung zu verändern, wenn Sie es wollen. Um Ihre Minderwertigkeitsgefühle zu meistern, sollten Sie etwas finden, bei dem Sie das Gefühl haben, dass Sie stark sind.

Das Bewusstsein von Stärke lässt Ihre Minderwertigkeit

verschwinden. Freuen Sie sich über Ihre Fähigkeiten! Seien Sie stolz auf sich! Belohnen Sie sich dafür! Spüren Sie wieder diese kindliche Freude, wenn Ihnen etwas gelingt!

Letztendlich liegt es an uns, aus unserem Leben etwas zu machen und die Charaktereigenschaften zu entwickeln, die uns zu einer starken Persönlichkeit voller Liebe und Weisheit werden lassen. Zu einem Menschen, der ein Geschenk für sich und für andere ist, der von der Welt nehmen kann, aber auch zurückgeben kann.

10. Vergleich lähmt

Unsere ganze Gesellschaft scheint darauf angelegt zu sein, sich mit einem Gegenüber zu vergleichen. Durch den ständigen Vergleich mit anderen fallen wir zurück in unsere Minderwertigkeitsgefühle und sind leichter zu beeindrucken.

Wie oft habe ich schon Zeitschriften durchgeblättert und mich mit den Models verglichen! Nichts an meinem Körper scheint in der »richtigen« Proportion zu sein, ganz zu schweigen vom Gewicht! Wie oft habe ich andere Kolleginnen um ihre Auftritte beneidet und mich gefragt, warum ich nicht diese Rolle spiele. Wie viele Stunden habe ich vor dem Spiegel verbracht und meine Oberschenkel geknetet, mich auf die Zehenspitzen gestellt, nach oben eingeatmet, damit man meinem Bauch nicht sieht, und die Backen eingezogen, um mein Gesicht schlanker zu machen. Ich glaube, jede Frau kann mit diesen Erlebnissen ganze Bände füllen.

Aber nicht nur die Frauen leben im Vergleich, auch die Männer blicken in Konkurrenzhaltung auf ihr Gegenüber. Die Autoindustrie lebt davon, dass Männer sich mit ihren direkten Konkurrenten vergleichen. Aus diesem Grund kann sich auch der Umsatz von Uhren, Segelbooten und Immobilien sehen lassen ... Frauen gehören für Männer natürlich genauso zum Repertoire des Vergleichens wie der bessere Job auf der Karriereleiter.

Der Vergleich kostet uns viel Kraft und Energie. Er hält uns davon ab, diese Kraft und Energie für uns selbst und unser Weiterkommen zu verwenden. Den Frust wieder abzubauen, bei dem ständig in Nachbars Garten geblickt wird, ist nicht einfach. Die quälenden Gedanken reiben einen auf, und jegliche Motivation, etwas Eigenes zu tun, schwindet. Man hat das Gefühl, egal was man macht, es gibt jemanden da draußen, der es besser kann.

Aber woher kommt diese Bereitschaft, sich ständig zu vergleichen? Nun, sie wurzelt – wie so vieles – in der eingebildeten Minderwertigkeit. Wenn man sich minderwertig fühlt, dann möchte man nicht, dass der andere (scheinbar) mehr kann als man selbst. Man blickt voller Neid auf sein Gegenüber und bekommt Rachegefühle.

Haben Sie sich auch schon dabei ertappt, wie Sie in erweiterter Runde genau über die Person hergezogen sind, die Sie heimlich bewundern, weil sie es schon geschafft hat und Sie nicht? Mit der Sie sich vergleichen, um sich im Konkurrenzverhalten daran zu reiben? Die Person weiß natürlich nichts von ihrem »Glück«, die Zielscheibe von so viel negativer Energie zu sein. Sie macht einfach weiter. Und das ärgert Sie noch mehr.

Schielen Sie nicht auf andere. Im Vergleich fühlt man sich immer minderwertig.

Man kann sogar richtig süchtig nach Vergleich werden.

Jede vergleichende Information, die unsere Aufmerksamkeit erregt, hat eine Botschaft für uns: Du bist nicht gut genug!

Um dieses Gefühl der Minderwertigkeit nicht zu spüren, fangen viele Menschen an, sich eine Ersatzbefriedigung zu suchen. Sie fangen an übermäßig zu essen, achten nicht mehr auf sich, kaufen zu viele überflüssige Dinge ein oder magern ab, um genauso auszusehen wie ihr Idol. Die Auswirkungen des ständigen Vergleichens sind so vielschichtig wie die Menschen selbst.

10. Vergleich lähmt

In Wahrheit ist der größte Hemmschuh für die Verwirklichung seiner selbst dieser ständige Vergleich mit anderen.

Niemand hält Sie davon ab, Ihren eigenen Weg zu gehen, »nur« Sie selbst. Alle Menschen, die Sie im Vergleich betrachten, sind ihren eigenen Weg gegangen und haben sich nicht davon abbringen lassen. Der Weg war oft steinig und voller Demütigungen und Gefahren, aber sie sind ihn gegangen. Sie haben konsequent ihren Traum verfolgt und sich nicht von der kleinsten Irritation abschrecken lassen. Sie haben sich hinterfragt und festgestellt, wo ihre Defizite liegen, um diese aufzufüllen. Sie haben sich weitergebildet und informiert, was die Anforderungen bis zum Erreichen des Zieles sind. Vielleicht haben sie sich am Anfang auch verglichen, aber dann nicht, um sich selbst fertigzumachen, sondern um sich zu messen. Um festzustellen, ob sie die Fähigkeit besitzen, das Ziel zu erreichen, das ihnen vorschwebt.

Es ist Platz für alle da, man muss nicht das Gefühl haben, jemanden zu verdrängen.

Das Vergleichen mit anderen kostet viel Zeit. Unablässig kreisen die Gedanken darum, wieso man selbst nicht in der Lage ist, etwas Ähnliches zu erschaffen. Viel besser ist es, die kostbare Zeit damit zu verbringen, sich auf den eigenen Weg und die eigene Aufgabe vorzubereiten.

Für mich ist das Thema Zeit und Energie sehr wichtig geworden. Wie viel Zeit und Energie stecke ich in Projekte, und wie viel bleibt mir für meine Familie? Für mich selbst?

Wie viel Zeit und Energie möchte ich damit verbringen, mich mit Gedanken zu quälen, die mir den Weg zu mir selbst verstellen? Die mich daran hindern, ich selbst zu sein, zu erfahren, was ich wirklich leisten kann, welche Ideen in die Welt zu bringen sind? Was ich noch optimieren kann auf dem Weg, ein guter Mensch zu sein?

Wenn ich Ihnen diese Fragen stellen würde, würden Sie selbstverständlich darauf antworten, dass Sie auch keine Zeit und Energie verschwenden wollen. Und doch tun Sie es ständig. Jeder leise Gedanke wie zum Beispiel: »Die hat aber schlanke Beine, und ich nicht« oder: »Der fährt aber ein teureres Auto als ich«, bringt Sie wieder in die gleiche Frustschleife hinein, durch die Sie sich meilenweit von sich selbst entfernen. Aber wie kann man seine Gedanken überlisten? Machen Sie einmal die folgende kleine Gedankenübung:

Freuen Sie sich für die Person, auf die Sie gerade neidisch sind! Sagen Sie in Gedanken: »Ich freue mich für dich, dass du so schlanke Beine hast.«

Unterlegen Sie von nun an jeden Satz oder Gedanken, den Sie über jemanden denken, mit einem Lob! Freuen Sie sich für alle Menschen, denen es Ihrer Ansicht nach besser geht als Ihnen. Nehmen Sie jeden noch so kleinen Gedanken auf, und münzen Sie ihn in ein Lob um. Sie werden sehen, Freude für andere Menschen zu empfinden, bringt Sie aus der Neidschleife wieder heraus.

Ich kann Ihnen nämlich noch etwas verraten: Sie wissen nicht, wie es hinter der vermeintlich so schönen Fassade aussieht. Sie sehen nur die äußere Fassade, aber hinter die Kulissen können Sie nicht blicken. Wer sagt denn, dass diese Person mit den schlanken Beinen nicht in naher Zukunft einen Schicksalsschlag erleidet? Würden Sie sie dann immer noch beneiden und sich mit ihr vergleichen?

Diese kleine Gedankenübung ist auf alle Vergleichsmodelle übertragbar. Und noch einen positiven Effekt hat diese Übung: Sie werden wieder glücklicher. Durch die Freude, die Sie für andere empfinden, und das Lob, das Sie aussprechen, wächst in Ihnen die Hoffnung und Kraft, dass Sie es auch schaffen könnten! Der positive Vergleich kann so aussehen: Wenn die das schafft, kann ich das auch!

Und jetzt gehen wir noch einen Schritt weiter:

Loben Sie sich selbst für die Dinge, die Ihnen gelungen sind. Loben Sie sich für Ihren Körper, er ist ein Wunderwerk der Natur! Jeder von uns hat dieses Geschenk bekommen. Gehen Sie damit gut um? Blicken Sie auf sich mit Freude und Neugier. Verwenden Sie die Zeit, die Sie bisher beim Vergleich mit anderen zugebracht haben, für sich. Freuen Sie sich an Ihrem Wachstum, aber überfordern Sie sich nicht.

Der Vergleich mit anderen überfordert einen selbst, weil man die Wachstumsschritte des anderen nicht mitbekommt, nur das Endergebnis. Messen Sie sich nicht am Endergebnis der anderen, sondern schmieden Sie Ihre eigenen Pläne. Stellen Sie für sich ein Programm auf, das Sie gerne machen möchten, und halten Sie sich daran. Freuen Sie sich über Ihre kleinen Siege, dann werden Sie merken, wie viele Siege Sie bereits erringen. Gleichzeitig wächst Ihre Fähigkeit, noch mehr Siege zu erringen!

11. Ja, ich will! Die Entscheidung

Eine Entscheidung ist ein aktiver Schritt in die Richtung unseres Wunschzieles.

Solange wir wissen, was wir wollen, ist das ganz einfach: Vergessen sind die Stunden des Grübelns, der verzweifelten Suche – wir wissen ja, was wir wollen, und können danach handeln.

Wenn das immer so leicht wäre, dann hätten wir lauter glückliche, motivierte Menschen, die genau das tun, was sie sich schon immer gewünscht haben.

Im Prinzip ist es auch ganz einfach, wenn da nicht die gründliche »Vorarbeit« wäre, das »Für« und »Wider«, die Klärungsphase, bis es so weit ist. Den meisten Menschen ist es fast zu mühsam, sich ständig zu hinterfragen; sie begnügen sich mit dem, was sie bereits haben, und sind nicht mehr bereit, alles noch einmal neu zu definieren. Die Motivation ist eingeschlafen und mit ihr zusammen auch gleich das mögliche Potenzial des zukünftigen Lebensweges.

Aber wie kommt man wieder dazu, sich aktiv und bewusst zu motivieren? Wie schafft man es, aus dem eintönigen Strom auszusteigen, der einen langsam, aber sicher mitnimmt, ohne dass wir bemerken, dass die Jahre vorbeiziehen?

In Wahrheit ist niemand anders als Sie selbst dafür zuständig, das herauszufinden, was Sie innerlich wieder wach macht. Andere Menschen können Sie bei der Klärung unterstützen, aber den Weg selbst können nur Sie alleine gehen.

Betrachten wir erst einmal den Anfang des Weges; vor dem Wollen gibt es nämlich noch etwas: den Impuls.

Eine neue Idee gibt uns den Impuls (wer war zuerst da, die Idee oder der Impuls?), er motiviert uns und bewegt uns in die gewünschte Richtung. In uns ist ein Drang, etwas zu tun oder etwas haben zu wollen. Oder das Gegenteil davon – etwas nicht zu tun oder nicht haben zu wollen. Alles, was passiert, ist eine Reaktion darauf, dass wir ein Verlangen in uns tragen. Dieses Verlangen wurde durch eine Fantasie oder Idee in Bewegung gesetzt. Selbst so einfache Dinge, wie ein Glas Wasser zu trinken, wird bestimmt durch den Impuls, die Hand nach einem Glas auszustrecken und Wasser einzufüllen.

Wir sind ständig in Bewegung. Unsere Impulse motivieren uns, den Zyklus des Lebens in Bewegung zu halten. Der Zyklus des Lebens besteht aus Spannung und Entspannung. Alles ordnet sich diesem Rhythmus unter. Das Bedürfnis nach Ruhe oder auch nach Aufregung findet da seinen Ursprung.

Unsere Impulse werden durch Neugier ausgelöst.

Wir wollen wissen, was geschieht, wenn wir das Ziel unserer Wahl verfolgen, und sei es nur, ein Glas Wasser zu trinken. Jeder Handlung liegt ein Impuls zugrunde, täglich fällen wir Tausende von solchen Entscheidungen: große und kleine, angenehme und unangenehme, wichtige und unwichtige.

Stellen Sie sich einmal gedanklich vor, wie ein kleiner elektrischer Funke in Ihrem Gehirn sich auf Wanderschaft begibt, er vernetzt sich mit anderen elektrischen Funken und erschafft Realität. Und dies alles in Milliardsteln von Sekunden.

Wenn wir etwas wollen, sind wir motiviert, diesem Wollen auch nachzugehen.

Motivation ist die Grundlage allen Handelns.

Heerscharen von Motivationstrainern sind unterwegs, um Managern beizubringen, wie man die Mitarbeiter motiviert, bessere Arbeit zu leisten und sich mit dem Unternehmen zu identifizieren. Lehrern in der Schule fällt es schwer, ihre Schüler zu motivieren, etwas mehr zu lernen, als unbedingt notwendig ist. Die Werbung motiviert ständig Menschen dazu, etwas zu kaufen, von dem sie nicht einmal wissen, ob sie es brauchen. Verkäufer sind nichts anderes als Motivationstrainer auf Zeit – die Zeit, die sie brauchen, um Sie dazu zu bringen, Schuhe zu kaufen oder aber Ihr Geld anzulegen. Motivation scheint demnach etwas sehr Kostbares zu sein und etwas, das nicht so leicht herzustellen ist.

Es ist kein großes Geheimnis, denn eigentlich wissen Sie es bereits: Motivation kommt nur von innen. Wenn Sie nicht motiviert sind, etwas zu machen, dann können ganze Motivationsgruppen vor Ihnen herumspringen, Sie werden nichts dergleichen tun, was von Ihnen verlangt wird. Wenn die innere Bereitschaft nicht da ist, dann wird Rom ohne Sie erbaut. Sie kommen nicht zum Termin, Sie unterschreiben keinen Vertrag und Sie gehen keine Beziehung ein.

Motivation ist nicht etwas, das man jemandem von außen eintrichtern kann. Motivation kommt von innen und ist freiwillig – im besten Fall. Es gibt auch die Variante der Motivation, die sich innerlich *vor* Ihren eigentlichen Willen geschoben hat: die Zwangsmotivation. Wenn Sie ganz klar sind, werden Sie merken, was Sie zu einer Handlung gebracht hat: Sie selbst oder das Programm, welches Ihnen durch Ihre Eltern oder Ihr Umfeld eingetrichtert wurde.

Diese Art der Motivation ist daran zu erkennen, dass sie einen im Verlauf der Handlung müde macht und dass man innerlich sehr nahe an der Resignation ist. Wir finden uns dann in Situationen wieder, von denen wir dachten, dass wir sie am Anfang eigentlich wollten, die uns dann aber auf eine sehr merkwürdige Art und Weise entglitten sind. Unser innerstes Gefühl ist nicht mehr so ganz bei der Sache. Doch flugs meldet sich der Verstand wieder und überredet uns, diese Sache doch weiterzuverfolgen, weil wir es doch am Anfang so gerne »wollten«.

Oft zwingen wir uns, Dinge zu tun, die uns innerlich widerstreben. Da ist es besonders wichtig herauszufinden, durch was und wen diese Entscheidungen motiviert sind. Wenn Sie innerlich den leisesten Zweifel an der Authentizität der Entscheidung spüren, dann lassen Sie sie bleiben. Lassen Sie sich nicht überrollen. Bleiben Sie bei sich und Ihrem Verständnis von Entwicklung. Lassen Sie sich nicht unter Druck setzen. Eine Entscheidung ist dann richtig, wenn Sie sich Ihre eigene Zeit genommen haben, um sie zu überprüfen.

Um zu verstehen, wann eine Motivation authentisch ist, brauchen wir »nur« folgenden Punkt zu beachten:

Motivation hat mit dem Wunsch nach Freude zu tun.

Wir streben voller Sehnsucht nach Glücksgefühlen, Leichtigkeit, Vergnügen, Hochstimmung und Euphorie. Wir wollen weg vom Leiden, von Beschwerden, Krankheiten, Zwangslagen und Bedrängnissen. Dieser Wunsch treibt uns ständig an: körperlich, emotional und mental.

Um die Kraft der Motivation so zu nutzen, dass Sie buchstäblich Berge versetzen können, sollten Sie genau wissen, was Sie motiviert oder was Sie eher demotiviert. Denn Ihr Selbst besteht aus mindestens drei Dimensionen, die für eine erfolgreiche Handlung in Einklang gebracht werden sollten: Körper, Seele, Geist.

Zum Beispiel kann der Körper voller Spannung sein, Ihr Verstand gerade durchdrehen, und Ihr Geist möchte eigentlich seine Ruhe haben und weit, weit weg sein.

In so einem Zustand können Sie nicht viel ausrichten. Sie wären dann vielleicht motiviert, Ihr Ziel anzustreben, haben Ihr »Fahrzeug« für die Strecke aber überhaupt noch nicht im Griff.

Um mit Ihrer Entscheidung, zum gewünschten Ziel zu kommen, erfolgreich zu sein, ist es sehr hilfreich, Ihr »Fahrzeug« im Griff zu haben. Sie könnten sonst durch zu viele unbekannte Faktoren überrascht werden und von Ihrem Weg abkommen. Jede Dimension Ihrer selbst hat eine Sehnsucht oder ein Bedürfnis. Diese Sehnsüchte und Bedürfnisse haben einen tieferen Grund, sie senden Botschaften an Ihr Bewusstsein, mit der Bitte um Erledigung. Wenn Sie diese Botschaften ständig ignorieren, dann werden sie früher oder später mit voller Wucht hochkommen – konstruktiv oder destruktiv.

Motivation und Freude sind sehr starke Antriebskräfte, aber das Tempo Ihrer Entwicklung wird durch den ganzheitlichen Aspekt bestimmt. Beziehen Sie in Ihre Entscheidung immer alle Aspekte Ihres Seins mit ein, dann haben Sie eine größere Chance auf Verwirklichung Ihrer Idee – oder war es der Impuls oder einfach nur die Lust an der Freude?

Finden Sie heraus, was Sie mit Freude erfüllt! Da liegen Ihre Kraft und Kreativität verborgen. Bringen Sie sie ans Tageslicht! Lernen Sie ganz neue Aspekte Ihres Selbst kennen. Sie werden überrascht sein, wohin Sie Ihre Seele führt.

2. Stufe
Entschleunigen

1. Finden Sie wieder in Ihren natürlichen Rhythmus zurück

Die Zeit rast, rasen Sie mit?

Wir leben in einer Zeit, in der wir immer weniger Zeit haben, obwohl wir Erfindungen nutzen können, die uns viel Zeit sparen – trotzdem haben wir keine Zeit.

Die Einteilung der Zeit und die Einstellung dazu wird zu einer Art »Kunst« hochstilisiert. Asiatische Kochkünste und Teezeremonien werden als neuer Umgang mit der Zeit gepriesen, und das Wort »Zen« ist mittlerweile jedem geläufig.

Durch meine Begeisterungsfähigkeit und meine Ungeduld bin ich selbst sehr begabt darin, mein freiwilliges Hamsterrad immer schneller zu drehen. Außerdem bin ich sehr zäh und leistungsfähig. Mit diesen Eigenschaften habe ich mich früher schon öfter – durch eine dicke Grippe niedergestreckt – im Krankenbett wiedergefunden. Da half kein Jammern, das hatte ich mir selbst eingebrockt.

Wer »stiehlt« uns die Zeit?

Die Hektik des Alltagslebens und die Hetzjagd nach den Dingen, die wir uns einbilden, haben zu müssen, führt uns nicht selten in eine Sackgasse. Körperlich, geistig und seelisch.

Bis vor zirka hundert Jahren war alles noch ziemlich zeitlos. Unsere Vorfahren waren Selbstversorger, die Städte waren nicht so überfüllt, und jeder hatte genug Raum und Zeit zur Verfügung. Das Industriezeitalter bescherte uns durch die schnelle technische Entwicklung haufenweise Erneuerungen, die zum Teil segensreich waren, die uns aber zum großen Teil auch krank machen und letztendlich niederstrecken. Damals lebten wir als Teil der Natur im Rhythmus der Natur. Wir wachten mit dem Sonnenaufgang auf und gingen mit dem Sonnenuntergang zu Bett. Jetzt leben wir in Steinhäusern, die uns komplett vom Tageslicht abschließen, und wir atmen auch keinen natürlichen Sauerstoff mehr ein.

Wir übergehen unseren natürlichen Rhythmus und arbeiten bis tief in die Nacht. Wir beachten die Ruhephasen nicht und peitschen uns weiter und weiter – bis zum Zusammenbruch.

Als Säugetier sind wir Teil der Natur. Diesen Teil verleugnen wir mit einer großen Hartnäckigkeit. Der biologische Bauplan des Säugetieres kommt mit der rasenden Entwicklung der technisierten Gesellschaft nicht mit. Vielleicht wird es in den nächsten Jahrtausenden Kinder geben, die ohne Beine auf die Welt kommen, weil wir sie eigentlich nicht mehr brauchen, wer weiß? Die Natur hat sich in diesen Millionen von Jahren ganz gut an die Gegebenheiten angepasst.

Wir sitzen vor unseren Computerbildschirmen, bis uns die Augen austrocknen, und müssen uns regelrecht zwingen, die naturgegebenen Bedürfnisse wie Durst, Hunger, Bewegung und Schlaf nicht zu vergessen.

Diese Beschleunigung unserer Gesellschaft kostet Sie und mich und alle um uns herum sehr viel Energie! Dieses Tempo kann auf die Dauer nicht gesund sein.

Diese Entwicklung macht auch vor unseren Kindern nicht Halt. Sie werden mit Zeitnot und Leistungsdruck perfekt auf eine Gesellschaft vorbereitet, die von ihnen auch nichts anderes verlangt, als Höchstleistungen abzuliefern. Keiner der Lehrer hat Zeit, auf die individuelle Lerngeschwindigkeit Rücksicht zu nehmen.

Alle »feuern« Informationen ab, aber keiner fragt sich, ob bei all dieser Informationsflut die Information auch richtig

1. Finden Sie wieder in Ihren natürlichen Rhythmus zurück

angekommen ist. Kommunikation wird zur größten Herausforderung unserer Zeit.

Mein Lieblingsbild im Zusammenhang mit Kommunikation ist folgendes: Stellen Sie sich eine Information wie einen Pingpong-Ball vor, sie sollte ständig hin und her hüpfen. Aber wer gibt uns schon die Chance, nur *einen* Ball hin und her zu bewegen? Warum werden wir gleich mit einer ganzen Wagenladung voll von Pingpong-Bällen überschüttet?

Das passiert ständig mit uns und deshalb sind wir so schnell überfordert. Jeder Mensch hat einen ganz individuellen Rhythmus, etwas aufzunehmen und zu verarbeiten.

Nun bin ich eine von der schnelleren Sorte, bei mir fetzen die Pingpong-Bälle hin und her. Aber ich spiele ja nicht mit mir alleine, also stelle ich mich auf mein Gegenüber ein, damit wir beide ein erfolgreiches Spiel spielen können, an dem beide Freude haben. (Da war doch noch was? Ach ja! Freude!)

Der Rhythmus bestimmt die Effektivität eines Projektes.

Wie finden Sie nun heraus, was Ihr ganz eigener Rhythmus ist?

Bei meinem Kinesiologen habe ich eine verblüffend einfache Übung zum Thema »eigener oder fremder Rhythmus« gemacht:

Ich sollte mich entspannt an die äußerste Wand des Zimmers stellen und den Raum zuerst im Tempo meines Vaters durchschreiten. Ich stellte mir innerlich meinen Vater vor und durchschritt den Raum recht schnell. Nun kam das Tempo meiner Mutter dran. Ich versetzte mich innerlich in meine Mutter und durchschritt den Raum in ihrem Tempo. Nun war ich selbst an der Reihe: Ich fegte durch den Raum wie ein Albatros vor der Landung. Kurz vor der anderen Wand blieb ich stehen und kippte fast vornüber.

Danach sollte ich mich wieder entspannt hinstellen und ganz ruhig meinen Atem tief im Bauch spüren. Eine entspannte Haltung im Stehen bedeutet immer, die Füße gut auf dem Boden zu lassen und die Knie etwas zu beugen. Dann sollte ich den Raum noch einmal in meinem, mir ganz eigenen Tempo durchschreiten. Siehe da, ich war zwar langsamer, aber ich bewegte mich sicherer durch den Raum und kippte auch nicht mehr nach vorne. Durch die kurze Einstimmung über den Atem und das Bewusstmachen meines eigenen Tempos kam ich in meine Mitte und konnte das Zimmer sicher und ruhig durchschreiten.

Wenn ich mich an früher erinnere, dann wurde ich oft von den quietschenden Bremsen der Autos »aufgeweckt«, denn ich hetzte über die Straße, ohne etwas zu bemerken... innerlich mit den Gedanken schon beim nächsten Meeting, meistens noch eine durchgefrorene Vitrinen-Käsesemmel zwischen den Zähnen haltend.

Ich musste über mich selbst lachen. So habe ich einfach das Lebenstempo meines Vaters kopiert und übernommen, ohne darauf zu achten, was denn mein eigenes Tempo sein könnte. Jetzt kommen wir zur Kernfrage: Welches Tempo tut *Ihnen* gut?

Fühlen Sie sich gehetzt und ausgebrannt? Wollen Sie nur noch flüchten, weil die Hetzerei keine Freude mehr macht und Sie innerlich nicht mehr mitkommen?

Bewusstes Gehen ist, gleich nach dem bewussten Atmen, eine sehr gute Übung, um zu sich zu finden:
Stellen Sie sich ruhig und entspannt hin, legen Sie eine Hand

auf Ihren Unterbauch und atmen Sie ein paar Mal tief ein und aus. Gehen Sie in Ihrem Raum barfuß einfach ein paar Mal hin und her. Achten Sie darauf, dass Ihre Füße gut abrollen, beugen Sie Ihre Knie ein wenig und gehen Sie im Rhythmus Ihres Atems. Sie werden merken, dass sich Ihr Tempo verändert. Es hat sich Ihrem inneren Tempo angepasst.

Diese Erfahrung können Sie nun bewusst auf alle Ihre Tätigkeiten ausdehnen. Am Anfang ist es ein wenig ungewohnt, die Dinge so langsam, fast bedächtig zu verrichten, aber bald wird dieses seltsame Gefühl verschwinden, und Ihr eigenes Tempo wird sich in Ihre Bewegungen integrieren. Unser Körper braucht etwas Zeit, um sich umzuorientieren, deshalb ist es wichtig, Übungen zu wiederholen, und zwar so lange, bis man es kann.

2. Die Geschichte vom kleinen Mann im Ohr

Haben Sie auch so einen kleinen Mann oder eine kleine Frau im Ohr, die Ihnen ständig zuflüstert: »Das kannst du gar nicht, das schaffst du nicht, dazu bist du viel zu unerfahren, dazu bist du zu klein, zu hässlich, zu naiv…?

Nun, ich kann ein Lied davon singen! Mittlerweile ist es besser geworden, ich habe alle diese kleinen Quälgeister auf eine einsame Insel verbannt und ziemlich lange nichts mehr von ihnen gehört. Aber früher war es ganz schlimm.

Ständig quatschte mir mein eigenes Minderwertigkeitsgefühl dazwischen, so nach dem Motto: »Die werden früher oder später draufkommen, dass du nichts kannst, und dann werden sie dich nie wiedersehen wollen!«

Genau diese Form von Gedankenenergie nenne ich: Negativ-Coaching. Ständig macht man sich selbst fertig, bis man schon k.o. am Boden liegt, bevor man überhaupt angefangen hat, etwas aufzubauen. Jede Idee wird schon im Ansatz vernichtet, und die Motivation hat keine Chance.

Dieses Negativ-Coaching kostet Kraft und Freude. Es vermiest das spontane Wochenende mit dem Liebsten, und es verleidet jegliche Form von Kreativität. Letztendlich ist es auch sehr anstrengend, immer das Schlechteste von sich anzunehmen.

Um in keine Depressionsschleife verwickelt zu werden, ist es ganz sinnvoll, der ganzen Sache mit Humor gegenüberzutreten. Stellen Sie sich vor, Sie erwischen einen dieser kleinen Quälgeister am Schlafittchen und fragen den zappelnden kleinen Burschen in Ihrer Hand: »Wer hat dich geschickt?« Wenn er nicht antwortet, dann schütteln Sie ihn ordentlich und fragen nochmals: »Wer hat dich geschickt?« Wenn er dann zwischen den Zähnen herauspresst: »deine Mutter« oder »dein Vater«, dann wissen Sie genau, woher der Wind weht.

Bevor Sie ihn ganz erwürgen, können Sie ihn erst mal laufen lassen, denn jetzt kommen wir der Ursache auf den Grund. Während er keuchend die Spielfläche verlässt, fragen Sie sich bitte: »Hat er Recht? Hat er damit Recht, dass ich es sowieso nicht schaffe?«

Hören Sie sich ganz genau zu, denn jetzt wird es spannend! Bejahen Sie seine Aussage? *Geben* Sie ihm Recht? Glaubt Ihr Innerstes diese Behauptung? Auch nur ein kleines bisschen? Er kann nämlich behaupten, was er will, er hat so lange keine Macht über Sie, bis Sie ihm die Macht *geben*.

Wenn Sie ihm Recht geben, dann verlassen Sie sich selbst innerlich. Dieser Prozess kann sich in Sekundenschnelle vollziehen, deshalb ist es so wichtig, hier Klarheit zu schaffen, sonst wiederholt sich ein Muster, ohne jemals erkannt zu werden: Sie haben einen Impuls, eine Idee, und »schwups« ist der Quälgeist da, der alles niedertrampelt.

Vor der zertrampelten Illusion sitzen Sie nun, verdrücken ein paar Tränen, und wenn das fröhlich so weitergeht, dann fangen Sie an zu glauben, niemand würde sich für Sie und Ihre Ideen interessieren. Reingelegt haben Sie in diesem Fall nur sich selbst. Wer hat denn jemals von Ihrem Wunsch oder Plan erfahren – außer »Mr. Miesmacher«?

Warum sind die negativen Gedanken denn so viel größer und mächtiger als die positiven?

Weil Sie ihnen den Platz einräumen! Ihre Mutter oder Ihr Vater mögen vielleicht schon längst von dieser Welt gegangen sein, aber Sie glauben immer noch daran, was sie Ihnen in der

Kindheit gesagt haben. Unbewusst widmen Sie ihnen jeden Ihrer Erfolge, weil Sie ständig um Ihre Anerkennung kämpfen. Sie nehmen jede Mühsal auf sich, um zu beweisen, dass Sie nicht so minderwertig sind. Und bei jedem »Fehler« bekommen Sie naserümpfend zu hören: »Ich wusste ja, dass du es nicht schaffst.« Oder, noch besser, wenn Sie etwas geschafft haben: »Na ja, wir haben ja den Grundstein dafür gelegt, ohne uns hättest du es nicht geschafft.« Sie können strampeln, wie Sie wollen, wenn Sie sich über Ihre Vergangenheit definieren, werden Sie nie erwachsen werden.

Dazu kann ich nur sagen: Filmwechsel! Und wenn Sie mir darauf antworten: »Das ist aber schwer!«, dann erwidere ich: Okay, jetzt haben Sie ein paar Jahre damit verbracht, sich diesen Film vorzuführen, versuchen Sie einfach mal vier Wochen lang, einen anderen Film anzusehen. Einen Film, der Ihnen gut tut, der Sie in eine freudige Stimmung versetzt und der Ihnen Hoffnung macht. Mit dem Sie beschwingt und leicht, im tiefen Vertrauen an sich selbst und an die Dinge, die Sie verwirklichen wollen, ins Leben gehen. Wie fühlt sich das an?

Und noch was: Loben Sie sich für Ihre kleinen Erfolge! Sie sind der Grundstock für Ihre großen Erfolge. Wenn Sie in Ihrer Kindheit kein Lob empfangen haben, macht nichts, Ihre Kindheit ist vorbei. Jetzt haben *Sie* das Ruder übernommen. Sie können wählen zwischen Selbstzerfleischung und Selbstvertrauen. Loben macht glücklich, kleine Belohnungen auch. Für mein erstes selbst verdientes Geld habe ich mir einen kleinen Ring gekauft. Ohne Selbstvorwürfe! Ohne auszurechnen, wie viele Wochen ich davon hätte leben können. Ich habe ihn mir gegönnt und mich an ihm gefreut. Natürlich habe ich ihn heute noch.

Kleine Geschenke für Ihr Selbstvertrauen können auch leckere Pralinen sein (ohne Gewissensbisse!) oder eine Verschnaufpause im Grünen. Ein kleiner Stadtbummel (ohne Zeitdruck), ein Kaffeekränzchen mit einer Freundin oder eine entspannende Massage. Schlichtweg Dinge, die Sie sehr gerne tun, aber die Sie sich selbst zu wenig gönnen.

Und wenn Ihr kleiner Quälgeist wieder auftaucht, dann stopfen Sie ihm einfach Ihre Lieblingspraline in den Mund!

3. Lernen Sie Nein zu sagen

Kennen Sie das auch? Halsen Sie sich ständig neue Aufgaben auf, während andere Menschen ganz entspannt übers Wochenende wegfahren? Arbeiten Sie durch, während andere sich mit Freunden am Abend treffen und Spaß haben? Oder helfen Sie ständig Ihrer Umgebung, das Leben besser zu gestalten? Sind Sie bis über beide Ohren voll mit Versprechen, die Sie gegeben haben und die Sie halten wollen, koste es, was es wolle?

Nun, bevor Sie vor Erschöpfung zusammenbrechen, kann ich Ihnen sagen: Willkommen im Club! Meine christliche Erziehung spielt mir in dieser Hinsicht viele Streiche, denn ich helfe, wo ich kann, und bin am Ende erschöpft und ausgelaugt und bekomme vielleicht (!) ein gequältes »Danke dir«.

Ich habe nun mal gelernt, dass man eine Bitte nicht abschlagen darf. Jetzt finde ich mich immer wieder mit Projekten konfrontiert, die meine ganze Kraft und Aufmerksamkeit erfordern und meine Energie von den Dingen abziehen, die mir wichtig sind. Zu denen komme ich dann meistens nicht oder nur unzureichend. Mit dem Ergebnis, dass ich erst dann eine Ruhephase einlege, wenn mein Körper sagt: »Jetzt ist Schluss! Jetzt werde ich mal kurz krank, damit du dich ausruhen kannst.« Von schlechtem Gewissen geplagt, wälze ich mich dann fiebrig in den Kissen und beschuldige mich selbst, gerade jetzt – wo mich doch so viele Menschen brauchen – krank zu sein.

Menschen mit viel Kraft können viel geben, das ist wahr. Aber es ist auch kraftvoll, zum richtigen Zeitpunkt Nein zu sagen. Ein »Nein« kann sehr befreiend sein, denn wenn die Hilfe nur in einer Richtung funktioniert, man eigentlich nur ausgenützt wird, dann stimmt das Gleichgewicht nicht mehr. Die eine Seite nimmt nur und nimmt, und wenn die gebende Seite erschöpft aufgibt, dann ist sie nicht mehr brauchbar, und man wendet sich jemand anderem zu, den man benutzen kann. Und wehe, man hat selbst eine Bitte oder braucht etwas! Das stößt dann auf völliges Unverständnis!

In der Zeit, wo viele meiner so genannten Freunde sich verabschiedet haben, weil ich ihnen nicht mehr nützen konnte, habe ich sehr darunter gelitten und viel darüber nachgedacht, was »helfen« eigentlich ist. Ich habe festgestellt und gelernt, dass jemandem zu helfen mehrere Seiten hat. Ich spreche jetzt hauptsächlich von den zwischenmenschlichen Beziehungen, die auf Abhängigkeit ausgelegt sind, und nicht über die tatsächliche Hilfe in der äußersten Not. Es kann nämlich auch passieren, dass man einem oder sogar mehreren Mechanismen auf den Leim geht.

Zu helfen ist an sich etwas sehr Schönes und Erfüllendes. Man fühlt sich als ein guter Mensch und freut sich, dass es dem anderen gut geht. Wenn der andere dann auf eigenen Füßen stehen kann, ist es großartig.

Oftmals kann es aber auch sein, dass man einfach Dinge für andere Menschen übernimmt, die sie besser selbst gelöst hätten. Wenn wir sofort in die Situation hineinspringen – ungebeten –, dann befinden wir uns sogleich in einem Schlamassel, denn uns fehlt der Überblick. Einmischung war noch nie etwas besonders Gutes und kann sehr vieles kaputtmachen. Das Problem gleich an sich zu reißen, ist etwas sehr Egoistisches – es hält den anderen davon ab, selbst festzustellen, ob er nicht dazu in der Lage ist, das Problem eigenständig zu lösen. Man baut eine Co-Abhängigkeit auf. Der, dem man geholfen hat, wird abhängig von der Hilfe, und wir sind im Gegenzug abhängig davon, ständig helfen zu wollen.

Das »Objekt« unserer Hilfe wird vielleicht bequem und unselbstständig. Die Balance zwischen Geben und Nehmen ist aus den Fugen geraten. Bald regiert nur noch das schlechte Gewissen der beschenkten Seite. Besonders wenn man mehr gibt, als eigentlich erwünscht ist; dann kann das Gefühl der Dankbarkeit sogar in eine Art Aggression umschlagen. Derjenige hat dann das Gefühl, nicht genügend zurückgeben zu können, und will sich nicht mehr an die erhaltene Hilfe erinnern.

Sie kennen doch sicher auch das merkwürdige Gefühl, wenn Sie jemandem Geld geliehen haben und sich jetzt selbst schuldig fühlen, wenn Sie es zurückfordern wollen.

Nun, ich kenne es zur Genüge. Mir ist es fast peinlich, mein Recht einzufordern. Um nicht mehr in eine solche unangenehme Situation zu kommen, sage ich – nach eingehender Prüfung der Sachlage – einfach Nein.

De facto sollten wir nur helfen, wenn wir gefragt werden – das ist das eine. Zum anderen sollten wir immer sehr genau prüfen, ob wir selbstlos geben oder ob da der Wunsch, den anderen abhängig zu machen, eine Rolle spielt. Auch sollten wir genau betrachten, welcher Anteil von uns ständig danach lechzt, helfen zu wollen. Auch dieser Drang kann aus einem Minderwertigkeitsgefühl heraus entstanden sein, so nach dem Motto: Lieber kümmere ich mich um andere als um mich selbst.

Dass wir so eine Angst vor dem Neinsagen haben, ist darin begründet, dass ein Nein oft etwas sehr Trennendes ist. Es steht im Raum, und der andere fühlt sich abgelehnt. Mit dieser Ablehnung muss man erst mal umgehen. Ängste steigen hoch. Angst vor Verlust. Vor Liebesverlust, vor Trennung. Dabei kann ein Ja genauso schädlich oder hilfreich sein wie ein Nein. Wieso? Wenn Sie ständig Ja sagen, nehmen Sie dem anderen die Möglichkeit, seine eigenen Erfahrungen zu machen. Sie übernehmen die Aufgabe, die der andere zu lösen hat. Sie verzögern nur den Zeitpunkt der Lernerfahrung, die derjenige vor sich hat. Durch seine unbewusste Verweigerung und Ihr vorschnelles Engagement wird sein Unterbewusstsein ihm die Situation immer wieder vor Augen führen, bis er sie bewältigt hat.

Wenn Sie ständig für ihn einspringen, dann dreht sich das Karussell der sich wiederholenden Situationen weiter, bis die Lernerfahrung endlich gemeistert wurde. Es hat auch einen Sinn, warum gerade diese Situation auf Sie zukommt. Im Vertrauen darauf, dass alles, was einem geschieht, von einer tiefen Sinnhaftigkeit geprägt ist, lässt sich eine Problematik besser bewältigen. In jedem Problem liegt die Lösung verborgen, wir müssen nur tief genug suchen.

Helfen können Sie vielleicht sogar am besten, wenn Sie Nein sagen! Dann hat dieser Mensch die Chance, selbst herauszufinden, wo seine Stärken liegen. Wer sagt denn, dass alles genauso bleiben muss wie bisher? Vielleicht ist es gut, dass das Haus verkauft werden muss oder die Firma Pleite geht. Wer sagt denn, dass »Leid« immer Leid bleiben muss? Vielleicht ist das, was wir im ersten Moment als Leid empfinden, im Nachhinein unser größtes Glück. Vielleicht wäre das Haus trotzdem verkauft worden, auch wenn Sie ihm Geld geliehen hätten. Vielleicht hat etwas keinen Bestand, weil es keine Lebensenergie mehr hat? Vielleicht warten andere Aufgaben auf Sie oder Ihr Gegenüber.

Es gibt keine Sicherheit. Die einzige Sicherheit, die wir haben, ist, dass sich alles ständig verändert.

Lernen Sie Nein zu sagen, wenn Sie das Gefühl haben, hier geht etwas grundsätzlich schief. Wenn das Gleichgewicht zwischen Geben und Nehmen nicht gewahrt ist. Ständige Hilfsbereitschaft kann andere auch unterschwellig wütend machen, weil sie nicht wissen, wie sie damit umgehen sollen. Sie sind kein schlechter Mensch, wenn Sie die Situation erst einmal prüfen und dann entscheiden, wie und ob Sie helfen.

4. Energie ist ein lebendiges Gebilde

> Energie folgt der Aufmerksamkeit –
> Energy flows where the attention goes.
> *Huna-Philosophie aus Hawaii*

Auf Hawaii habe ich eine sehr schöne und liebevolle Lebensphilosophie kennen gelernt: *Huna*.

Diese Lehre ist deshalb so beeindruckend, weil sie sehr klar und einfach strukturiert ist. Sie geht davon aus – wie übrigens viele Lehren –, dass alles Energie ist. Energie verschwindet nicht einfach, sondern verändert nur ihre Form.

Anhand meines Lieblingselementes Wasser lässt sich dieses physikalische Gesetz am leichtesten veranschaulichen: Eis wird durch Zufuhr von Wärmeenergie zu Wasser, Wasser wird durch erhöhte Zufuhr von Wärmeenergie zu Dampf und durch Kälte wird es zuerst flüssig, dann wieder zu Eis.

Im Prinzip geht es darum, die Energie zielgerichtet zu erhöhen, um das Gewünschte zu erreichen. Durch Konzentration und konstante Aufmerksamkeit wird dem beobachteten Objekt oder Ziel Energie zugeführt, alles darum herum fängt auch an, sich in diese Richtung zu bewegen, und der Schaffensprozess kann beginnen.

Energie ist fließend. Sie verändert ihre Form in die gewünschte Richtung.

Fast alle Menschen konzentrieren sich eine Weile auf etwas, hören dann mitten in ihrer Konzentration auf und wenden ihre Aufmerksamkeit woandershin. Dann fällt oft das Erreichte wieder in sich zusammen, und die Energie richtet sich auf den neuen Zielpunkt.

Viele Menschen fragen mich und meinen Mann, wie wir es schaffen, so viele verschiedene Projekte in die Welt zu bringen. Die Antworten von Pierre sind in seinem Buch *Erfolgreich wünschen* genau erklärt. Wir machen beide schon seit Jahren nichts anderes, als dass wir eine Idee so klar und deutlich wie möglich formulieren, diese aufschreiben und weiterhin fokussieren. Wir bleiben einfach so lange dran, bis sie sich verwirklicht. Wir zweifeln nicht an ihr und zerquatschen sie auch nicht mit Leuten, die uns vielleicht für verrückt erklären oder durch ihre Kommentare schwächen würden.

Als ich mich, nach mehreren Jahren des Theaterspielens müde, endlich sesshaft machen wollte, kam ich nach München und kannte niemanden – keinen Agenten, keine Filmfirma, keine Regisseure und keine Castingagenturen. Meine Bewerbung überall hinzuschicken war das eine, aber mir eine Wunschliste zusammenzustellen war das andere.

Ich formulierte meine Ziele ganz genau und schrieb sie auf einen Zettel. Zum Beispiel stand darauf: Geld verdienen durch Synchronsprechertätigkeiten etc., Drehtage haben als Gast in Serien und dann – als nächstes Nahziel – Hauptrolle in einer Serie. Diese konkreten Punkte standen auf dem Zettel, den ich sorgfältig faltete und unter meinem Kopfkissen verstaute.

Nun rennen wahnsinnig viele arbeitslose Schauspieler herum – damals wie heute –, es war überhaupt nicht klar, ob ich Fuß fassen würde. Aber ich machte brav weiterhin meine Telefonate und Bewerbungsgespräche und las fast jeden Abend meinen Zettel durch, um mich immer wieder an meine Ziele zu erinnern. Langsam, aber sicher trudelten die ersten Castings ein und die ersten Sprecherjobs. Ich bekam eine sehr schöne Gastrolle im »Bergdoktor«, wo ich ein krebskrankes Mädchen spielte. Diese Rolle spielte ich mit meinem ganzen Herzblut; das sahen die Verantwortlichen von Sat.1, und ich war in der engeren Auswahl für eine Serienhauptrolle. Meine Mitbewerberinnen waren sehr bekannte Schauspielerinnen, aber ich glaubte weiterhin fest daran, dass diese Rolle für mich bestimmt war. Als ich dann in *Katrin ist die Beste* die Titelrolle bekam, bedankte ich mich innerlich tausendmal!

Die Kraft des Energiestromes können Sie am besten nutzen, wenn Sie sich das gewünschte Ziel mit aller Vorstellungskraft ausmalen. Wenn Sie sich zum Beispiel eine neue Wohnung wünschen, dann stellen Sie sich vor Ihrem inneren Auge vor, wie sie aussieht, wie viele Zimmer sie hat, wie sie eingerichtet ist, ob sie einen Balkon oder Terrasse hat etc. Je genauer Sie es sich vorstellen können, desto besser.

Wenn Sie sich einen neuen Job wünschen, dann sollten Sie das Gleiche tun: Stellen Sie sich Ihr Büro so anschaulich wie möglich vor, gehen Sie in Gedanken durch die Räume und fühlen Sie sich ob Ihrer Kompetenz anerkannt und wertgeschätzt. Je präziser Ihre Fantasie sich die Dinge ausmalen kann, desto mehr hat die Energie eine Chance auf materielle Verwirklichung.

Wenn es mal nicht alles so glatt läuft, wie Sie es sich vorgestellt haben, dann hinterfragen Sie ganz genau, wo die Energie gerade ins Stocken geraten ist, und wünschen Sie sich die Lösung für diese Sache herbei. Stellen Sie sich vor, dass die Lösung Ihres Problems auf Sie zukommt. Machen Sie nicht den Fehler, sich ständig zu fragen: »Wie soll das gehen?« Da ist der Zweifel schon mit drin. Gehen Sie lieber davon aus, dass sich die Sache für alle Beteiligten konstruktiv entwickelt und auflöst.

Die Intensität der Konzentration auf das Ziel bestimmt letztendlich den Erfolg.

Unsere innere Bereitschaft, einer Idee viel oder wenig Energie und Aufmerksamkeit zu widmen, lässt sie wahr werden oder eben nicht. Am Anfang einer Idee oder einer Beziehung ist man enthusiastisch, man ist verliebt – verliebt in die neue Aufgabe oder in die neue Bekanntschaft. Man ist beflügelt und hat das Gefühl, man hätte alle Kraft dieser Welt. Wenn aber Irritationen passieren oder ungeahnte Schwierigkeiten auf einen zukommen, dann hat man das Gefühl, man verliert Energie. Tatsächlich bestimmen nur Sie allein über Ihren Energiehaushalt. Man kann es sogar kinesiologisch testen.

Kinesiologie ist ein einfaches Testverfahren, welches über den Muskeltest funktioniert. Man geht davon aus, dass unser Körper Bescheid weiß, was ihm guttut und was nicht.

Der Test ist sehr hilfreich in puncto Allergien und Nahrungsmittelunverträglichkeiten. Mit einem einfachen Armdrucktest weiß man, was man essen kann und was nicht. Unser Körper wird geschwächt, wenn er etwas zu sich nehmen muss, das er nicht verträgt. Das Gleiche passiert auch mit Gedanken: Wenn man an etwas Unangenehmes denkt, dann schwächt es den Körper und er hat keine Kraft. Denkt man an etwas Schönes und Angenehmes, dann bekommt man Kraft.

Unser Körper-Seele-Geist-System braucht ab und zu eine Auszeit. Unsere Vorfahren gingen in die Natur, um Kraft zu tanken. Sie gingen in den Wald oder in die Wüste, um mit sich ins Reine zu kommen. Diese Auszeiten beachten wir nicht mehr und sind überrascht, wenn das System streikt.

Wenn ich mich ausgelaugt und schwach fühle, dann suche ich meine Quellen der Inspiration auf. Ich umgebe mich mit den Dingen und Erlebnissen, die mich stärken. Wenn ich traurig bin, dann suche ich ein fließendes Gewässer auf, setze mich ans Ufer und starre so lange hinein, bis meine Seele von den belastenden Dingen frei gewaschen ist.

Oder ich lese Bücher, die mir Kraft geben, lege eine schöne CD ein mit klassischer Musik. »Air« von Bach zum Beispiel hat etwas sehr Erhebendes, aber auch andere Musik kann viel Kraft geben.

Alle diese Dinge geben uns Energie und inspirieren uns.

Wir sollten Menschen und Situationen meiden, die uns Kraft rauben.

Auch das ist eine Entscheidung: Umgeben Sie sich nicht mit Menschen, die Ihnen Kraft rauben, die regelrechte »Energievampire« sind. Solche Menschen kosten Sie Kraft, Sie erkennen sie daran, dass Sie nach so einer Begegnung sehr müde sind. Wenn das der Fall ist, dann versuchen Sie in Zukunft diesen Menschen zu meiden. Wenn Sie ihn nicht meiden können, weil Sie jeden Tag mit ihm zu tun haben, dann versuchen Sie Ihre Kraft bei sich zu behalten, grenzen Sie sich im Rahmen Ihrer Möglichkeiten ab, und laden Sie Ihre innere Batterie durch schöne Dinge wieder auf.

Es kann durchaus sein, dass nur die Kombination von Ihnen beiden Sie Kraft kostet, in einer anderen Kombination kann derselbe Mensch für einen anderen Menschen eine Inspiration sein. Es geht auch nicht darum zu bewerten, sondern einfach nur darum, wachsam und aufmerksam zu sein, wie man mit seinem eigenen Energiehaushalt umgeht.

Einige Lehrer der chinesischen Medizin gehen davon aus,

dass jeder Mensch die gleiche Menge an Lebensenergie zur Verfügung gestellt bekommt, das »Chi«, und wenn dieses Chi aufgebraucht ist, dann stirbt er. Diese Vorstellung hat mich etwas erschreckt und ich dachte: »Na klasse! Ich habe mich in meinen Rollen so verausgabt, jetzt sterbe ich auch noch früher, weil ich mein ganzes Chi schneller aufgebraucht habe...«

Nach gründlicher Eigenrecherche teile ich diese Meinung nicht. Ich bin ziemlich überzeugt davon, dass man seine Energiereserven selbst wieder auffüllen kann, indem man voller Achtsamkeit für sein Körper-Geist-Seele-System jeden Aspekt seines Seins bewusst betrachtet und ihm das gibt, was es braucht. Dies setzt natürlich Bewusstsein voraus.

Die Macht der Gedanken ist in dieser Hinsicht nicht zu unterschätzen! Sie setzt die Energie in Gang, die an Ihrer Wirklichkeit baut.

5. Wie man den Augenblick genießen lernt

Wir sind zu einer richtigen »Stressgesellschaft« geworden. Dauernd rasen wir von einem Punkt zum anderen, in der Hoffnung, etwas für uns scheinbar »Wichtiges« zu tun.

Wir vergessen zu essen und zu trinken oder verrichten diese Grundbedürfnisse unseres Körpers hastig und in aller Eile. Durch den inneren und äußeren Druck, den wir uns auferlegen oder auferlegen lassen, haben wir früher oder später das Gefühl, in einem Hamsterrad eingeschlossen zu sein, welches sich immer schneller dreht, ohne Hoffnung auf Besserung.

Auch die segensreiche Erfindung der Handys und E-Mails fängt an, sich gegen uns zu richten. Anstatt uns die Arbeit zu erleichtern, werden wir zu Gefangenen im Netz der Elektronik. Das Informationsrad dreht sich immer schneller, und es wird immer schwerer, in der Flut von Informationen Prioritäten zu setzen. Der Alltag wird im Galopp erledigt, und Beziehungen zu Lebenspartnern, Kindern und Freunden leiden am Anfang unmerklich darunter, aber später herrscht dann Kühle bis komplette Sprachlosigkeit.

Bei mir zu Hause erinnern mich meine Tochter und mein Mann oft daran, nicht in totale Hektik zu verfallen, sondern sich einfach mal in Ruhe hinzusetzen, um zu reden oder einfach nur zuzuhören. Mein selbst geschaffenes Hamsterrad verlangsamt sich dann ein wenig, und ich sehe wieder Land.

Um aus diesem Kreislauf auszusteigen, brauchen Sie nicht viel. Wie bei den meisten lebensverändernden Dingen braucht es aber neben dem *Willen*, etwas zu verändern, auch die *Tat*.

In Stresszeiten ist die Aufmerksamkeit auf die Zukunft gerichtet. Man sieht den Berg von Arbeit vor sich, der auf einen wartet, und kommt in der Gegenwart nicht mehr hinterher. Wenn man gerne arbeitet, so wie ich, muss man sich zur Ruhe regelrecht »zwingen«, um nicht von einem Burn-out-Syndrom niedergestreckt zu werden.

In solchen Phasen wende ich meine Aufmerksamkeit nach innen und stelle mich auf meine Atmung ein. Manchmal ist das sogar mitten in der Aktion, wenn ich merke: »Meine Gedanken und Handlungen sind schneller, als mein Selbst mithalten kann.« Dann schließe ich die Augen, lege die Hand auf meinen Unterbauch und atme ein paar Mal tief ein und aus. Ich spüre, wie meine Schultern herabsinken, meine Gesichtszüge sich entspannen und wie ich langsam wieder in mein Zentrum komme.

In Zeiten von Stress, Angst und Sorgen rutscht die Atmung gerne nach »oben«, das bedeutet, sie wird flacher und schneller und befindet sich im oberen Bereich des Brustkorbes, sodass es sehr schwerfällt, in einen entspannten Zustand zu kommen. Da hilft nur ein Innehalten und bewusstes Beobachten der Atmung.

Von diesem Punkt aus können Sie nun Achtsamkeit im Alltag üben. Jede Tätigkeit, die Sie nun tun, sei es telefonieren, Tee trinken oder Hausarbeit, sollten Sie in einem ruhigen, vom Atemrhythmus getragenen Zustand tun. Jeder Mensch hat einen eigenen Rhythmus, diesen sollte er finden und beachten.

Es bringt nichts, alles beschleunigen zu wollen, wenn das eigene Selbst nicht mitkommt. Die Konsequenzen davon sind oft Krankheit, Ärger und Sorgen. Wenn Sie sich mehr und mehr in den Zustand von Achtsamkeit versetzen können, dann wird der Alltag von liebevollen Handlungen bestimmt sein. Wenn Sie eine Tasse Tee trinken, dann bereiten Sie diese mit vollster Aufmerksamkeit zu; telefonieren Sie nicht nebenher oder lesen Zeitung dabei.

Versuchen Sie einfach jede Handlung bewusst zu betrachten, Sie werden überrascht sein, wie ungewohnt es am Anfang ist. Aber diese Umgewöhnung bringt Ihnen mehr Zeit ein. Unter Zeitdruck machen wir viel mehr Fehler, die wiederum Zeit kosten.

Der Unterschied im Erleben ist gravierend. Eine Tasse Tee in Ruhe zu genießen und seinen Gedanken zu folgen ist sehr entspannend und inspirierend. Nehmen Sie diese Tätigkeiten als Geschenk. Sie *dürfen* eine Tasse Tee trinken, Sie *dürfen* die Arbeit verrichten, Sie *dürfen* den Haushalt machen. Es zwingt Sie niemand dazu. Wenn Sie etwas verändern wollen, dann tun Sie es!

Es gibt Dinge, die einfach zum Menschsein dazugehören. Unsere Vorfahren hatten keine Waschmaschine, Geschirrspülmaschine, Trockner etc. All diese Geräte sparen Zeit. Was tun Sie mit der gewonnenen Zeit?

Jeder Tag ist wie ein weißes Blatt Papier, das Sie neu beschreiben können. Sie allein entscheiden sich, was Sie darauf malen, schreiben oder zeichnen. Ob Sie es zerknüllen und wegwerfen oder ob Sie es zu einem kleinen Kunstwerk gestalten.

Jeder Tag ist ein Geschenk des Lebens, das Ihnen gegeben wird. Achten Sie es! Warten Sie nicht erst auf die große »Ohrfeige« in Form von Krankheit oder Tod eines geliebten Menschen, bis Sie innehalten und über das Geschenk des Lebens nachdenken!

Unsere Zeit wird immer kostbarer. Besonders die Zeit, in der wir gesund und im Vollbesitz unserer geistigen Kräfte sind. Wenn Sie nicht gleich die ganz großen Veränderungen in Ihrem Leben schaffen können, dann fangen Sie mit den kleinen Veränderungen in Ihrem Alltag an.

Oft sind es die kleinen Schritte, die große Veränderungen herbeiführen. Das Mindeste, was Sie tun können, ist, sich selbst und die Dinge um Sie herum liebevoll und achtsam zu behandeln. Sie wollen doch auch geachtet werden? Die Dinge und Menschen um Sie herum auch! Sie werden merken, wenn Sie alle Tätigkeiten, die Sie tun, mit großer Aufmerksamkeit und Achtsamkeit tun, fangen Sie an, immer glücklicher zu werden.

Freuen Sie sich über die kleinen Dinge, die Ihnen gelingen, wie zum Beispiel der erfolgreich entfernte Fleck auf der Hose, die erfolgreich gewechselte Glühbirne etc. Freuen Sie sich über die Dinge, die so selbstverständlich sind, wie zum Beispiel über das fließende Wasser, das aus Ihrem Wasserhahn kommt. Sie haben sicher schon die Erfahrung gemacht, wie es ist, wenn das Wasser abgestellt worden ist oder der Strom...

Gehen Sie mit voller Aufmerksamkeit und Achtsamkeit mit diesen Geschenken um, wer weiß, ob sie am nächsten Tag noch da sind.

Konzentrieren Sie sich auf jede Handlung, die Sie tun, atmen Sie ruhig und langsam dabei. Vergegenwärtigen Sie sich genau diesen Augenblick, keinen zukünftigen oder vergangenen, nur diesen *gegenwärtigen* Augenblick.

Aufmerksamkeit bedeutet, für etwas oder jemanden da zu sein. Hier und jetzt. Vollkommen mit allen Sinnen *da* zu sein. Ungeteilte Aufmerksamkeit ist etwas sehr Schönes, es macht stolz und glücklich. Freuen Sie sich über sich und die Tätigkeit, die Sie gerade ausüben, lächeln Sie! Schämen Sie sich nicht, zu Hause einfach zu lächeln. Genießen Sie Ihre Freude, den Augenblick, der nur Ihnen gehört! Verweilen Sie so lange,

5. Wie man den Augenblick genießen lernt

wie Sie wollen, in diesem Augenblick. Bleiben Sie bewusst in Ihrer Atmung, und warten Sie auf den nächsten Impuls, etwas zu tun.

Das Geschenk des Lebens in seiner ganzen Fülle wahrzunehmen, ist ein überwältigendes Gefühl. Oft könnte ich vor überfließender Freude weinen. Ich bedanke mich innerlich und segne die Gegenwart. Sie ist alles, was ich im Moment habe...

6. Perfektionismus ist die beste Selbstverhinderungsmaßnahme

Wie viel Zeit habe ich schon darauf verschwendet, alles perfekt zu machen! Papas beste Tochter zu sein oder die perfekte Gastgeberin, die perfekte Mutter, Geliebte und noch vieles mehr.

Wenn Sie mich heute überraschend besuchen würden, dann müssten Sie mehrmals läuten, denn ich würde im hektischen Galopp alle herumliegenden Sachen aufklauben, noch mal schnell über die Spüle wischen und die größten Krümel vom Boden aufheben.

Eine (mittlerweile) befreundete Agentin kam einmal zwanzig Minuten zu früh zu ihrem ersten Besuch bei mir, und ich empfing sie mit Verzweiflung. Ich wollte doch einen guten Eindruck machen, und jetzt war alles vermasselt! Sie lachte nur über mein zerknirschtes Gesicht und sagte, dass sie zu *mir* käme und nicht zu meinem Wohnzimmer.

Manchmal bin ich auch noch wie ein kleines Mädchen, das brav einem perfekten Bild genügen möchte. Wenn ich mich wieder einmal dabei ertappe, genügen zu wollen, oder meine Familie unter der »Schnell, wir müssen den Teppich noch saugen«-Aktion stöhnt, dann erinnere ich mich an ihre Worte.

Wenn ich den Großteil meiner Zeit darauf verwenden würde, alles perfekt machen zu wollen, würde ich zu nichts mehr kommen. Natürlich ist die Haushaltsführung die zeitraubendste Angelegenheit, die ich kenne, und natürlich möchte ich es schön haben, aber es muss kein Museum für Polstermöbel sein. Soll ich, wenn ich im Himmel gefragt werde, was ich denn in meinem Leben so gemacht habe, antworten: »Ich habe super geputzt«?

Wenn es Ihnen Freude macht, bitte schön! Ich habe für mich andere Prioritäten gesetzt. Ich möchte mein inneres Haus sauber halten, dann kommt auch das äußere Haus nicht zu kurz. Mir ist es wichtig, meinen Charakter und meine Persönlichkeit weiterzubilden und dies an meine unmittelbare und mittelbare Umgebung als Inspiration weiterzugeben. Perfektion ist Ansichtssache. Sie sollte einen nicht von innen auffressen.

Ich kenne eine Gesangslehrerin, die zwei Jahre lang nur einen Ton gesungen hat, weil sie meinte, sie würde ihn nicht gut genug singen.

Perfektionismus ist auch eine Folge von eingebildeter Minderwertigkeit.

Man lebt nur noch im »Wenn – dann«. Das bedeutet: »Ich setze mich erst hin und tue etwas für mich, wenn ich die Küche zu Ende geputzt habe.« Oder: »Ich gehe erst zum Training, wenn ich die Wäsche gebügelt habe.«

Nach diesen Tätigkeiten sind Sie so ermattet, dass Sie Ihren Ursprungswunsch auf morgen verschieben.

Wann fängt man denn mit dem Leben an? Wir haben doch mittlerweile alle festgestellt, dass das Leben tut, was es will, ohne Rücksicht darauf, ob die Sofakissen aufgeschüttet sind oder nicht. Perfektionismus ist eine sehr subtile Form der Angst. Der Angst davor, nicht genügend auf die neue Situation vorbereitet zu sein. Man verheddert sich im ständigen Netz der Vorbereitung auf etwas »Perfektes«, bis man im Kokon sitzt und fast bewegungsunfähig ist. Nichts ist gut genug, nichts ist fertig genug, nichts ist schön genug.

Mit ziemlicher Sicherheit können Sie all diese Sätze, die Sie über Ihre Wohnstätte und Ihre Umgebung sagen, auch über sich selbst sagen. Da aber diese Selbsterkenntnis zu schmerzhaft ist, wird sie in Perfektionismus ertränkt.

Haben Sie nicht festgestellt, dass Kreativität aus Chaos entsteht? Schöpferische Ideen wollen einfach an die Oberfläche, sie sind im ersten Moment alles andere als perfekt. Auch Sie sind kreativ! Das glauben Sie nicht?

In allem, was Sie gerne tun, schlummert schöpferische Kraft. Schöpferische Kraft ist spielerisch und kindlich. Sie richtet sich nicht nach Normgrößen und Richtlinien. Der größte Spaß daran ist das Ausprobieren – es geht um Freude, schon vergessen?

Ein Artikel, den ich in einer Zeitung über ein Weltunternehmen las, hat mich kürzlich sehr beeindruckt. Das Unternehmen hat sich eine ganz neue Form der Mitarbeiterführung überlegt: Es lässt seinen Mitarbeitern in ihrer Arbeitszeit genügend »Eigenzeit«, um sich mit etwas zu beschäftigen, das ihnen Freude macht. Ganz offiziell, bis zu zwei Stunden. Die Mitarbeiter dürfen kreativ sein und neue Dinge entwickeln, die nicht unbedingt mit dem Firmenzweck übereinstimmen müssen. In so einer »Eigenzeit« sind zum Beispiel die »Post-its« entstanden, diese kleinen, selbstklebenden, praktischen Zettelchen.

Aus der Freude des Schöpfens heraus kann etwas Neues entstehen. Dazu braucht man Zeit und genügend Raum. Wie viel Zeit und Raum geben Sie sich? Warten Sie nicht darauf, dass Ihnen jemand diesen Raum gibt, nehmen Sie sich ihn einfach! Ein zukunftsorientierter Unternehmer wird genau wissen, dass Sie sich danach viel effektiver Ihrer Arbeit widmen.

Kommunizieren Sie Ihre Ambitionen in Ihrem Arbeitsfeld; Sie werden sehen, dass Sie auf offene Ohren stoßen. Wenn nicht, dann nehmen Sie sich genügend »Eigenzeit« in Ihrer

Freizeit. Kreativität gibt Kraft und macht Freude, diese Freude kommt allem zugute.

Versuchen Sie nicht gleich, alles perfekt machen zu wollen. Perfektionismus ist eine perfekte Maßnahme Ihrer selbst, sich zu behindern, Ihre Entwicklung zu bremsen und wieder zu nichts zu kommen. Stattdessen müssen Sie sich damit begnügen, zuzusehen, wie andere Menschen ihre – völlig unfertigen und chaotischen – Ideen in die Welt bringen und damit Erfolg haben.

Besonders wenn ich andere Länder besuche und mir deren Systeme betrachte, wie zum Beispiel verschiedene Versionen des Ticketverkaufs von U-Bahnen, S-Bahnen, Zügen, Konzerten, Museen etc., dann bin ich oft sehr erstaunt, dass alle Menschen doch am Zielort ankommen und die Museen von innen auch voll sind, nicht nur vor den Kassen. Bei einem der größten Filmfestivals der Welt, in Cannes, geht es oft so chaotisch zu, dass man sich fragt, wie die Koordination von Stars, Filmen und Pressekonferenzen überhaupt klappt. Aber es funktioniert! Meine Dreharbeiten für eine italienische Filmproduktion in Afrika waren so liebenswert chaotisch, dass ich mich wunderte, dass der Film überhaupt fertig gestellt werden konnte – aber er wurde fertig!

Diese Erlebnisse ließen mich umdenken. Am Anfang war ich ein Nervenbündel, weil ich keinen Überblick bekam, aber als ich mich innerlich zurücklehnte und einfach darauf vertraute, dass alles seinen guten Gang gehen würde, war ich befreit und konnte es sogar genießen, von einem Moment zum nächsten zu leben.

Mein perfektionistischer Anspruch war weder für mich noch für andere lebbar. Als ich endlich aufhörte, mich selbst durch den Fleischwolf meiner Kritik zu drehen, und Projekte auch im – meiner Meinung nach – nicht perfekten Zustand laufen ließ, wurde mir klar, dass dies die einzig richtige Entscheidung ist.

Man bekommt nie die angestrebten hundert Prozent, aber wenn man achtzig Prozent des erwünschten Zieles erreicht, dann ist das schon großartig! Es gibt kein Wachstum und keine Entwicklung, wenn alles schon perfekt ist.

Perfektionismus ist ehrlich gesagt auch langweilig.

Es gibt nichts mehr hinzuzufügen und nichts mehr wegzunehmen, wo findet denn dann Erneuerung statt?

Natürlich würde ich im Nachhinein Dinge noch verbessern wollen, aber das ist eine ganz natürliche Entwicklung – man betrachtet das Vergangene mit neuen Augen. Aber wenigstens war ich mutig genug und habe mich und mein Projekt der Welt gezeigt und mich den Augen des Betrachters gestellt. Habe nicht ständig darüber geredet, sondern getan! Das ist eine Fähigkeit, die man entwickeln kann. Alle Projekte brauchen ihren richtigen Zeitpunkt, um in die Welt zu kommen. Sie müssen nicht glauben, dass die Dinge plötzlich »da« sind, sondern sie haben manchmal eine jahrelange Vorbereitungszeit.

Wie viel Zeit geben Sie sich selbst für die Verwirklichung Ihrer Träume? Wenn Sie sich ständig sagen: »Jetzt nicht, ich möchte, dass erst alles perfekt ist«, dann verhindern Sie die Erfahrungen, die Sie dabei machen könnten.

Klar, mit einem Herzenswunsch in die Welt zu gehen, macht Angst. Man hat Angst ausgelacht zu werden, nicht ernst genommen und für einen Spinner gehalten zu werden. Wissen Sie, wer Sie auslacht? Das sind die Menschen, die sich nicht trauen, selbst etwas zu wagen, sie wollen nicht, dass es jemand aus ihren eigenen Reihen schafft – denn dann müssten sie sich selbst hinterfragen…

Seien Sie mutig! Trauen Sie sich etwas zu! Fangen Sie einfach an, etwas zu tun, ohne darauf zu pochen, dass es perfekt sein muss. Oft hat gerade das Unfertige einen ganz besonderen Charme. Sie können es ja erst mal im kleinen Kreise zeigen und da Feedback sammeln – sozusagen Ihre eigene kleine Marktforschung betreiben – und dann gestärkt durch die Erkenntnisse Stufe für Stufe weitergehen. Meist entwickelt sich bei der Beschäftigung mit dem Projekt eine eigene Dynamik, die wie ein selbstständiger Organismus funktioniert. Mit ganz eigenen Gesetzmäßigkeiten und Zeitabläufen.

Glücklicherweise wurde mein Hang zum Perfektionismus vom »Zufall« überlistet, und das kam so:

Meine tiefe Sehnsucht war es schon vor Jahren, Bücher über Gesundheitsthemen und Psychologie zu schreiben. Fast zwanzig Jahre beschäftigte ich mich damit und verschlang alle Bücher zu diesen Themen. Meine Therapie-Ausbildungen waren ein logischer Schritt in diese Richtung, aber ich hatte noch immer einen großen Respekt davor, wirklich den Schritt zu wagen und ein Buch zu schreiben. Zwar hatte ich schon Erfahrung darin, Drehbücher zu entwickeln, und hatte ein Kinderbuch geschrieben, aber trotzdem dachte ich, meine Fähigkeit zu schreiben würde dafür nicht ausreichen.

Die besagte Agentin rief mich eines Tage an und fragte mich, ob ich Lust hätte, ein Musicaltheater, welches kurz vor dem Ruin stand, mit einer Pressegeschichte zu unterstützen. Ich sagte sofort Ja und fuhr eine Woche darauf dorthin. Zu dem Zeitpunkt war meine Wasserglas-Kollektion schon seit einem Jahr auf dem Markt, aber ich erwähnte sie ihr gegenüber nicht, weil ich dachte, sie würde mich damit nicht ernst nehmen.

Am Abend nach dem Fototermin saßen wir beide zusammen und tranken Rotwein und Wasser (klar!).

Sie sprach mich tatsächlich auf die Gläser an, und ich fing an über die ganze Wunderwelt des Wassers zu erzählen. Als ich zu Ende gesprochen hatte, fragte sie mich, ob ich denn ein Buch über Wasser schreiben möchte, wenn ich so viel darüber wüsste. Mir wurde heiß und kalt und ich schluckte und meinte, dass sich sicher kein Mensch dafür interessieren würde, wenn *ich* ein Buch über Wasser schreiben würde. Sie ging glücklicherweise nicht darauf ein, und so saßen wir 14 Tage später bei einem großen Verlag und wurden uns handelseinig.

Aber damit war meine Kernfrage nicht gelöst: Würde ich so ein Thema bewältigen können? Ich durchlief alle Panikzustände: »Was ist, wenn es banal ist? Wenn mir nichts einfällt? Wenn ich total langweilig schreibe?« Selbst auf der Buchmesse sagte ich ihr noch, dass wir jemanden suchen müssten, der mir hilft. Auch da traf ich glücklicherweise auf taube Ohren. Sie behalf sich mit einer List. Ich sollte zwei Probekapitel schreiben und diese nur ihr schicken, und sie würde mir dann sagen, ob ich mit meiner Angst Recht hätte oder nicht. Da packte mich der Ehrgeiz.

Ich tippte wie eine Wilde die beiden Kapitel in den Computer und schickte sie ihr zähneklappernd mit einem kleinen Stoßgebet. Am nächsten Tag bekam ich die Antwort: »Klasse! Weiter so!« Ich war überglücklich. Meine Angst hatte ich überwunden, voller Stolz schrieb ich das Buch und noch weitere Bücher und freue mich sehr über das großartige Feedback, das ich bekomme. Wenn ich auf meinen inneren Perfektionisten gehört hätte, wäre nichts entstanden, und ich hätte meinen Traum nicht gelebt.

7. Keine Sorgen machen, leben!

> Ich habe ein langes Leben gelebt und hatte viele Schwierigkeiten, von denen die meisten nie aufgetreten sind.
> *Mark Twain*

Wie viele Nächte habe ich mich früher schweißgebadet im Bett gewälzt und mich mit sorgenvollen Gedanken fast zu Tode gequält. Jedem Gedanken folgte eine ganze Verkettung möglicher negativer Umstände, die mich sicher an den Rand der Obdachlosigkeit führen würden: »Ich werde keinen Job bekommen, ich kann die Miete nicht bezahlen, meine Freunde werden sich von mir abkehren, und ich stehe plötzlich ganz alleine da.«

Meine Gedanken kreisten in einem fort nur um Sorgen und Ängste. Mich überfiel hinterrücks die pure Existenzangst, ich wusste oft nicht, wie es in ein paar Monaten weitergehen sollte, wenn das Ersparte weggeschmolzen sein würde wie der Schnee in der Sonne.

Nachdem ich mehrere Nächte hintereinander in einem Film voller Dramen mitgespielt hatte, erkannte ich sogar selbst die Absurdität des Ganzen.

Am nächsten Morgen setzte ich mich vor mein berühmtes Blatt Papier und machte eine Bestandsaufnahme. Wie viel Geld habe ich noch? Wie viel Geld brauche ich pro Tag mindestens? Wie lange komme ich damit aus? Was kann ich? Was kann ich noch? Was bin ich bereit zu tun, zum Beispiel: Schuhe verkaufen, in der Bäckerei arbeiten etc. Wen kenne ich, um mich zu bewerben? Wen kann ich anrufen, um nach

Jobs zu fragen – innerhalb meines Berufes und außerhalb meines Berufes.

Innerhalb meines Berufes bedeutet: Synchronarbeit, Werbung sprechen, Sprechunterricht geben, Hörspiele, Hörbücher, Theater, Film, TV.

Außerhalb meines Berufes bedeutet: in der Kneipe, im Handel, Telefondienst etc. Also alles, was ich bereit bin zu tun, ohne dass ich innerlich Schaden erleiden würde oder nicht mehr in meinen Beruf zurückkönnte.

Ich checkte meine Bewerbungsunterlagen durch und prüfte, ob meine Fotos gut genug waren. Interessanterweise scheitern die meisten Bewerbungen schon an der schlechten Qualität der Fotos. Ich fragte mich: Zeigt dieses Foto wirklich mich? Oder erkenne ich mich selbst nicht mal wieder?

Mein Lebenslauf wurde genauso kritisch beäugt: Sind alle Inhalte klar und deutlich aufgelistet? Findet man das Wichtigste auf einen Blick?

Dann machte ich mich ans Telefonieren. Ich stellte mir vorher ein paar Fakten zusammen, die ich auf jeden Fall loswerden wollte, und legte mir diesen Zettel neben das Telefon. Ich rief alle Leute an, die ich damals kannte – und das waren nicht viele –, und fragte sie um Mithilfe. Ich *bat* sie nicht, sondern ich *fragte* ganz locker (soweit ich mich ganz entspannt geben konnte), ob sie vielleicht eine Idee hätten oder jemanden kennen würden, an den ich mich wenden könnte.

In dieser Nacht schlief ich schon viel ruhiger, denn ich wusste, ich hatte Impulse in die Welt geschickt. Sie griffen zwar noch nicht sofort, aber früher oder später würde der eine oder andere Impuls zu einem Ergebnis führen. Am nächsten Tag wiederholte ich diese Aktion, bis meine ganze Liste abgearbeitet war.

In der Wartephase achtete ich darauf, dass ich mich keinen

angstvollen oder destruktiven Gedanken hingab, denn ich wusste intuitiv, dass ich damit alles wieder zunichtemachen würde. Ich dachte: »Irgendjemand da draußen wartet auf meine Arbeit, aber weiß noch nichts davon. Und damit dieser Jemand davon erfährt, dass es mich gibt, hinterlasse ich überall eine Nachricht.«

Diese Gedanken machten mich froh, und ich vertraute darauf, dass früher oder später das Telefon schon klingeln würde. Und so war es dann auch. Ich wurde zu einem Vorsprechen an ein großes Theater eingeladen und wurde danach engagiert. Meine Ersparnisse hätten übrigens nur noch vier Wochen gereicht...

Diese Methode der »Sorgen weg und zurück in die Tat«-Liste habe ich die ganzen Jahre beibehalten und wende sie immer an, wenn es eng zu werden scheint. Durch sie habe ich viele meiner Fähigkeiten entdeckt und auch festgestellt, dass eigentlich nichts passieren kann, wenn man offen genug ist, wieder komplett von vorne anzufangen.

Bevor ich Dale Carnegies Buch *Sorge dich nicht – lebe!* überhaupt las, hatte ich einen Weg für mich gefunden, mich selbst am Schopf zu packen und mich aus dem Sumpf der sorgenvollen Gedanken und des Selbstmitleids herauszuziehen:

1. Fakten sammeln.
2. Fakten analysieren.
3. Entscheidung fällen.
4. Diese Entscheidung in die Tat umsetzen.

Dieses System lässt sich sehr gut für Probleme jeder Art anwenden, denn wir können nur das Lernpotenzial eines Problems erkennen, wenn wir uns damit auseinandersetzen. Wenn wir anfangen, es zu verdrängen, dann kommt es noch viel stärker auf den Plan. Das Leben und das Menschsein bestehen nun mal aus vielen Erlebnissen, mit denen wir umzugehen haben und die dazu da sind, unsere Persönlichkeit weiterzuentwickeln. Wenn wir nur in einer duftenden Wolke voller Rosenblätter sitzen, macht unsere Selbstverwirklichung Urlaub.

Viele Sorgen, die Sie anhand dieses Systems aufbereiten, werden in ihre realistische Form zurückgeschrumpft, und die Panik verschwindet.

8. Zeit

> Es ist nicht wenig Zeit, die wir haben, sondern viel Zeit,
> die wir nicht nutzen.
> *Seneca*

Zeit – was für ein magisches kleines Wort! Um dieses kleine Wort dreht sich für viele Menschen ein ganzes Universum. Wer gibt uns die Zeit? Wer nimmt uns die Zeit? Wie kann man Zeit effektiv mit Substanz füllen? *Haben* wir Zeit oder haben wir *keine* Zeit?

Unser ganzes Leben sind wir damit beschäftigt, unserer Zeit hinterherzurennen: Wir hetzen, stolpern, flüchten, straucheln, taumeln und verheddern uns in den Fängen der vergangenen Zeit und fliehen in die zukünftige Zeit.

Rastlos treiben wir uns ständig an, als ob der Bär der Steinzeit hinter uns her wäre. Tatsächlich verhalten wir uns immer noch so, als ob wir uns unsere Position im Leben erjagen müssten.

Unsere Zeit ist ausgefüllt mit Kampf, Gegenwehr, Streit, Verteidigung und Konkurrenzverhalten. Sie ist ausgefüllt mit Angst, Lähmung, Überforderung und Stress. Unsere Vorfahren würden den Kopf schütteln, wenn sie sehen könnten, in was für einem Tempo wir durch das Leben hetzen – immer in Sorge, jemand könnte uns etwas wegnehmen.

Wir sind so damit beschäftigt, unsere Urängste zu pflegen, dass wir gar nicht merken, dass der Bär schon lange nicht mehr hinter uns her ist. Aber da wir das nicht glauben und fast schon süchtig nach dem körpereigenen Rauschmittel Adrenalin sind, versuchen wir das »Bärenspiel« auf unsere Umgebung zu projizieren. Jetzt ist es der Chef, der hinter einem her ist, oder der Kollege, die Schwiegermutter, der Nachbar.

Unsere kostbare Zeit verbringen wir damit, unser Überleben zu sichern.

Um Zeit zu sparen, machen wir alles parallel: Wir essen vor dem Fernseher, wir telefonieren und verschicken gleichzeitig E-Mails, wir wickeln unser Kind mit dem Handy am Ohr, und in der Küche brennt das Essen an. Wir sitzen mit unserer Freundin im Café und telefonieren nebenbei.

Ich könnte viele Beispiele nennen, in denen wir das Gefühl haben, wir brauchten acht Hände und acht Ohren, um alles gleichzeitig bewältigen zu können.

Am Anfang war ich vom Internet, seinen Möglichkeiten und den E-Mails begeistert! Endlich bekam ich meine geliebte Post *immer* und zu *jeder* Tageszeit. Früher, als nur Briefe zugestellt wurden, da trauerte ich regelrecht, wenn ich keinen Brief bekam. Ich schreibe sehr, sehr gerne und hatte mir viele schöne Füller gekauft und Tonnen von Briefpapier, um einen regen Postverkehr zu unterhalten. Nun kam der Segen in Form von elektronischer Post!

Ich stürzte mich voller Begeisterung in meine neue Kommunikationswelt. Ich saß stundenlang vor dem Computer und schrieb E-Mails. Jeden Abend war ich in meinem Büro verschwunden und kommunizierte mit Gott und der Welt... aber leider nicht mehr mit meiner Familie.

Da begriff ich, dass ich mir meine Zeit falsch eingeteilt hatte, dass diese elektronische Post mir noch mehr Zeit wegfraß als alles andere. Dass ich – wenn ich noch Briefe geschrieben hätte – nie im Leben 128 Stück pro Tag geschrieben und beantwortet hätte.

Und dass das Mailen genauso dazu verleitet, unwichtigen

Kram von sich zu geben, wie das Handy: »Schatz, ich stehe hier vor der Käsetheke, möchtest du Gouda oder Emmentaler?« Zugegeben, es ist oftmals praktisch, schnell nachfragen zu können – aber kennen Sie die Situation, dass das Handy genau zu dem Zeitpunkt läutet, wenn Sie an der Kasse stehen und den Geldbeutel gezückt haben?

Meine lustigste Geschichte mit einem Anruf auf dem Handy habe ich erlebt, als ich auf der Flughafentoilette war: Ich hatte gerade meine Jeans hochgezogen, als das Handy läutete. An der Nummernerkennung sah ich, dass das eine Produzentin war, auf deren Anruf ich schon seit Tagen wartete. Ich ging dran und versuchte mit meiner fröhlichsten Stimme den Hall der Toilette zu überdecken.

Fieberhaft versuchte ich meinen Reißverschluss zuzumachen, meinen Rollkoffer aus der engen Kabine herauszubugsieren, meinen Mantel zu schnappen und die Spülung *nicht* zu betätigen – das wollte ich später nachholen. Leider hatte die Toilette ein Sensorfeld, das bei jeder hektischen Bewegung von mir die Wasserspülung auslöste. Worauf meine Stimme natürlich noch heller und lustiger klang, um die Spülung zu übertönen. Zwischen Lachkrampf und Tränen schwankend, beendete ich nach drei erfolgreichen Spülgängen das Gespräch und platzte aus der Tür der Damentoilette heraus.

Diese kleine Begebenheit zeigte mir ganz deutlich, dass ich nicht mehr ganz die Herrin meiner Zeiteinteilung war.

Doch wie kommt man mit seiner Zeit zurecht – besonders wenn man das Gefühl hat, andere Leute bestimmen über die eigene Zeit? Die Antwort lautet: durch Einteilung. Aber die beste Einteilung nützt Ihnen nichts, wenn Sie innerlich nicht *da* sind, wo Sie sich eingeteilt haben. Damit will ich sagen, dass Sie im Hier und Jetzt *da* sein sollten: keine ablenkenden Gedanken, sondern Konzentration auf das Jetzige.

Richten Sie Ihre gesammelte Aufmerksamkeit auf diese eine Tätigkeit, die Sie gerade verrichten. Beobachten Sie Ihre Gedanken genau, und holen Sie sie wieder her, wenn sie wegzufliegen drohen.
Arbeiten Sie in Blöcken; beispielsweise sollten Sie erst Ihre Telefonate erledigen, dann die E-Mails beantworten, dann die Briefe schreiben. Die Reihenfolge können Sie selbst festlegen. Wenn Sie alles durcheinander verrichten, verlieren Sie leicht den Überblick und werden hektisch.
Bewerten Sie die Art nicht, wie Sie etwas tun. Sagen Sie nicht zu sich selbst: »Du bist zu langsam, mach schneller« oder »Das versteht doch jedes Kind, warum brauchst du so viel Zeit, um es zu begreifen?« Seien Sie liebevoll zu sich und nehmen Sie sich die Zeit, die es braucht, damit Sie in Ruhe und Achtsamkeit die Tätigkeit vollenden können.

Jede Lebensphase hat ihre eigene Zeit. Es ist unwichtig, ob Sie früher schneller arbeiteten oder schneller begriffen haben. *Jetzt* brauchen Sie die Zeit, die Sie brauchen. Nicht mehr und nicht weniger. Respektieren Sie das.

Besonders Übergänge von einer Lebensphase in die nächste brauchen viel Aufmerksamkeit und Achtsamkeit. Nehmen Sie sich in solchen Phasen viel Zeit für sich und begegnen Sie ihnen bewusst. Sie bilden die nächste Stufe auf der Treppe Ihres Lebens. Wenn diese Stufe viel Zuwendung und liebevolle Akzeptanz bekommen hat, dann bildet sie eine gute neue Basis.

Nehmen Sie sich Zeit für sich. Achten Sie darauf, dass Sie sich selbst genug Zeit zugestehen. Wer ist wichtiger als Sie? Ihre gesellschaftlichen Verpflichtungen? Ihre Arbeit? Ihre Familie? Ihr Lebenspartner? Wessen Bedürfnisse stellen Sie über die Ihren?

Nur wenn Sie selbst Ihren inneren Platz eingenommen haben, in sich ruhen und glücklich sind, haben Sie genug Zeit, sich um andere zu kümmern. Sonst sind Sie innerlich zerrissen und unzufrieden.

Zeit ist ein wichtiger Faktor bei der Reise zu sich selbst.

Sagen Sie nie wieder: Ich habe keine Zeit für mich. Diese Aussage ist im Grunde eine Selbstverleugnung. Sie stellen damit innerlich und äußerlich die Bedürfnisse der anderen über die eigenen. Sie verleugnen und verdrängen dabei Ihre eigenen Wünsche und verbleiben in der Opferrolle. Sie können die Märtyrerin spielen, aber raten Sie mal, auf wessen Kosten.

Natürlich braucht es am Anfang etwas Zeit (vier Buchstaben und solche Wirkung!), um diese Art von Selbstflucht in eine andere Grundhaltung zu sich selbst umzuwandeln – besonders, wenn die Erziehung dieses Verhalten als egoistisch und rücksichtslos erachtet.

Ein Leben lang wird uns eingetrichtert, dass wir uns anpassen und unterordnen sollen. Wie sollte man aus diesem Muster aussteigen können, ohne gleich an der neuen Verhaltensweise zu zweifeln?

Ist es egoistisch von Ihnen, wenn Sie sich Zeit für Ihr Glück nehmen? Oder ist es egoistisch von den anderen, Zeit von Ihnen für die Befriedigung ihrer Bedürfnisse zu nehmen? Sie sind doch auch jemand!

Am Anfang habe ich mich dabei als sehr egoistisch empfunden. Ich hatte Schuldgefühle und dachte, ich wäre selbstsüchtig, obwohl ich mir für alle anderen »ein Bein ausriss«. Bis ich endlich bemerkte, dass ich keine Zeit mehr für die Dinge hatte, die ich wirklich liebte. Heute achte ich sehr darauf, genug Zeit für mich und meine Lieben zu haben. Entscheidend ist dabei nicht nur die Menge an Zeit, sondern die Qualität der Zeit.

In der Zeit, in der Sie sich entschieden haben, Ihre Aufmerksamkeit einem Menschen zu schenken, sollten Sie ganz und gar, mit allen Zellen Ihres Bewusstseins anwesend sein. Diese vollkommene Anwesenheit bringt eine große Qualität in diese Zeit hinein.

Genauso sollten Sie mit sich selbst verfahren. Bleiben Sie in Ihrer Eigenzeit ganz bei sich, und achten Sie Ihre körperlichen, seelischen und geistigen Bedürfnisse.

Diese Entscheidung müssen wir täglich aufs Neue fällen:

Wahren Sie das Gleichgewicht zwischen der Zeit, die Sie für andere aufbringen, und der Zeit, die Sie für sich in Anspruch nehmen, dann werden Sie aus eigener Kraft glücklich und unabhängig. Sie sind nicht mehr so leicht einzuschüchtern, zu manipulieren und zu benutzen. Ihr Selbstbewusstsein steigt, und Sie wissen mehr und mehr über sich und Ihre Bedürfnisse Bescheid. Dieses Wissen bringt Sie in Harmonie mit sich selbst.

Die Zeit, die wir uns nehmen, um Eindrücke zu verarbeiten, neue Ideen zu haben und Entwicklungen wahrzunehmen, bringt uns inneren Frieden. Und das ist es doch wert, oder?

9. Allein sein – oder all-eins sein

Alleine zu sein ist keine erstrebenswerte Dauersituation.

Einsam sein und alleine sein, das wird in unserer Gesellschaft auf die gleiche Stufe gestellt. Ein Mensch, der alleine ist – mit dem kann doch was nicht stimmen...

In den Zeiten als ungewollter Single habe ich angefangen, das Alleinsein nicht als verlorene Zeit zwischen den Beziehungen zu betrachten, sondern diese Zeit als konstruktiv zu begreifen, und damit kam ich meinem wahren Selbst ein großes Stück näher.

Bis dahin war allerdings auch für mich das Alleinsein gleichbedeutend mit »einsam sein« oder »nichts wert sein«. Ich fühlte mich dabei wie eine Verliererin und wollte mich nicht auf mich selbst einlassen. Meine Freizeit stopfte ich mit Terminen voll und kam abends so spät nach Hause, dass ich nur noch ins Bett fallen und nicht mehr darüber nachdenken konnte, wie alleine es sich in meiner Wohnung anfühlte.

Jedes schöne Erlebnis schrie danach, mit jemandem geteilt zu werden. Nichts machte mir alleine Freude. Ich sah auch nur noch knutschende Pärchen in der Stadt, wenn ich unterwegs war. Sie schienen mich ganz bedauernd anzusehen, so nach dem Motto: »Na, mit dir stimmt wohl was nicht?«

Mit der Zeit begriff ich, dass das Alleinsein viele Facetten hat, die man ganz unterschiedlich erleben kann. Man hat die Möglichkeit, sich mit sich selbst zu beschäftigen und bewusster zu werden, man kann sich ausprobieren und herausfinden, wie man dem Leben gegenübersteht, und man kann Entspannung und Ruhe empfinden, um neue Kraft zu schöpfen. Man hat die Chance, sich ganz und gar in seiner Tiefe zu erfahren.

Um in seine seelischen Tiefen vorzudringen, kann man viele verschiedene Wege gehen. Dazu kann man meditieren oder sich einer kreativen Möglichkeit bedienen, zum Beispiel malen etc., oder man sucht sich eine kompetente Hilfe in Form einer Therapie. Diese Zeit des Alleinseins ist ein Geschenk und als Potenzial zu nutzen, um die Weichen für den neuen Weg zu stellen, um sich neu zu definieren und sein eigenes Sein zu berühren.

Wenn man es schafft, über die quälenden Selbstvorwürfe hinauszublicken, dann kann man entdecken, wie diese Oase der Ruhe zur Nahrungsquelle der Seele wird.

Da wir in einer Gesellschaft leben, die immer nach dem »Nutzen« einer Sache fragt, stellt man sich auch oft die Frage: Wozu bin ich denn alleine? Was bringt mir das? Was soll ich daraus lernen?

Nun, da ich der Überzeugung bin, dass nichts im Leben, was uns widerfährt, ohne einen tieferen Sinn ist, suche ich selbstverständlich in mir selbst nach Antworten. Ich lasse mir die Zeit, die es braucht, damit ich die Vorgänge analysieren und verstehen kann. Wenn ich mich mitten im Geschehen befinde, kann ich nicht in Ruhe darüber reflektieren, was passiert ist. Erst müssen sich die Gefühle beruhigen, nur dann habe ich die Chance, den übergeordneten Sinn zu entdecken.

Als kreativer Mensch weiß ich, wie wichtig das Alleinsein für den schöpferischen Prozess ist. Nur wenn ich Zeiten des Rückzuges leben kann, bin ich seelisch gesund. Jeder Mensch hat Phasen, in denen er alleine sein will, ob er nun im Familienverband eingebunden ist oder tatsächlich alleine lebt.

In der Ruhe liegt die Kraft – wer hat diesen Spruch nicht gehört! Tatsächlich ist es so, dass nur etwas Neues entstehen kann, wenn es in Ruhe überlegt worden ist. Ohne Ruhe und Reflexion ist es kaum möglich herauszufinden, was der nächste Schritt sein soll. Sich zu hinterfragen, seine Möglichkeiten zu überdenken und die nächsten Entscheidungen zu planen – all dies kann man am besten in der Ruhe. Vielleicht sogar an einem entlegenen Ort, fern vom hektischen Alltag.

Treten Sie Ihrer Angst, einsam zu sein und alleine zu bleiben, ruhig und gefasst entgegen. Diese Gefühle zu haben und ihnen ins Gesicht zu blicken, ist wichtig. Wenn Sie gerade eine Beziehung hinter sich haben, dann stürzen Sie sich nicht gleich in die nächste. Lassen Sie sich Zeit, Ihre Trauer zu spüren, und versuchen Sie, die Antworten in sich selbst zu finden. Seien Sie kritikfähig, und betrachten Sie Ihre Fähigkeit oder Unfähigkeit, zu zweit oder alleine zu sein. Es ist auch nicht sinnvoll, zu zweit alleine zu sein. Gehen Sie liebevoll mit sich um, und verlangen Sie nicht zu viel von sich. Lassen Sie sich auf die Phasen des Alleinseins ein und schöpfen Sie Kraft aus diesen Zeiten, denn sie sind kraftvoll – hinter dem Schleier des Kummers.

In solchen Phasen habe ich immer besonders viel »Gedankenbücher« geschrieben. Tagebuch kann man es nicht nennen, denn ich schrieb an manchen Tagen bis zu dreißig Seiten, an anderen Tagen überhaupt nichts. Ich ließ meine Gedanken einfach fließen und weinte und lachte über meine Erinnerungen. Ich reflektierte darüber, wie ich war und wie ich mir wünschte zu sein. Ich war froh, mich wieder zu spüren und nicht in der Zweisamkeit und den Kompromissen unterzugehen. Durch das Geschriebene kristallisierte sich ziemlich schnell heraus, wie ich mein Leben neu gestalten könnte.

Ich malte auch sehr viel in der Zeit. Ich kann nicht besonders gut malen, aber ich habe Freude daran, den Farben zuzusehen, wie sie sich auf dem Papier vermischen. Diese Bilder zeigte ich niemandem. Ich wollte einfach Zeit mit mir verbringen und herausfinden, wer ich wirklich bin.

Manche Menschen gehen in solchen Phasen ins Kloster oder reisen an einen entlegenen Ort. Wenn Sie das nicht können oder wollen, dann bauen Sie sich Ihre Oase der Ruhe zu Hause. Fangen Sie etwas Schöpferisches an, malen Sie oder schreiben Sie. Am Anfang ist es etwas ungewohnt, aber ich bin mir sicher, Sie werden sehr bald Freude daran finden. Geben Sie Ihrem Alleinsein einen tieferen Sinn. Beobachten Sie, wie Sie sich geben und verhalten. Erforschen Sie Ihre tieferen Wünsche und Sehnsüchte. Bejahen Sie sich, so wie Sie sind. Gehen Sie über Ihre Begrenzungen hinaus, wenn Sie das gerne möchten. Belohnen Sie sich dafür, dass Sie das Leben so gut meistern!

Und wenn Sie das Alleinsein wirklich nicht mehr wollen, dann fangen Sie an, etwas Gemeinnütziges zu tun. Helfen Sie denjenigen, die Hilfe brauchen. So kommen Sie sehr schnell in Kontakt mit sich, und Sie bekommen mehr, als Sie geben. Sie werden von einem Glücksgefühl durchflutet werden, und ein Gefühl des Reichtums wird in Ihrem Inneren entstehen. Denn Sie sind reich. Reich an innerer Tiefe und Empfindsamkeit. Sie sind offen und bereit Dinge zuzulassen und das Leben zu umarmen.

Um Ihre Ängste kennen zu lernen, können Sie auch Dinge tun, die Sie noch nie getan haben: Übernachten Sie zum Beispiel im Wald. Diese Übung wurde und wird bei den Ureinwohnern als Ritual zum Erwachsenwerden benutzt. Den Ängsten, die hochkommen, gilt es zu begegnen und diese als unwichtig zu erkennen. Gereift um die Erfahrung mit ihren Schattenseiten, können die jungen Leute dem Leben auf eine erwachsene Art neu begegnen.

Wir sind nicht erwachsen, wenn wir unsere Schattenseiten nicht kennen und anerkennen.

Durch das Alleinsein werden wir unweigerlich mit uns selbst konfrontiert. Wenn Sie diese Begegnung in all ihrer Tiefe nicht scheuen, dann haben Sie die Chance, ein einzigartiges Gefühl zu entdecken: Das Gefühl des Alleinseins transformiert sich zum Gefühl des »All-eins-Seins«, dem höchsten der Gefühle! Dem Gefühl der Verbindung mit allem, was ist. Dem Gefühl der überfließenden Liebe zu allem, was ist.

Als mich dieses Gefühl zum ersten Mal durchflutete, konnte ich vor lauter Glück nicht aufhören zu weinen. Ich schluchzte, und es schüttelte mich – ich war überwältigt von der Schönheit dieser Erfahrung. Das »All-eins-Sein« spürte ich mit jeder Faser meines Körpers. Jetzt, wo ich es empfunden habe, kann ich mich immer wieder dorthinein versenken. Diese Kraft steht mir zur Verfügung, wenn ich offen dafür bin. Das macht mich unendlich dankbar!

Dieses Geschenk ist für jeden Menschen zur Abholung bereit. Lassen Sie los und lassen Sie dies zu. Schneiden Sie sich nicht ab vom Wunder Ihres Lebens, es steht Ihnen zu!

3. Stufe
Reinigen

1. Weg vom Ex! Lassen Sie los...

Gefühle kann man nicht einfach abstellen – das wissen wir alle. Kaum eine Trennung verläuft in beiderseitigem Einverständnis. Gefühle haben auch kein gleichzeitiges Timing – weder am Anfang, noch am Ende. So haben wir uns schon oft in Gefühlslagen wiedergefunden, die wir nur mit Schmerzen und Verletzungen hinter uns brachten.

Die Bindung, die wir noch an unseren ehemaligen Partner haben, verhindert aber – ob wir es wollen oder nicht – die neue Partnerschaft. Sie hält uns in einer Art Beziehungsunfähigkeit gefangen, denn nicht nur die Verletzungen, die uns der ehemalige Partner zugefügt hat, behindern uns auf dem Weg zu einer neuen Liebesbeziehung, sondern auch der Vergleich des neuen Partners mit dem Expartner. Unbewusst geben wir dem neuen Partner das Gefühl, nicht zu genügen.

Wenn der Platz in unserem Herzen noch belegt ist, dann kann er auch nicht von einem neuen Partner eingenommen werden. Loslassen ist nicht einfach, aber notwendig, um einen neuen Lebensabschnitt zu beginnen. Sie machen es sich umso schwerer, wenn Sie ständig an Ihren Expartner denken, die schönen Zeiten wieder herholen, in Erinnerungen schwelgen und sich vielleicht sogar noch treffen. Ungefähr ein Viertel aller Seitensprünge werden mit dem Expartner begangen!

Loslassen fällt schwer. Aber es ist vorbei – vorbei die Vertrautheit, die Romantik, die Höhenflüge, die schönen Momente. Was bleibt ist Schmerz, Verletzung, Scheitern, Schuldgefühle etc. Um das alles nicht zu spüren, wünscht man sich, dass alles noch so geblieben wäre wie am Anfang. Dass man die Zeit zurückdrehen und die Trennung wieder zurücknehmen könnte.

Was bleibt, ist die Trauerarbeit, dass es nicht so geklappt hat, wie man es sich vorgestellt hat. Das einzig Richtige ist – loslassen. Keine Selbstvorwürfe, kein Selbstmitleid, keine Minderwertigkeitsgefühle. Jetzt ist Selbstbetrachtung angesagt und der Blick nach vorn!

Als sich die Trennung von meinem damaligen Lebensgefährten – vor dem Kennenlernen meines Mannes – vollzog, war ich am Boden zerstört. Ich hatte nicht damit gerechnet, dass die Liebe vergehen würde, und dachte nun, dass ich nicht fähig wäre, zu lieben oder einen Mann zu halten. Ich war völlig verzweifelt und befürchtete, nie wieder einen so tollen Mann zu finden wie meinen Expartner. Ich träumte mich in die schönen Stunden hinein, die wir gemeinsam erlebt hatten, und vermisste ihn körperlich ganz schrecklich. Ich quälte mich ohne Unterlass mit Schuldgefühlen und Vorwürfen.

Auf der anderen Seite rätselte ich, wie es so weit kommen konnte. Ich wachte morgens damit auf und ging abends damit zu Bett, ich konnte nichts essen und machte einfach weiter mit meiner Selbstzerfleischung. In dieser Phase lernte ich Pierre kennen und war eigentlich überhaupt nicht auf eine neue Beziehung eingestellt.

Er war auch gerade in der Trennung befindlich, sodass sich viele Gespräche um dieses Thema drehten. Wir sprachen viel über die Beziehungen mit unseren ehemaligen Partnern. Diese Tatsache hat mir sehr geholfen, Klarheit zu bekommen über die Dinge, die in der Vergangenheit abliefen. Wir haben uns gegenseitig zugehört und waren auch nicht eifersüchtig oder verletzt, wenn der andere über den Expartner sprach.

Wir versuchten zu verstehen, was wir jeweils »falsch« ge-

1. Weg vom Ex! Lassen Sie los... 143

macht und warum wir uns anders entschieden hatten. Als mich Pierre mit dem Umzugswagen abholte, hatte ich meinem damaligen Lebenspartner schon viele gemeinsame Anschaffungen materieller Art überlassen oder sie an andere weggeben. Ich wollte nicht beim Anblick der gemeinsam angeschafften Möbel ständig an ihn denken.

Als ich dann in Pierres Wohnung zog, hielten wir es genauso. Alles was den Expartnern gehörte, gaben wir weg. Alte private Briefe wurden verbrannt und private Fotos weggeschmissen. Mit jedem Stückchen, das wegkam, wurde uns leichter ums Herz.

Es klingt vielleicht sehr radikal, die Briefe und Fotos zu verbrennen, aber genau diese – sehr intimen – Erinnerungen hindern uns daran, wirklich loszulassen und uns frei zu machen für Neues!

Wir haben intuitiv alles richtig gemacht: Wir haben uns mit unserer Vergangenheit auseinandergesetzt, aber diese Bewusstwerdung zum Loslassen derselben genützt. Uns war klar, dass wir nicht wirklich frei füreinander sein können, wenn wir diese Arbeit nicht leisten. Es ist sicher sehr ungewöhnlich, diese Trennungsarbeit mit dem neuen Partner als Erstes zu machen, bevor man sich selbst neu in einer neuen Beziehung entdeckt, aber bei uns war es eben so. Erst im Nachhinein haben wir festgestellt, wie heilsam diese Phase in unserem Leben war.

Jeglicher Ballast, der sich über die vielen Jahre und Partnerschaften angesammelt hatte, sollte komplett in unserem Leben aufgeräumt werden. Diese – gereinigte – Basis dient uns heute als eine starke Bindung, die uns *füreinander* beziehungsfähig gemacht hat.

Aber wie trennt man sich *wirklich?* Halt! Bevor Sie mit den folgenden Punkten anfangen, möchte ich Ihnen noch sagen, dass Sie selbstverständlich eine gute Freundschaft zu Ihrem Expartner aufbauen können – aber erst *danach,* erst wenn Sie sich *wirklich* gelöst haben. Wenn Sie die Vergangenheit ad acta gelegt haben und kein Kitzeln oder Prickeln mehr im Bauch spüren, wenn Sie den Expartner sehen oder an ihn denken.

Alle inneren Widerstände, die jetzt, beim Lesen dieser Zeilen, in Ihnen hochkommen, sind ein Zeichen dafür, dass Sie – noch – nicht losgelassen haben: Haben Sie keinen Kontakt zu Ihrem Expartner! Rufen Sie nicht an, keine SMS, keine E-Mail, keine Postkarte – nichts. Treffen Sie sich nicht und versuchen Sie auch nicht, sich Informationen zu beschaffen, ob er sich neu gebunden hat oder nicht.

Verbrennen Sie alle Briefe und intimen Botschaften. Einfach nur wegschmeißen ist nicht so effektiv wie verbrennen. Das Feuer hat eine starke transformierende Kraft, die man sich zunutze machen kann. Sehen Sie zu, wie alle Ihre Emotionen und Bindungen an diesen Menschen langsam, aber sicher im Feuer vergehen.

Tragen Sie keinen Schmuck vom Expartner mehr. Besonders ein Ring hat eine starke Symbolkraft. Er zeigt nach außen hin die Bindung an einen geliebten Menschen. In diesem Fall besteht keine Bindung mehr und soll auch nicht mehr bestehen. Lassen Sie ihn umarbeiten. Das Umschmelzen des Metalls wird diese Energie umwandeln.

Fahren Sie mit dem neuen Partner nicht in die gleichen Hotels oder Urlaubsorte. Das ist nicht fair Ihrem neuen Partner gegenüber. Er wird diesen Erinnerungen nicht standhalten können.

Kaufen Sie sich gemeinsam neue Möbel. Erneuern Sie Ihr Zuhause, stellen Sie die Möbel um oder tauschen Sie Zimmer aus. Dies hilft beim neuen Start sehr!

Nehmen Sie sich die Zeit, die Trennung zu verarbeiten, und

teilen Sie dies Ihrem neuen Partner offen und ehrlich mit. Verdrängen Sie nicht und verstecken Sie Ihre Gefühle nicht. Bleiben Sie dabei, sich Ihren Gefühlen zu stellen und sie loszulassen.

Schwärmen Sie nicht von Ihrem Expartner im Gespräch. Besonders nicht mit »besten Freundinnen«. Ziehen Sie keine Vergleiche, sondern bleiben Sie Ihrem neuen Partner gegenüber offen.

Vergangenes vergessen und das Vakuum, welches daraus entstanden ist, bewältigen können Sie am besten, wenn Sie es mit neuen Erfahrungen und Erlebnissen füllen. Erschaffen Sie sich eine neue, gemeinsame Welt! Das ist das Spannende daran – nehmen Sie sich viel Zeit füreinander und entdecken Sie die Dinge neu durch die Augen des anderen!

Entdecken Sie Ihr gemeinsames Potenzial und blicken Sie nach vorne. Vergeuden Sie nicht Ihre kostbare Zeit und Energie damit, der Vergangenheit hinterherzutrauern. Der Partner Ihres Lebens steht *jetzt* genau vor Ihnen, Sie müssen ihn nur als solchen erkennen!

2. Manipulation

> Wenn du jemandem nicht helfen kannst,
> so versuche wenigstens, ihm nicht zu schaden.
> *Dalai Lama*

Es gibt unangenehme Wahrheiten, die wir gerne verschleiern. Es gibt auch Wahrheiten, denen wir nicht ins Gesicht blicken möchten, dazu gehört das Thema Manipulation.

Wir lassen uns mehr manipulieren, als wir überhaupt für möglich halten. Manipulation läuft meistens sehr subtil ab. Alle Menschen manipulieren, wir auch. Wir wollen es nur nicht wahrhaben. Unser Umgang mit unseren Freunden, Arbeitskollegen und unserer Familie ist im Grunde von ständiger Manipulation getrieben. Jeder versucht seinen Vorteil herauszuschlagen – emotional oder wirtschaftlich –, auch wenn es gleichzeitig zum Nachteil des anderen wirkt. Eltern manipulieren ihre Kinder, damit sie das tun, was sie möchten. Kinder manipulieren ihre Eltern, damit sie das tun, was sie möchten. Politiker manipulieren das Volk, damit sie das tun, was sie möchten... noch weitere Beispiele?

Aus diesem Kreislauf auszubrechen ist fast unmöglich. Um das Spiel zu verstehen und auszusteigen, muss man erst einmal wissen, dass es so ist. Da gibt es nichts zu beschönigen. Jeder Verkäufer versucht, den besten Preis herauszuholen, und auch die »guten« Menschen, die anderen helfen, gebrauchen ihre Überzeugungskraft, die Mitmenschen dazu zu bringen, für die Welt zu spenden.

Überzeugungskraft ist an sich nichts Schlimmes. Manipulation wird nur dann zum Problem, wenn sie über die Grenzen der freien Entscheidung hinausgeht. Wenn eine ganze Manipulationskette geschmiedet wird, welche allen Beteiligten den Atem zum Leben nimmt. Der Unterschied zwischen Manipulation und freier Entscheidung ist relativ klar:

In dem einen Fall wird die Idee mitten auf den Tisch gelegt und den anderen Beteiligten die freie Wahl gelassen, dem zuzustimmen oder die Sache abzulehnen. Im Fall der Manipulation hat keiner die freie Wahl, es werden alle Hebel gezogen, um die Entscheidung in die eigene Richtung zu »erzwingen«.

Wenn Sie möchten, können Sie Ihr Verhalten im Umgang mit Menschen auf folgende Punkte hin abklopfen:

Wenn Sie ein Ziel verfolgen, dann sollten Sie darauf achten, niemanden von sich abhängig zu machen. Keine emotionale Erpressung, sondern lassen Sie eine freiwillige Entscheidung zu.

Versuchen Sie, niemandem Schuldgefühle einzureden, wenn er Nein zu Ihrem Angebot sagt.

Kommentieren Sie die Entscheidung Ihres Gegenübers nicht mit abwertenden Aussagen.

Am besten erkennen Sie Manipulation daran, dass Sie einen Satz mit »wenn..., dann...« anfangen.

Beschreiben Sie die Vorteile Ihres Angebots so sachlich und wertfrei wie möglich und lassen Sie dem Gegenüber Zeit, sich in seinem eigenen Tempo zu entscheiden.

Das funktioniert auch innerhalb der Familie sehr gut. Innerhalb einer Familie gibt es pro Tag sehr viele Angebote, etwas zu tun oder zu lassen: »Willst du mit mir Fahrrad fahren?« oder: »Hast du Lust mit mir spazieren zu gehen?« Dieses sind Angebote. Anders formuliert würden sie so heißen: »Wenn du nicht mit mir Fahrrad fährst, dann bleibst du so dick und unbeweglich.«

Na? Lust mitzufahren?

»Wenn du nicht dein Zimmer aufräumst, dann darfst du nicht Fernsehen schauen« – könnte heißen: »Räum doch ein bisschen in deinem Zimmer auf, dann können wir gemeinsam Fernsehen schauen.« Das sind kleine Unterschiede in der Sprachauswahl, die eine große Wirkung haben.

Seien Sie klar und ehrlich in Ihren Aussagen. Versuchen Sie nicht Abhängigkeiten zu schaffen. Reden Sie niemandem Schuldgefühle ein und lassen Sie sich keine Schuldgefühle einreden. Dieses Wechselspiel von Schuld und Sühne hat über viele Jahrhunderte gut geklappt und von den Menschen viel Geld erpresst.

Sie müssen sich weder dafür schuldig fühlen, dass Eva den Apfel vom Baum der Erkenntnis gegessen hat, noch dass Blätter von Ihren Bäumen in Nachbars Garten fallen. Wirklich frei zu sein bedeutet, dass Sie nach Ihren eigenen Wünschen und Maßstäben leben.

Stellen Sie fest, wer Sie sind und mit welchen Mitteln Sie Ihr Überleben sichern. Auf allen Ebenen. Betrachten Sie – ganz wertfrei – die Mechanismen, mit denen Sie Ihren Mitmenschen begegnen. Erkennen Sie sich in diesem Spiel, nur dann haben Sie die Wahl auszusteigen. Die zeitweilige Sehnsucht auszusteigen und in einem anderen Land von vorne beginnen zu können, ist ein Trugschluss.

Sie nehmen sich selbst immer mit. Es ist nur eine Frage der Zeit, die Sie brauchen, um so ein identisches Feld wie hier aufzubauen. »Dasselbe in Grün« – sozusagen.

Um eine starke Persönlichkeit zu werden und einen starken und klaren Charakter auszubilden, braucht es Bewusstsein und Erkenntnis. Aus der Erkenntnis unserer eigenen Mechanismen heraus können wir uns aus dieser nebulösen Situation von Manipulieren und Manipuliertwerden befreien.

3. Wie viel Wut steckt noch in Ihnen?

Wut ist ein starkes Gefühl! Wut und Aggression sind ein Zeichen dafür, dass viel Unerledigtes unterdrückt oder verdrängt wird, das sich spontan oder explosionsartig an der Oberfläche entladen möchte. Wut ist ein Signal, dass etwas in unserem Leben nicht stimmt, dass wir uns nicht verstanden fühlen, uns von uns selbst abdrängen lassen oder dass wir uns der momentanen Situation nicht gewachsen fühlen.

Wut kann auch ein Warnsignal sein, dass unsere Beziehung zu anderen Menschen aus dem Gleichgewicht geraten ist. Entweder fühlen wir uns eingeengt und unterdrückt, oder wir geben uns in der Beziehung so auf, dass unsere Entwicklung gebremst wird, oder unser Gegenüber übernimmt so viel für uns, dass es keine Motivation mehr gibt, die eigene Entwicklung voranzutreiben.

Wut macht Angst – einem selbst und anderen. Besonders Frauen wird es in unserer Gesellschaft nicht »gestattet«, wütend zu sein. Eine Frau, die ihre Betroffenheit zeigt und wütend wird, ist gleich eine Zicke oder ein Drachen.

Ein Mädchen hat von Anfang an lieb, süß, gefällig und angepasst zu sein. Die spätere Erwachsene hat sich mit einem Rollenbild auseinanderzusetzen, das Frauen als unangenehm empfindet, die ihre Wut oder Aggression zeigen.

Ein Mann dagegen, der aggressiv auftritt und seine Wut äußert, wird als Anführer oder neuerdings als »Alphamännchen« geachtet und wahrgenommen. Eine Frau, die sich so verhält, wird verachtet, als hysterisch bezeichnet und in eine zickige Schublade gepackt. Kein Wunder, dass wir es verlernt haben, diese wichtigen Gefühle bewusst wahrzunehmen und als Signale der Seele zu betrachten. »Man« muss sich »im Griff« haben.

Ich frage mich, wer hat da wen im Griff? Aus welcher Umklammerung will sich die Seele befreien? Wut und Aggression sind Formen des Widerstandes gegen etwas oder gegen jemanden. Dieses Empfinden ist so kraftvoll, dass man einen wichtigen Unterschied gar nicht mehr wahrnimmt:

Wut zu haben ist das Gefühl, sein Recht zu verteidigen. Aggression ist das Gefühl, gegen ein Unrecht kämpfen zu müssen.

Diese Gefühle können viele Ursachen haben. Es ist wichtig, diese Ursachen in unser Bewusstsein zu holen und sehr genau zu betrachten.

Die Wut auszuagieren mag im ersten Moment befreiend sein und sich wie ein reinigendes Gewitter anfühlen, aber der Lösung ist man damit keinen Schritt näher gekommen.

Im Gegenteil, diese Ausbrüche können ein ganz eigenes Verhaltensmuster manifestieren: »Wenn mir etwas nicht passt, dann lasse ich es einfach heraus, egal wer gerade in der Nähe ist«… eine konstruktive Entsprechung dieses Gefühls sieht anders aus. Weder die angepasste Form noch die wütende Form haben etwas gelöst. Die Wut bleibt. Sie explodiert oder sie implodiert. In beiden Fällen bleibt man in der Sackgasse stecken.

Wutgefühle sind ein Wunsch nach Veränderung.

Veränderung macht Angst. Auf dem Weg zur Selbstbestimmtheit ist es sehr wichtig, den eigenen so genannten »Schattenseiten« ins Auge zu blicken.

Wut, Ärger und Aggressionen zu haben ist in Ordnung. Wir sind deshalb keine schlechten Menschen, wenn wir diese Gefühle haben. Wir sollten nur darauf achten, die geballte Energie der Wut so auszuleben, dass sie uns nützt. Immer nur »in die Luft zu gehen«, ohne Lösungsvorschläge zu haben, verschwendet kostbare Kraft. Diese Kraft kann – in erlöster Form – sehr viel Positives bewirken. Sie steht dann für die Lebenswünsche zur Verfügung, die noch verwirklicht werden wollen.

Latent wütend oder aggressiv zu sein und dieses Gefühl unterdrücken zu müssen, kann sehr erschöpfend sein. Da ist es doch besser, sich wie ein Detektiv auf die Suche nach der Ursache zu machen. Einmal richtig im »seelischen Keller« aufräumen, und die Freiheit ist wieder ein Stückchen näher!

Haben Sie schon festgestellt, dass die Person, die gerade wütend ist, sich verhält wie ein trotziges, kleines Kind? Dieses kleine Kind in Ihnen ist wütend, frustriert, verletzt und kann sich nicht anders mitteilen als mit einer explosionsartigen Entladung der Gefühle. Vielleicht hat es in der Vergangenheit zu wenig Aufmerksamkeit bekommen? Vielleicht fühlte es sich übergangen, ohnmächtig einer Situation ausgesetzt oder abgelehnt? Erstaunlicherweise kann der Verstand in dieser Hinsicht nichts unternehmen, die Wut findet ihren Weg.

In der Eltern-Kind-Beziehung gibt es vieles, was immer wieder hochkommt und verarbeitet werden will, auch wenn die Kindheit »glücklich« war. Es ist unmöglich, in den langen Jahren des gemeinsamen Zusammenlebens keine Missverständnisse zu haben. Wer kennt als Mutter nicht die Phasen, wo das Kind gerade *jetzt* unbedingt etwas haben möchte und man gerade in *diesem* Augenblick nicht bereit ist, es zu geben, oder es einfach nicht geben kann.

Wenn es sich um etwas Materielles handelt, dann lässt es sich verschmerzen, schwieriger wird es mit Gefühlen. Wenn die Gefühle nicht verstanden werden oder auch »nur« wenn man meint, dass sie nicht verstanden werden, kann dies weit reichende Konsequenzen im späteren Erwachsenenleben haben.

Kein Elternteil bekommt eine »Ausbildung in seelischer Kindererziehung«. Man wird mit einer Situation konfrontiert, für die man unter Umständen gar nicht bereit ist. Besonders, wenn man die eigene Kindheit noch nicht verarbeitet hat. Wenn die Eltern also keine anderen Lösungsmöglichkeiten als Wutausbrüche angeboten haben, wird es dem späteren Erwachsenen umso schwerer fallen, etwas anderes anzubieten.

Es liegt ein langer Weg vor uns, dieses Gefühl zu verstehen und konstruktiv auszuleben, denn Familienbeziehungen bringen uns in die Lage, tiefste Liebe zu erleben, aber auch in Kontakt mit unserer Wut und Aggression zu kommen. Konflikte aus unserer Kindheit sind der Sprengstoff für Konflikte mit unseren Arbeitgebern, Kollegen und Lebenspartnern.

Freiraum und Klarheit zu schaffen gehört innerhalb eines Familienverbundes zu den kompliziertesten Dingen überhaupt. Aber wir können lernen, unsere Wutenergie so einzusetzen, dass sie Veränderungen bewirkt, ohne zu zerstören.

1. Um Wut zu verstehen, ist es unerlässlich, sich erst mal der *wahren Ursache* bewusst zu werden: »Worüber bin ich wütend?« »Ist es *wirklich* dieses konkrete Problem, worüber ich wütend bin, oder steckt da etwas ganz anderes dahinter?« »Um wessen Problem handelt es sich?« »Kann es sein, dass ich so reagiere wie mein Vater/meine Mutter?« »Bin ich wütend, weil ich mich schäme, keine andere Lösung anbieten zu können?« »Was will ich verstecken?« »Was hat mich so verletzt, dass ich nur noch schreien möchte?«
2. Lernen Sie, besser zu *kommunizieren* und *zuzuhören*. Rea-

gieren Sie nicht gleich auf alles. Nehmen Sie die Situation gelassener wahr, dies lässt Ihnen genügend Handlungsspielraum, um *angemessen* zu reagieren.
3. Schärfen Sie die *Wahrnehmung* für Ihre Reaktionsmuster. Spüren Sie in sich hinein, wo Sie in eine Wiederholung Ihrer emotionalen Muster geraten (meistens melden die sich am schnellsten). Je gelassener Sie sind, desto besser kann es Ihnen gelingen, eine Alternative zu dem bestehenden Handlungsablauf zu finden.
4. Bleiben Sie klar und wachsam, damit Sie mitbekommen, wo man Sie hinhaben will. Begegnen Sie Abwehrreaktionen auf Ihre Veränderungswünsche in einer ruhigen und bewussten Weise. Nehmen Sie Ihre Angst- und Schuldgefühle wahr, ohne sie so ernst zu nehmen, dass Sie sich von Ihrem Standpunkt entfernen.

Wut und Aggressionen als Potenzial zur seelischen Weiterentwicklung zu verstehen, gehört zu den spannendsten Herausforderungen, die ich kenne. Ihnen und mir ist klar, wie schwierig es ist, festgefahrene Verhaltensmuster zu verändern und durch die Klärung unserer Wünsche und Bedürfnisse zu ersetzen. Die Angst, uns offen und ungeschützt zu zeigen, ist gegenüber unserer Familie am stärksten ausgeprägt, aber gerade da ist es am lohnendsten, die Angst zu überwinden, um die Persönlichkeit zu sein, die man wirklich ist!

4. Verzeihen und Vergeben – der Weg zur Leichtigkeit

Wir schleppen sehr viel seelischen Ballast mit uns herum – belastende Gedanken, Sorgen und viele, viele Erlebnisse aus der Vergangenheit, bei denen uns ein Mensch tief verletzt hat. Körperliche Wunden heilen schneller als seelische Wunden. Seelische Wunden nimmt man unter Umständen sogar mit ins Grab.

Unsere Bereitschaft, an schmerzvollen Erlebnissen festzuhalten, nimmt uns die Chance, das Leben zu genießen. So viel Kraft und Energie werden festgehalten und noch mehr Kraft und Energie werden verwendet, um diese Erlebnisse aus der Vergangenheit wieder hervorzuholen und mit neuem Leben zu füllen. Die Gedanken kreisen um diese Geschichten wie Geier um ihre Beute. Wir erinnern uns in jedem Detail daran, was gesagt wurde, was getan wurde und wie es ausgegangen ist. Dieses Erleben lässt uns noch mal die Verletzung spüren, den Schock, als es geschehen ist, und lässt uns die Enttäuschung körperlich empfinden – weil die Geschichte anders ausgegangen ist, als man es erwartet und gewünscht hat.

Gesammelte leidvolle Erfahrungen sind wie große Steine, die man im seelischen Rucksack mit sich herumschleppt. Diese schwere Last macht uns krank, alt und grau.

Im Grunde genommen wäre es doch ganz einfach und logisch: Diese Geschichte ist vorbei, also könnte man sie auch vergessen. Aber nein, sie rotiert über Jahre hinweg im seelischen System und sucht neue Argumente, um die Verletzung wieder aufzufrischen.

4. Verzeihen und Vergeben – der Weg zur Leichtigkeit 155

Mir ging es jahrelang auch so. Ich schleppte die Erinnerung an leidvolle Erlebnisse, Missverständnisse unter Freunden und Irrtümer mit mir herum – mit dem Ergebnis, dass sie zu den unpassendsten Gelegenheiten hochkamen und mancherlei Gespräche in eine Richtung gedrängt haben, in die sie nicht gehörten.

Irgendwann fing es an, mich zu stören, dass ich so vieles nur durch die Brille meiner vergangenen Erfahrungen sehen konnte. Die inneren Dialoge brachten keine Lösung, sondern beschäftigten meinen Geist ohne Unterlass. Beim bloßen Gedanken an eine bestimmte Situation wurde mir sogar heiß und kalt, ich wurde rot und fand mich schrecklich peinlich. Es ist erstaunlich, wie sehr Erinnerungen mit körperlichen Empfindungen im Hier und Jetzt präsent sein können.

Mittlerweile wusste ich, dass das Grübeln mich keinen Schritt weiterbringen würde. Meine innere Entscheidung war gefällt, ich wollte die unliebsamen und Kräfte raubenden Erinnerungen loslassen und Ballast abwerfen. Aber wie? Mein Gedächtnis ist zu gut, als dass ich einfach den Schleier des Vergessens darüberbreiten könnte. Gerade zu dieser Zeit las ich ein Buch über Rituale. Ich fand darin eine Übung, wie man sich von unliebsamen und überflüssigen Erinnerungen und Gedanken reinigt. Interessanterweise ist es eine Übung, die man im richtigen Leben mit alten Sachen tun sollte, die man nicht mehr will. Ich habe sie ein wenig abgewandelt, sodass sie für mich effektiver ist:

Setzen Sie sich aufrecht hin, und schließen Sie die Augen. Atmen Sie ein paar Mal tief und ruhig ein und aus. Jetzt stellen Sie sich die Person, mit der Sie den Konflikt haben, vor sich stehend vor. In dieser Visualisierungsübung stehen Sie sich beide gegenüber. Zwischen Ihnen ist eine Feuerstelle mit lo-

derndem, violettem Feuer. Stellen Sie sich vor, wie Sie alle Ihre emotionalen Verletzungen, Ihre Vorwürfe, Ihre Wut, Ihre Ohnmacht, all Ihren Ballast in das Feuer werfen. Schmeißen Sie alles hinein und sehen Sie zu, wie es verbrennt. Wenn immer noch was in Ihnen ist, dann wiederholen Sie diesen Vorgang so lange, bis Ihnen nichts mehr einfällt, was Sie hineinwerfen können.

Jetzt ist Ihr Gegenüber an der Reihe. Stellen Sie sich vor, dass Ihr Gegenüber alles, was an Konfliktstoff zwischen Ihnen ist, hineinwirft. Sagen Sie sich innerlich: »Ich verzeihe dir und mir, dass es so weit kommen konnte, und lasse jetzt alles unerwünscht Erschaffene, seine Ursache und Wirkung, los.«

Nun stellen Sie sich vor, wie diese Person sich umdreht und weggeht. Langsam, bis sie ganz am Horizont verschwindet. Dann atmen Sie ein paar Mal ruhig ein und aus und öffnen die Augen.

Manchmal werden Sie feststellen, dass diese Person nicht weggehen kann oder sich nicht umdrehen will oder nicht bis zum Horizont geht. In so einem Fall gibt es noch irgendetwas Unerlöstes zwischen Ihnen. Lassen Sie sich Zeit. Erzwingen Sie nichts. Wiederholen Sie die Übung zu gegebener Zeit noch einmal, aber lassen Sie zwei bis drei Wochen vergehen. Ihre Seele braucht ein wenig Zeit, um diese kraftvolle Entscheidung zu integrieren. Denken Sie auch nicht mehr an diese Übung, sondern lassen Sie sie ihre Wirkung tun. Wenn nach ein paar Wochen wieder etwas hochkommt, dann können Sie sie wiederholen. Wenn in der Zwischenzeit Erinnerungsfetzen in Ihr Bewusstsein kommen, dann vergeben und verzeihen Sie ihnen.

Alles, was über das Rad der Zeit gelaufen ist, soll keinen Zugriff mehr auf Ihr Leben haben. Verzeihen ist der Schlüssel dafür. Die Kraft des Verzeihens beinhaltet Bewusstsein und Verständnis. Damals war es so und nicht anders, es hat stattgefunden, aber es muss nicht wieder und wieder im Geiste stattfinden. Das Verzeihen birgt auch die Akzeptanz in sich, dass das Geschehene passiert ist. Aber jetzt ist es vorbei. Es bekommt keinen Raum mehr in Ihrem Leben. Es bekommt keine Energie mehr und kann sich dadurch nicht mehr wie eine Batterie aufladen.

Diese Erfahrungen sind ein Teil der eigenen Entwicklung und sollten als solche bejaht und angenommen werden. Nachdem wir losgelassen haben, steht uns jetzt diese Kraft wieder zur Verfügung. Wir können uns neu orientieren und spannende Entwicklungen in unserem Leben vorantreiben.

Die Bereitschaft, zu vergeben und zu verzeihen, verändert Ihre bisherige Wahrnehmung und öffnet Sie für tief greifende Veränderungen. Da, wo wir auf der Stelle treten und Angst vor Veränderung haben, hilft uns die Vergebung, aus der Opferrolle auszusteigen. Wir sind nicht länger in einer Geschichte oder einer Verletzung gefangen. Der Mensch, der uns diese Dinge zugefügt hat, hat keine Macht mehr über uns. Durch das Verzeihen und Vergeben passiert ein Durchbruch im Denken, und wir sind fähig loszulassen. Vom Ballast der Vergangenheit befreit, begegnen wir dem Leben mit neuer Energie in seiner ganzen Vielfalt.

5. Gedankenverschmutzung

Den ganzen lieben langen Tag denken wir und denken wir und denken wir ... eine endlose Schleife von Worten und Bildern schießt uns durch den Kopf. Tausende und Abertausende von Gedanken denken wir täglich. Wir grübeln, interpretieren und malen uns Dinge aus, die wahrscheinlich gar nicht so sind – nur wir geben ihnen diesen Stellenwert. Wenn uns etwas geärgert hat, dann schwelt das unter Umständen Stunden, Tage oder sogar Wochen tief im Inneren weiter. Manche Menschen vergraben es sogar für Jahre tief in sich drin.

Eine negative Begebenheit, über die man sich geärgert hat, kann einem den ganzen Tag vermiesen. Ständig wird innerlich mit dieser Person diskutiert und geschimpft, die einen konfrontiert hat. Alle Tätigkeiten leiden unter dieser ärgerlichen Begebenheit, und meistens wird auf Kosten der Beziehung oder der Kinder der Dampf abgelassen. Damit nicht genug! Als ob es nicht reichen würde, im Alltag und Beruf mit Dingen konfrontiert zu werden, die scheinbar wenig erfreulich sind, holen wir uns die negativen Begebenheiten auch noch freiwillig ins Haus! Wie? Durchs Fernsehen!

Ständig sehen wir uns Bilder von Not leidenden Menschen, zerfetzten Körpern, hungernden Regionen, Überschwemmungen und Terroranschlägen an. Alles in Großaufnahme und sehr detailliert beschrieben. Wir setzen uns täglich mit solchen Schreckensmeldungen auseinander und richten sogar den Tagesablauf danach ein, um ja nichts zu verpassen.

Dann kreisen unsere Gedanken wieder um negative Dinge. Man bildet sich eine Meinung, die mehr oder weniger ins bereits vorgefertigte Weltbild passt. Man ärgert sich nun über die Politiker, die Umweltverschmutzer und die Aggressoren, die einem das schöne Leben zur Hölle machen können. Plötzlich denkt man darüber nach, dass ja der eigene Bus gesprengt werden und das Gebäude in die Luft fliegen könnte.

Die Angst kriecht in einem hoch, und man bucht sogar keine Langstreckenflüge mehr, um nicht vom Himmel zu fallen oder gekidnappt zu werden. Langsam, aber sicher bekommen wir den Eindruck, die Welt ist voller Horror, und es kann keinen Spaß mehr machen, auf ihr zu leben. Es sei alles nur eine Frage der Zeit, bis alles in die Luft fliegt. Das Urvertrauen, wenn es denn je da war, ist dahin.

Haben Sie sich jemals bewusst beobachtet, was die Nachrichten mit Ihnen machen? Vielleicht waren Sie sogar gut gelaunt, als Sie sich mit Ihrem Abendessen vor den Fernsehapparat setzten (Achtsamkeit!). Dann kamen diese schrecklichen Bilder, und Sie fühlten sich beim Anblick eines schreienden Waisenkindes nicht fähig in Ihr Brot zu beißen. Der Bissen blieb Ihnen im Halse stecken, oder Sie machten verärgert über die hoffnungslose Lage, an der Sie sowieso nichts ändern können, den Fernseher aus.

Warum tun wir uns das an? Im Medienzeitalter ständig über alles in der Welt informiert zu sein, überfordert uns. Wir können – erst mal – an der Situation in China nichts ändern, warum ist es notwendig, darüber Bescheid zu wissen? Wenn Sie etwas in China verändern wollen, dann tun Sie es! Fliegen Sie hin! Informieren Sie sich über die politische Lage und engagieren Sie sich! Nichts zu tun und trotzdem alles zu wissen, bringt Sie in eine unbewusste Schuld. Diese unterschwelligen Schuldgefühle und die schleichende Angst, dass uns das Gleiche widerfahren könnte, frisst unsere Zeit und Energie und entfernt uns immer mehr von uns selbst.

Es geht nicht darum, die Augen vor diesen Dingen zu verschließen, im Gegenteil, wir sollten Mitgefühl empfinden und auf unsere Art und Weise etwas tun. Es genügt nicht, sich schlecht zu fühlen und innerlich immer mehr Schreckensbilder aufzuhäufen. Einer alleine fühlt sich solch einer Weltlage immer ausgeliefert. Wenn man aber anfängt zu helfen, dann kommt man wieder in seine Kraft und Stärke.

Mein persönliches Anliegen ist zum Beispiel die Wasserversorgung in Eritrea, die von der Wasserstiftung in beispielhafter Weise umgesetzt wird. Diese Stiftung ist eine Privatinitiative von zwei (!) Menschen, die sich die Nachrichten nicht immer nur ansehen wollten, sondern in Aktion getreten sind. Mittlerweile haben sie durch ihr Engagement mehrere hunderttausend Menschen an die Wasserversorgung angeschlossen und viele Leben gerettet. Mein Engagement für Stiftungen und Vereine umfasst auch viele Projekte im eigenen Land, denn die Not ist auch vor unserer Haustür!

Damit will ich mehrere Dinge sagen: Ständig informiert zu sein, bringt sehr viele Negatives in unser Leben. Um diese Bilder zu bewältigen, brauchen wir viel Kraft und Energie. Diese Kraft und Zeit und Energie könnten Sie nutzbringender einsetzen. Indem Sie sich engagieren. Indem Sie handeln. Taten in die Welt zu setzen ist der Beginn von Verantwortung übernehmen. Wenn Sie das nicht wollen, auch gut, aber dann überlegen Sie sich, was Sie anderes, Schönes mit Ihrer gewonnenen Zeit machen möchten. Wenn Sie sich noch nicht bereit fühlen, sich um die Belange Ihrer nächsten Umgebung zu kümmern, dann kümmern Sie sich um sich selbst!

Es reicht, wenn Sie die Nachrichten einmal in der Woche sehen oder wenn Sie sie in der Zeitung lesen. Als Anfang einer Umgewöhnung ist es sogar ganz gut, erst mal auf Zeitunglesen umzusteigen. Gelesene Informationen gehen nicht so tief ins Unterbewusstsein wie Bilder: »Ein Bild sagt mehr als tausend Worte.«

Uns wird sowieso nicht alles erzählt, die Wahrheit bekommen wir nicht vermittelt, warum also Zeit vergeuden? Die Gedanken, die Sie sich über die politische Lage zum Beispiel in Korea machen, sind gar nicht relevant, denn die Informationen sind nicht vollständig. Wie effektiv ist es dann, darüber nachzudenken?

Aber da, wo Sie wirklich den Überblick haben, nämlich in Ihrer nächsten Umgebung, da könnten Sie tatsächlich etwas bewegen! Sie kennen doch sicher diesen Spruch:

Wenn viele kleine Menschen viele kleine Dinge tun, dann kann daraus etwas Großes entstehen.

Wenn man anfängt etwas zu tun, sich aktiv an der Veränderung unserer Gesellschaft und unseres Menschseins zu beteiligen, dann gibt es einem nicht nur ein gutes Gefühl, sondern es macht glücklich. Plötzlich fühlt man sich in einer Gemeinschaft, die das gleiche Ziel hat: der Welt und dem Leben etwas zurückzugeben, was man als Geschenk erhalten hat. Man fängt an, das eigene Leben mehr zu achten, und die ganz natürlichen menschlichen Regungen werden wieder wahrgenommen, wie Mitgefühl, Zusammengehörigkeit und innerer Frieden.

Und dieses Gefühl ist ansteckend!

Sie können mehr für Ihre Welt tun, wenn Sie in Ihrer eigenen Welt etwas tun.

Das positive Gefühl ist genauso ansteckend wie das negative Gefühl. Leider braucht das negative Gefühl sehr wenig Anschubkraft, um sich zu verbreiten, während das positive Gefühl viel Zuwendung braucht, um sich auszudehnen. Das sieht man alleine schon daran, dass die Bereitschaft, etwas Negatives zu erzählen, das einem widerfahren ist, viel größer ist, als eine positive Erfahrung weiterzugeben. Der Kunde eines Geschäftes, der verärgert hinausgeht, erzählt diesen Vorfall immer wieder und wieder. Ein zufriedener Kunde erzählt dies fast keinem, denn er sieht es als selbstverständlich an, das alles reibungslos verläuft.

Eben gerade diese Selbstverständlichkeit wird – wie bei allem – vorausgesetzt. Aber genau das Gegenteil sollte der Fall sein. Wir sollten den positiven Dingen in unserem Leben mit tiefer Dankbarkeit begegnen und den negativen Dingen nur so viel Beachtung schenken, wie sie zur Problemlösung brauchen. Nicht mehr.

Betreiben Sie keine ständige Wiederaufbereitung der negativen Dinge! Dieses Wiederaufbereiten verschwendet unsere kostbare Lebenszeit. Sie entscheiden selbst, wie viel Gedankenverschmutzung Sie in Ihr Leben lassen wollen.

Seelische Weiterentwicklung und die Pflege sozialer Kontakte werden Sie glücklich machen. Lassen Sie es nicht zu, dass ungefilterte Informationen in Ihr Bewusstsein und Unterbewusstsein gelangen, über deren Qualität Sie keine Kontrolle haben. Sie wollen doch auch keinen Müll in Ihrem Vorgarten, warum also Müll im Vorgarten der Seele akzeptieren?

6. Die Macht der Ohnmacht

> So wie wir als Kinder behandelt werden, behandeln wir
> uns während unseres ganzen restlichen Lebens.
> Alice Miller: *Am Anfang war Erziehung*

In vielen Situationen unseres Lebens fühlen wir uns ohnmächtig – hilflos einem Umstand ausgeliefert, den wir nicht wollen und der uns scheinbar mitreißt und überrollt. Wir kommen oft in die Lage, emotional gelähmt zu sein und nicht mehr zu wissen, wie man aus dieser Situation wieder herauskommt, ohne völlig den inneren Halt zu verlieren.

Es gibt vielerlei Spielarten der Ohnmacht: Mal fühlt man sich ohnmächtig seiner Zukunft gegenüber, wenn man zum Beispiel viele Bewerbungen geschrieben und immer noch keine Arbeit gefunden hat. Mal fühlt man sich hilflos gegenüber einem autoritären Vorgesetzten oder der politischen Lage, gegenüber der Umweltverschmutzung, der eigenen Sexualität oder dem Übergewicht seines Körpers, gegenüber der Veränderung im Beruf oder in der Beziehung oder auch den eigenen »Fehlern« gegenüber. Man schämt sich, mit der Situation nicht besser umgehen zu können, und betäubt dieses Gefühl vielleicht sogar mit Alkohol oder Tabletten.

Die Angst, sich zu blamieren oder als inkompetent betrachtet zu werden, treibt viele Menschen immer mehr in die Isolation. Oft fangen wir an, uns etwas vorzumachen, um den Schmerz über die eigene Hilflosigkeit nicht zu spüren.

Viele Gefühle von Ohnmacht und Hilflosigkeit haben ihren Ursprung in der Kindheit. Das Kind fühlt sich hilflos den

Spannungen zwischen den Eltern ausgeliefert. Es fühlt sich ohnmächtig der Aggression eines der Elternteile ausgesetzt. Das eigene Überleben scheint nicht gesichert, wenn das Kind ständig Angst haben muss, die Eltern würden sich vielleicht trennen.

Kinder, die ungerecht bestraft wurden, fühlen oft eine ohnmächtige Wut. Diese Wut kann sich im Erwachsenenleben in Konfliktsituationen gegenüber der Familie oder im Beruf entladen. Diese Ohnmacht zieht sich durch alle Generationen. Ältere Menschen fühlen sich auch oft hilflos und abhängig, wenn der Gesundheitszustand sich verschlechtert oder die finanzielle Lage bedrohlich wird.

Wenn man den Begriff »Ohnmacht« einmal analysiert, dann steckt da sehr viel drin von: ohne Macht, ohne Einfluss, ohne Autorität oder Lösungsmöglichkeiten – keine Wahl zu haben, um die Situation zu verändern oder gar ihr eine positive Wendung zu geben.

Ohnmachtsgefühle gehören zum Menschsein genauso dazu wie die Sehnsucht danach, Macht zu haben.

Wenn Sie sich viele Male den Situationen in Ihrem Leben ohnmächtig gegenüber fühlen und keine Möglichkeiten sehen, diese zu verändern, dann wird es Zeit, ein wenig genauer hinzusehen, wie Sie sich wieder dahin entwickeln können, wo Sie das Gefühl bekommen, eine Entscheidungsfreiheit zu haben, eine Wahl zwischen der hilflosen Opferhaltung und dem selbstbestimmten Leben treffen zu können.

Nach dem Bewusstwerdungsprozess werden Sie sich vielleicht trotzdem in Situationen wiederfinden, die in Ihnen Ohnmachtsgefühle auslösen, aber diese Umstände werden seltener auftreten. Denn oft hängt die Ohnmacht mit einem mangelnden Selbstwertgefühl zusammen. Wir fühlen uns minderwertig und klein. Der eigene Wert wird nicht erkannt oder anerkannt. Tief im Innern steckt der Zweifel, überhaupt die Fähigkeit zu besitzen, die Situation zu meistern. Man hat seinen Wert nicht erkannt und wundert sich trotzdem, warum die anderen ihn nicht erkennen. Aber wie sollen die anderen Ihren Wert erkennen, wenn Sie ihn selbst noch nicht erkannt haben?

Nach dem Resonanzgesetz kann nur etwas in anderen zum Schwingen gebracht werden, was auch in einem selbst vorhanden ist.

Insgeheim hofft man, der »Erlöser« würde kommen und mit einem magischen Zauberspruch den Schleier von einem entfernen, und man wäre stark, voller Kraft, und das »böse« Gegenüber würde im Erdboden versinken. Nun, dieser Erlöser können nur Sie selbst sein. Wenn Sie sich bewusst machen, warum Sie sich minderwertig fühlen, warum Sie alles mit sich machen lassen, dann können Sie sich entscheiden, eine Wahl zu treffen – diesmal in die Richtung, in der es Ihnen gut geht.

Wenn Sie in Ihrer Kindheit immer nur gehört haben: »Das kannst du nicht, dazu bist du noch zu klein, das verstehst du nicht« – oder im schlimmeren Fall: »Dazu bist du zu dumm« –, dann brauchen Sie sich nicht zu wundern, warum Ihr Selbstwertgefühl verschwunden ist. Wenn Ihnen in Ihrer Kindheit das Gefühl vermittelt worden ist: Du bist nichts wert, dann haben Sie – zugegebenermaßen – erst mal ein Stück Arbeit vor sich. Aber es lohnt sich!

Der Machtmissbrauch der Eltern gegenüber ihren Kindern ist so gravierend, dass es manchmal recht mühsam sein kann, diesen inneren Stimmen der Eltern zu widersprechen. Denn teilweise sind diese Stimmen lauter als die eigene innere

Stimme. Ja, manchmal werden sie sogar mit der eigenen inneren Stimme verwechselt.

Wie schnell man sich wieder wie ein kleines, hilfloses Mädchen fühlen kann, durfte ich in folgender Situation erfahren: Kollegen hatten uns zu einem Konzert eingeladen, welches von einem großen Unternehmen in einem exklusiven Rahmen abgehalten wurde. Wir kamen hin und die Plätze in der ersten Reihe waren namenlos reserviert. Da alle Gäste noch mit ihrem Aperitif in der Gegend herumstanden, legte ich – ohne groß darüber nachzudenken – meinen Schal auf ein paar Plätze in der ersten Reihe.

Ich unterhielt mich mit mehreren Gästen und ging dann zu unseren Plätzen, da das Konzert gleich beginnen sollte. Mein Schal war verschwunden. Sogleich stürzte uns ein sehr großer Mann ziemlich unfreundlich entgegen und drängte mich vom Platz weg.

Ich wusste gar nicht, wie mir geschah und was das sollte, und fragte ihn freundlich, ob wir hier nicht sitzen könnten. Er blieb bei seiner rüden Art und ließ mich gar nicht ausreden. Er vermittelte mir, dass ich überaus lästig sei und dass es unter seinem Niveau sei, sich mit mir zu unterhalten. Er trat so autoritär und anmaßend auf, dass ich Mühe hatte, ruhig zu bleiben. Mein Mann trat dazwischen und machte ihm klar, dass man sich einer Frau gegenüber nicht so verhält. Worauf dieser Herr – es war der Vorstand des Unternehmens und der Gastgeber des Abends – sich pro forma entschuldigte.

Mir und meinem Gefühl nützte das gar nichts. Ich fühlte mich gedemütigt und hilflos. Innerlich zitterte ich, und Tränen, die ich vergeblich zu verbergen versuchte, standen mir in den Augen. Das Konzert war für mich gelaufen. In der hintersten Reihe kämpfte ich darum, meine Fassung zu bewahren. Meine Tochter versuchte, mich mit den Worten zu trösten: »Mama, der ist es doch gar nicht wert, dass es dich so trifft.« Aber ich musste innerlich viel arbeiten und meinen Atem kontrollieren, um mich zu beruhigen.

Ich konnte meinen Mustern richtig dabei zusehen, wie sie sich vor meinen Augen abspulten: eine plötzliche, unerwartete Situation; ein großer Mann, vermutlich mächtig; das Gefühl, überrollt zu werden; keine Möglichkeit der Erklärung; alles geht ganz schnell; keiner da, der mich beschützt. Dass Pierre mich beschützt hat, zählte für mich in diesem Moment nicht, weil der Mann von seinem Auftreten her bei seiner rüden Haltung blieb. Am liebsten hätte ich ihn verdroschen...

Für die eine oder andere von Ihnen mag dieses Beispiel banal klingen. Ich kann Ihnen bestätigen, für mich war es das letztlich auch!

Äußerlich gesehen, ging es nur um einen Sitzplatz. Innerlich gesehen, fühlte ich mich wie ein kleines Mädchen, das gerade einen schrecklichen Fehler begangen hat. Vielleicht war ich an diesem Tag besonders dünnhäutig, vielleicht hatte der Mann auch einen schweren Tag hinter sich. Menschen treffen in den unterschiedlichsten Momenten aufeinander, und es passieren Verletzungen und Missverständnisse.

Als wir nach dem Konzert zu Hause waren, ging ich erst mal unter die Dusche, um dieses Erlebnis loszuwerden. Dann setzte ich mich in mein Zimmer und machte die Übung, zu der ich Sie jetzt einlade...

Lassen Sie uns eine kleine Gedankenübung machen: Schließen Sie die Augen, und hören Sie ganz genau in sich hinein. Stellen Sie sich eine Situation vor, in der Sie sich ohnmächtig gefühlt haben. Welche Gedanken und Bilder steigen in Ihnen hoch? Wie alt sind Sie? Was wird gesagt? Fühlen Sie sich wie ein kleiner Junge oder ein kleines Mädchen, das gerade herun-

tergeputzt wird? Wer ist in dieser Situation dabei? Ihr Vater oder Ihre Mutter? Oder Ihr Lehrer? Atmen Sie tief in Ihren Bauch hinein, und lassen Sie sich Zeit, bis Sie etwas sehen oder hören oder fühlen. Bleiben Sie dabei. Vieles ist so weit weg und vergraben, dass es ein wenig Zeit braucht, bis es an die Oberfläche kommt. Seien Sie liebevoll mit sich. Beobachten Sie Ihre Gefühle.
Nur wenn Sie sich dieser Realität wieder aussetzen, haben Sie die Chance, aus diesem Bild auszusteigen. Wenn Sie sich dieses Bild noch einmal hochholen können, dann lassen Sie Ihrer Wut freien Lauf. Öffnen Sie die Augen.
Gehen Sie in den Wald oder an einen Platz, wo Sie ganz für sich sein können, und versetzen Sie sich wieder und wieder in diese Situation, die für Sie prägend war. Sprechen Sie mit den imaginären Beteiligten und sagen Sie ihnen, was Sie fühlen. Boxen Sie in die Luft, agieren Sie es aus. Emotionen bleiben im Körper stecken, wenn sie nicht ausagiert werden können. Wenn Sie nicht der Typ sind, der auf ein Kissen oder eine Trommel eindreschen kann, dann schreiben Sie es ganz detailliert auf. Beschreiben Sie alles ganz haarklein, betrachten Sie die Gefühle, die hochsteigen, und auch die Gefühle danach: die Scham, die Wut, die zusammengebissenen Zähne, die Tränen, die aufgestiegen sind, die Fäuste, die geballt wurden, die zerkauten Fingernägel etc.

Wenn Sie sich dieser Situation ganz bewusst sind, dann können Sie sie loslassen. Sie können mit sich verabreden, diese Art der Kommunikation mit Ihren Mitmenschen nicht mehr zuzulassen. Erst wenn Sie keine Angst mehr davor haben, wieder in so eine Lage zu kommen, sind Sie erlöst. Solange noch ein wenig Angst in Ihnen steckt, diese Situation könnte Ihnen noch einmal widerfahren, stecken Sie wieder mittendrin.

Denn dass man in Umstände und Situationen hineingerät, die in einem Ohnmachtsgefühle auslösen, passiert auch den selbstbewusstesten Menschen. Wichtig ist, dies zu akzeptieren und die Abstände zwischen diesem Erleben zu vergrößern – so weit, bis sie im eigenen Leben fast nicht mehr stattfinden müssen. Wir lernen, mit diesen Gefühlen umzugehen, ohne in eine Art Lähmung zu verfallen oder unser Leben davon bestimmen zu lassen.

Die Ohnmacht hat nur Macht über uns, wenn wir uns minderwertig und klein fühlen.

Lassen Sie sich nicht im Stich! Wählen Sie, sich stark und kraftvoll zu fühlen.

7. Zweifel – Segen oder Fluch?

Gedanken sind die Schöpfer unserer Wirklichkeit.

Wir wissen, dass alles, was wir uns erschaffen, aus einem Gedankenimpuls heraus entsteht. Der Gedanke ist das kleine Samenkorn, welches zu einem kräftigen Baum heranwachsen *kann*. Ich sage absichtlich »*kann*«, denn man kann das Wachstum auch unterbrechen. Das schaffen wir genauso schnell, wie wir den Gedanken denken…

Stellen Sie sich mal vor, es kommt Ihnen ein schöner Gedanke in den Sinn, der Sie mit einem Lächeln erfüllt; Sie denken den Gedanken weiter, bis sich eine Art Möglichkeit herauskristallisiert – dies passiert alles noch im Stillen –, dann führen Sie die Gedankenkette oder Idee weiter, bis alles in Ihnen so weit gereift ist, dass Sie mit jemandem darüber sprechen möchten. Die Tatsache, dass Sie schon so weit sind, dass Sie Ihre Gedanken und Ideen mit einem anderen Menschen teilen möchten, zeigt, dass Sie viel Freude an diesem Gedankenspiel haben – bis zu dem Moment, wo Sie die erste Reaktion Ihres ausgewählten Meinungsbildners erfahren.

Wenn Sie Glück haben, findet diese Person Ihre Idee gut oder sogar sehr gut, und Sie sind ermutigt dieses Gedankengebilde mit noch mehr Energie und Leben zu füllen. Nun sind Sie motiviert und versuchen eine professionelle Präsentation zu erstellen, um diese Idee zielgerichtet den Menschen vorstellen zu können, die dann vielleicht sogar in Ihr Projekt mit einsteigen. Nehmen wir weiter an, Sie haben das Glück, ausnahmslos Menschen zu treffen, die Ihre Idee großartig finden und sogar bereit sind, Arbeitskraft und Geld zu investieren.

Ihre Idee ist bereits so weit ausgereift, dass ein Unternehmen gegründet werden kann, und Sie verdienen so viel Geld, dass Sie dieses Unternehmen nach fünf Jahren für eine Millionensumme verkaufen können, um so zu leben, wie Sie es sich immer gewünscht haben.

Mit dieser kleinen Geschichte, die ich in Kurzform dargestellt habe, möchte ich sagen, dass es viele kleine und große Impulse braucht, um etwas zu erschaffen. Die meisten Menschen glauben, dass sie nicht fähig sind, etwas zu erschaffen. Das ist ein Irrtum! Sie können alles! Wenn Sie aufhören würden zu zweifeln. Und jetzt sind wir an dem wichtigsten Punkt angelangt, der Sie davon abhält, Ihr Ziel zu erreichen: Zweifel. Diese destruktiven Gedanken können jegliches Wachstum stören und sogar zerstören. Sie selbst sind Ihr größter Kritiker. Sie können an sich und Ihre Idee glauben, oder aber Sie können sie mit einem kleinen Zweifel vom Tisch wischen.

Wundern Sie sich darüber, dass andere Menschen scheinbar mit größter Leichtigkeit alles erschaffen und bekommen, was sie wollen? Haben Sie mit diesen Menschen gesprochen? Oder haben Sie nur darüber gelesen? Haben Sie herausgefunden, wie die Geschichte *wirklich* war? Nun, ich habe mit vielen Firmengründern, Erfindern, Forschern, Wissenschaftlern gesprochen. Sie haben alle etwas gemeinsam: Sie lassen sich durch nichts und niemanden entmutigen und ihre Gedankenkette zerstören. Sie sind über jeden Zweifel erhaben, und wenn sie doch in ein tiefes Tal des Zweifels stürzen, dann ziehen sie sich selbst wieder heraus und arbeiten weiter.

Wenn man mich fragt, wie ich es denn schaffe, so viele Dinge gleichzeitig zu bewältigen und so viele verschiedene Produkte in die Welt zu bringen, dann antworte ich mit meinem Motto:

Jeder ist seines Glückes Schmied.

Und noch etwas sehr Wichtiges: Ich höre meinen zweifelnden Gedanken nicht mehr zu. Für mich sind diese Gedanken wie Schwätzer, die man nicht ernst nehmen sollte. Sie unterwandern jeden schönen Impuls, zerpflücken jede aufkeimende Idee und kosten sehr viel Kraft. Tatsächlich verhalten sie sich sogar manchmal wie Blutsauger, die einem alle Energie rauben.

Und noch ein Geheimnis: Ich erzähle erst anderen Personen von meinen Ideen und Projekten, wenn sie bereits ausgereift oder fertig sind. Die Menschen, die mit mir zusammenarbeiten, bitte ich, erst mal über das neue Projekt Stillschweigen zu bewahren, um genau dieser »Gefahr« vorzubeugen, dass, bevor das Projekt das Licht der Welt erblickt hat, eine Störung alles zunichtemachen könnte. Mit dem Begriff »Störung« meine ich, dass Unstimmigkeiten und abfällig gemachte Bemerkungen mich oder meine Partner so irritieren könnten, dass jeglicher Glaube an die Sache verloren geht.

Denn der Glaube an die gemeinsame Sache ist die Kraft, die es braucht, um etwas zum Ziel zu führen. Dazu habe ich noch ein wichtiges Motto:

Akzeptiere kein Nein als Antwort.

Auf Ihrem Weg zum Ziel werden Sie vielen Personen begegnen, die erst einmal Nein zu Ihrer Idee sagen. Wenn Sie das erste Nein bereits akzeptieren, dann brauchen Sie sich gar nicht mehr auf den Weg zu machen. Es werden Ihnen vielleicht noch viele Neins begegnen. Nicht jeder Mensch hat die gleiche Vision wie Sie, kann Ihrer Idee folgen, oder er *will* schlichtweg Ihrer Idee nicht folgen. Machen Sie einfach weiter! Begeben Sie sich auf die Suche nach einem Ja.

Hören Sie mit Ihrer Suche nach einem Ja nicht auf, bis Sie es bekommen haben! Lassen Sie keinen Zweifel an Ihrem

7. Zweifel – Segen oder Fluch? 173

Konzept zu, bleiben Sie kritikfähig, aber analysieren Sie genau, wer diese Kritik äußert und auf welche Weise.

Eine Verneinung sagt erst mal etwas über Ihr Gegenüber aus, aber nichts über Sie oder Ihre Idee. Wenn dieser Mensch, dem Sie Ihre Idee vorstellen, vielleicht selbst so eine Idee verwirklichen wollte und noch keine Zeit dazu gefunden hat, dann ist es klar, dass er nicht gleich »Juhuu« schreit, wenn Sie damit ankommen. Dies würde er natürlich nie zugeben...

Und so hat jeder Mensch eine andere innere Geschichte, die Sie nie erfahren werden. Deswegen sind Nein-Antworten gar keine richtigen Antworten auf Ihre Idee, sondern nur persönliche, willkürliche – durch die Summe der jeweils persönlichen Geschichte begründete – Reaktionen.

Suchen Sie das Ja bei einem Menschen, der Ihre Wellenlänge hat, Ihr Timing und Ihre Euphorie. Dann haben Sie die Chance, bei der Verwirklichung Ihrer Ziele viel Freude zu erfahren.

Es gibt immer Möglichkeiten, sein Ziel zu verfolgen und zu erreichen – man sollte nur offen genug sein, auch andere Lösungsmöglichkeiten zuzulassen als die, die man erwartet. Und Sie dürfen nicht ungeduldig werden! Glauben Sie mir, das sagt Ihnen jemand, dem es nicht schnell genug gehen kann.

Es gibt ein schönes Gleichnis zum Thema »Zweifel«: Eines Tages lud Satan einen Gast in sein Museum mitten in der Hölle ein. Der Gast betrachtete die blitzenden und blinkenden Glanzstücke der Waffenausstellung mit dem Namen: *Die Grundelemente im Kampf gegen das Gute – Geiz, Eifersucht, Gier, Neid* usw. Der Gast sah sich alles an und bemerkte ein kleines Kästchen, indem sich ein abgewetzter Keil befand. Auf die Frage, was das denn sei, lachte Satan und meinte: »Dieser Keil ist die beste Waffe von allen! Wenn alle anderen Waffen versagen, weiß ich, dass ich auf ihn immer zählen kann. Dieser Keil ist der Zweifel.«

Wenn Sie es sich zur Gewohnheit machen, Ihrem Zweifel ständig nachzugeben, dann brauchen Sie sich nicht zu wundern, wenn Ihre Energie gebremst ist und die Möglichkeiten in Ihrem Leben limitiert sind. Wenn Sie anderen Menschen mehr glauben als sich selbst, verlieren Sie irgendwann die Lust daran, Ihr Leben in die Hand zu nehmen und es zum Positiven hin zu entwickeln.

Kritik und Zweifel sind zwei »Geschwister«. Zweifel an einer Person oder einer Sache wird von anderen Menschen oft unter dem Deckmantel »Kritik« verpackt. Wenn man dieser Kritik nicht zuhört oder ihr nachgibt, dann gilt man recht schnell als stur, nicht flexibel genug und unnachgiebig.

Prüfen Sie immer erst für sich, ob das stimmt. Wenn nicht – wenn die anderen Leute nur etwas miesmachen wollen, aus Neid oder Eifersucht heraus –, dann brauchen Sie diese Menschen nicht in Ihrem Umfeld. Da wäre Ihre Idee auch nicht gut aufgehoben.

Lassen Sie keine Zweifel zu! Weder Ihre eigenen noch die der anderen Leute. Kaum ein Gedanke kann innerhalb kürzester Zeit so zerstörerisch sein wie ein zweifelnder. Er tarnt sich gemeinerweise auch noch mit dem Deckmantel der Vorsicht. Vorsicht ist an sich etwas sehr Wichtiges. Kein Mensch sollte unvorsichtig sein im Umgang mit Gefühlen, Beziehungen, Sicherheit und Geld. Aber das Potenzial, das die Vorsicht in sich trägt, hat der Zweifel nicht. Der Zweifel birgt ein negatives Potenzial in sich, welches bremst, lähmt und unglücklich macht.

Versuchen Sie diese kleine Übung: Setzen Sie sich ruhig hin, schließen Sie die Augen und atmen Sie ein paar Mal tief ein und aus. Denken Sie an einen Wunsch, den Sie schon länger in sich hegen. Malen Sie sich aus, wie es wäre, wenn dieser

Wunsch in Erfüllung ginge.
Beobachten Sie Ihre Gedanken und folgen Sie ihnen. Sobald ein Zweifel in Ihnen aufsteigt, schicken Sie ihn einfach weg. Sagen Sie innerlich zu diesem Gedanken: Danke, dass du gekommen bist, aber ich brauche dich nicht.
Am Anfang der Übung werden Sie mit vielen »Zweifel-Männchen« reden müssen, aber da diese ständig weggeschickt werden, tauchen sie immer seltener auf. Widerstehen Sie der Versuchung, noch mal nachzuhören, ob wirklich alle Zweifel weg sind, das holt Sie wieder her... Bleiben Sie bei der Gedankenkette, die Sie in die Richtung Ihres Wunschzieles führt.

Diese Übung hat zum Zweck, Ihnen wirklich ganz bewusst zu machen, wie viele Zweifel Sie so den ganzen lieben langen Tag zulassen. Machen Sie gedanklichen »Hausputz«! Reinigen Sie sich von Zweifeln, und das Grübeln hat ein Ende. Sie können befreit durchatmen und sind motiviert für die spannenden Dinge, die das Leben für Sie bereithält.

8. Unzufriedenheit bringt Unfrieden

> Es ist, wie es ist.
> *Zen-Spruch*

Das Gefühl der Unzufriedenheit ist eine Erscheinung, die sich mehr und mehr in der modernen Welt ausbreitet. Ich wüsste kaum ein Gefühl, das mehr Krankheiten verursachen, Beziehungen zerstören und ganze Gesellschaftsformen sprengen kann.

Ein Mensch, der chronisch unzufrieden ist, kann sich sehr schwer aus der »Meckerfalle« befreien, denn ihm ist nichts gut genug. Alles wird seziert, in seine Einzelteile zerlegt und zusätzlich mit Besserwissertum gekrönt.

Um zu beweisen, dass man alles besser weiß, werden hitzige Diskussionen ausgelöst, oder das ahnungslose Gegenüber wird in einen Meinungskampf verwickelt. Jede Kleinigkeit, mit der man konfrontiert wird, ist eine Beleidigung. Unzufriedene Menschen laufen immer mit einem verbitterten Gesicht umher. Hübscher macht das nicht ...

Unzufriedene Menschen stiften Unfrieden, weil sie Publikum brauchen. Sie wollen, dass die anderen der gleichen Meinung über das Objekt der Unzufriedenheit sind. Freunde finden sie nur unter ihresgleichen und stacheln sich gegenseitig an – im Schimpfen über die Welt, den Staat, das Finanzamt, die Frauen und Männer im Allgemeinen und die Politik. Zu Hause ist das Essen entweder zu kalt oder zu heiß, der Salzstreuer nicht auf dem Tisch oder das Fernsehprogramm zu schlecht. Alles, aber auch alles ist eine Zumutung und natürlich nur dazu da, denjenigen zu beleidigen und zu demütigen.

Das Schwierige an der Sache ist, dass der Grund der Unzufriedenheit so schwer zu packen ist wie ein glitschiger Fisch. Kaum hat man verstanden, wo die Unzufriedenheit herrührt, schon kommt aus der anderen Ecke ein neues Thema daher, denn dieses Gefühl hat die Angewohnheit, sich wie ein Chamäleon der Umgebung anzupassen. Im Büro ist man genauso unzufrieden wie zu Hause oder im lange herbeigesehnten Urlaub. Diese Unzufriedenheit strömt überall hin und wird auch sehr gerne an andere Mitmenschen oder Lebenspartner weitergegeben. Diese »dürfen« sich dann mit einem ständig nörgelnden Menschen umgeben.

Und wenn Ihre Mitmenschen, die sich »alle Beine ausreißen«, um Sie einmal glücklich zu erleben, schließlich ausrufen: »Jetzt sei doch einmal mit irgendetwas zufrieden!«, dann weiß man nicht mehr, wie das gehen soll. Das Nörgeln ist schon so in Fleisch und Blut übergegangen, dass es nicht mehr bemerkt wird. Man hat das Gefühl, man würde ganz normal kommunizieren – wie jeder andere Mensch auch! Man würde einfach nur seine Meinung mitteilen über die Dinge, die einen beschäftigen. Leider ist diese Meinung fast immer negativ.

Unzufriedenheit ist wie ein Schneeballsystem: Sie fängt mit etwas Kleinem an und steigert sich dann bis zur Lawine hoch. Jobs werden gekündigt und Beziehungen aufgegeben, nur weil diese Unzufriedenheit einen umklammert hält wie ein Sumo-Ringer. Der Kreislauf von negativen Gedanken, Gefühlen und Reaktionen ist geschlossen.

Unzufriedenheit, Verdrossenheit, Unbehagen, Frustration und Spannung entstehen durch Verurteilung dessen, was *ist*. Unnötige Kommentare oder eine ablehnende Haltung gegen alles und jeden bringen Sie in eine negative Stimmung.

Alles ist, wie es ist. Es hat sich nicht gegen Sie verschworen. Es ist einfach da – ohne Bewertung. Wir können uns in jedem Augenblick entscheiden, *wie* wir damit umgehen wollen.

Ich habe schon mit vielen Menschen gesprochen, die nicht einmal bemerkt haben, dass das, was sie sagen, etwas Negatives ist. Erst als sie darauf aufmerksam gemacht wurden, ist es ihnen aufgefallen.

Beobachten Sie sich selbst einmal mit dieser kleinen Übung:

Gehen Sie in die Küche und bereiten Sie sich etwas zu essen oder zu trinken vor. Auf dem Weg zur Küche beobachten Sie Ihre Gedanken: Was reden Sie innerlich? Welche Art Selbstgespräche führen Sie?
Ist etwas in der falschen Schublade gelandet? Hat Sie der Gemüsehändler »betrogen«, weil die Tomaten zu weich sind? Hat die Pfanne einen Kratzer? Alle diese Gedanken, die Sie wegführen von Zufriedenheit und Wohlbehagen, sollten Sie sich bewusst machen.

Erst wenn Sie erkennen, dass Sie ständig eine Menge an Unzufriedenheit mit sich herumtragen, können Sie – wenn Sie wirklich wollen – etwas verändern.

Interessanterweise ist das Gegenteil von Unzufriedenheit nicht Zufriedenheit! Zufriedenheit ist nur die Folge einer Vorleistung, die Sie geben können. Diese Vorleistung heißt: Vergeben.

Unzufriedenheit können Sie nur durch Vergebung auflösen.

Vergeben Sie dem Gemüsehändler, er war vielleicht unter Zeitdruck, oder die Mitarbeiterin hat nicht gesehen, dass die

Tomaten schon weich sind (Sie übrigens auch nicht). Natürlich ist es schade, dass die Pfanne einen Kratzer hat, aber Dinge gehen nun mal kaputt oder nutzen sich ab. Das zeigt doch, dass diese Dinge mit Ihnen leben. Seien Sie nicht so streng mit sich und anderen. Vergeben Sie auch sich selbst, dass Sie so sind oder waren. Sie wussten nicht, dass es Ihr Leben bestimmt. Jetzt wissen Sie es und können etwas daran ändern.

Sie können Ihren Alltag zu einem Fest umgestalten, wenn Sie sich nicht an allen Kleinigkeiten stoßen. Sie sparen viel Energie, wenn Sie nicht ständig meckern. Ihr Lebenspartner sieht wieder den gelösten und entspannten Menschen in Ihnen, in den er sich verlieben konnte. Ganz »nebenbei« verbessern Sie so auch die Beziehung zu ihm. Der graue Alltag war nur deswegen so grau, weil Sie ihm diese Farbe gegeben haben!

Ständige Unzufriedenheit hat keinen tieferen Sinn. Sie vergiftet nur Sie selbst und alles um Sie herum. Ihre Lebensqualität leidet darunter; und Lebensqualität hat nichts mit materiellem Reichtum zu tun.

Kurzzeitige Unzufriedenheit, die zu einer Veränderung führt und die Situation zum Besseren hinwendet, ist nützlich, aber die chronische Form davon ist zeitraubend und kostet Sie ein Vielfaches an Lebensenergie.

Wenn Sie das Gefühl der Unzufriedenheit wieder befällt, dann halten Sie kurz inne: Fragen Sie sich, warum Sie unzufrieden sind und wer oder was dieses Gefühl in Ihnen ausgelöst hat. Sobald Sie den Zipfel einer Ahnung erwischt haben, vergeben Sie innerlich dem Grund Ihrer Unzufriedenheit – atmen Sie tief ein und aus, und lassen Sie Ihren Ärger los. Wiederholen Sie diesen Vorgang so lange, bis sich ein zufriedenes Gefühl eingestellt hat.

Denken Sie an etwas Erfreuliches, erinnern Sie sich an ein schönes Erlebnis, und malen Sie es sich vor Ihrem geistigen Auge in allen Farben aus. Sie sollten auf alle Fälle wieder in Harmonie mit sich sein, bevor Sie etwas anderes beginnen, sonst fängt die Umklammerung des Sumo-Ringers mit dem Namen Unzufriedenheit wieder an! Lächeln Sie über sich und Ihren Hang zur Kleinkrämerei. Fangen Sie an, großzügig zu sein – zu sich und zu anderen!

9. Trauerarbeit heilt die Seele

Trauer gehört zu den wesentlichsten Gefühlen, zu denen wir fähig sind. Leider hat Trauer in unserer Gesellschaft keinen Platz. Sie darf stattfinden, aber nur in einem festgelegen Zeitrahmen und auf eine unauffällige Art und Weise. Aber was tun, wenn immer noch – auch nach Jahren – Trauer da ist?

Als mein über alles geliebter Onkel bei einem Autounfall ums Leben kam, war ich 14 Jahre alt. Meine Welt brach zusammen, als das Telefon klingelte und uns die Nachricht überbracht wurde. Bis zu diesem Zeitpunkt war mein Onkel mein Held gewesen, mit ihm konnte ich lachen und Späße machen, denn er war ein Schelm. Aus seiner Fähigkeit, Menschen zum Lachen zu bringen, hatte er seinen Beruf gemacht. Er war ein sehr bekannter Pantomime und hatte ein eigenes Theater.

Ich sah ihn nicht sehr oft, denn er lebte und arbeitete in der Tschechei, und wir lebten in Deutschland. Umso mehr projizierte ich alle meine Sehnsüchte auf ihn. Für mich war er der Inbegriff der Lebenslust und -freude. Als er starb, war für mich das Lachen von mir gegangen. Ich war so im Schock, dass ich nicht einmal weinen konnte. Ich konnte und wollte die Tatsache seines Todes nicht wahrhaben. Um meinen Schmerz nicht zu spüren und um mich abzulenken, ging ich jeden Tag ins Kino.

Die Jahre vergingen, aber für mich war er nicht gestorben. Innerlich weigerte ich mich zu akzeptieren, dass er nicht mehr da war. Da er in der Vergangenheit so selten zu uns kommen konnte, tat ich unbewusst einfach so, als ob er irgendwann wieder zu Besuch kommen würde, aber jetzt eben keine Zeit hätte.

Meine Verzweiflung zeigte ich nicht, denn ich wollte niemandem zur Last fallen. Bevor ich einschlief, spielte und träumte ich mich in Situationen hinein, in denen ich zusammen mit meinem Onkel auf der Bühne stand. Er sprach im Traum mit mir, und ich fühlte mich ihm sehr nah. Für meine Kinderseele war er die große Liebe meines Lebens. Mein Gefühl des Alleinseins verstärkte sich, denn meine große Liebe war gestorben. Wer würde je seinen Platz einnehmen können?

Ich entwickelte mich zu einem ernsthaften Teenager. Meinen Wunsch, Schauspielerin zu werden, verfolgte ich zielgerichtet und ehrgeizig. Heute weiß ich, dass ich meinem Onkel damit auf eine besondere Weise nahe sein wollte. Ich entdeckte meine Naturbegabung für Pantomime – oder war es seine Begabung, die auf mich übergegangen war? Ich erfand eine eigene Clownsfigur »Nanja« und spielte für Kinder. Wenn ich auf der Bühne stand, blühte ich auf.

Als ich erwachsen war und als Schauspielerin Erfolg hatte, »vergaß« ich langsam den Verlust. Zu seinem Begräbnis hatte ich nicht fahren können, weil die politischen Verhältnisse es nicht zuließen. Diesem Umstand Wichtigkeit zu geben, kam mir damals nicht in den Sinn.

Die Konsequenz dessen sollte ich noch viele Jahre später zu spüren bekommen. Dadurch dass ich mich nie »offiziell« von ihm verabschieden konnte, war es mir möglich, all die unbewältigte Trauer zu verdrängen.

Nach über 27 Jahren dachte ich, ich hätte seinen Weggang tapfer verarbeitet. Leider hatte ich mich in diesem Punkt selbst belogen. Ein Verabschiedungsritual in Form eines Begräbnisses gibt den Hinterbliebenen die Chance, sich mit dem Unvermeidlichen auseinanderzusetzen. Die Kraft und Wichtigkeit von Ritualen war mir zwar von den Schamanen und Heilern auf der ganzen Welt her bekannt, aber das *Vakuum*, das ein *nicht* stattgefundenes Ritual hinterlässt, hatte ich unterschätzt.

So traf mich – 27 Jahre nach seinem Tod – die Trauer mit voller Wucht. Ich kann gar nicht mit Bestimmtheit sagen, was der Auslöser war, vielleicht die Benefiz-Veranstaltung für kranke Kinder in der Klinik, bei der ich plante, wieder als Clown aufzutreten. Die Erinnerung an meine Kinder-Clownzeit schwemmte wohl die vergangene Zeit wieder hoch. Wahrscheinlich hatte ich die ganzen Jahre als Kinder-Clown nur für ihn gespielt. Jedenfalls fiel ich in ein tiefes Trauerloch. Ich konnte mir dieses überwältigende Gefühl erst gar nicht erklären. Mein Verstand kämpfte mit mir und wollte alles wieder in geordnete Bahnen lenken.

Aber diesmal waren mein Gefühl und mein Wille, mir das anzusehen, stärker. Ich erinnerte mich wieder an alles, an meine Träume, an das Telefonat, an die Verzweiflung und daran, dass für mich alle Freude weggegangen war. Ich beweinte ihn und mich, weil ich nie die Chance gehabt hatte, genug Zeit mit ihm zu verbringen.

Ich holte mir Zeichenstifte und fing an zu malen. Ich malte ihn, wie er im Sarg lag, wie das Begräbnis ausgesehen haben müsste und die trauernde Familie.

Am Anfang konnte ich das gar nicht, vor lauter Tränen sah ich nicht, was ich malte. Ich malte ihn, wie er auf der Bühne aussah, und ich malte mich, wie ich mich fühlte. Ich malte und malte, und mit jedem Strich holte ich mir meine Trauer wieder, die ich all die Jahre tief in mir verschlossen hatte.

Ich malte mir mein eigenes Abschiedsritual und verstand, dass ich zuerst seinen Tod akzeptieren musste, um mich von ihm lösen zu können. Ich fing an zu verstehen, warum ich in den vergangenen Jahren manchmal von einer unerklärlichen Trauer übermannt wurde. Ich konnte sie nie zuordnen. Sie war nach all den Jahren so stark da, als wäre alles gestern erst passiert. Meine Trauerarbeit hat erst jetzt stattgefunden.

Nachdem ich mein Tal der Tränen durchschritten hatte, schlossen sich innerlich viele Lebenskreise. Plötzlich wusste ich, warum ich in gewissen Situationen so und nicht anders entschieden hatte.

Unterdrückte Gefühle verhalten sich wie kleine Dämonen, sie sammeln sich, um sich dann vor einem aufzubauen und zu sagen: Schau hin! Das Hinschauen erfordert einen geschützten Raum und eine besondere Zeit. Wir können nicht von uns verlangen, dass die Gefühle einfach wie ein Stecker aus der Steckdose zu ziehen sind.

Unbewältigte Gefühle hindern uns daran, das Leben in seiner Ganzheit zu erfahren. Alle Gefühle dürfen stattfinden, das macht unser Menschsein aus. Geben Sie Ihren Gefühlen den Raum, den sie brauchen. Reinigen Sie sich von den unverarbeiteten Dingen, indem Sie sich dieser bewusst werden. Sie werden überrascht sein, wie viel Sie noch mit sich herumschleppen, ohne dass Sie sich dessen bewusst sind.

10. Bin ich schuld?

Kennen Sie auch diese innere Quälerei? Diese Selbstvorwürfe? Diese nagenden Gedankenketten, die einen endlos im Schlaf verfolgen? Es gab und gibt teilweise immer noch das Muster in meinem Leben: Ich bin daran schuld, dass...

Es ist eine sehr starke innere Überzeugung, und deshalb ist es für mich ein schwieriger und langwieriger Prozess, sie loszulassen. Hinter diesem Muster – wie hinter allen Mustern – steht eine Angst: die Angst, nicht zu genügen, nichts richtig gemacht zu haben, und natürlich auch Verlustangst.

Dieses Muster ist im alltäglichen Leben sehr anstrengend. Da ich meine Familie sehr liebe, bin ich natürlich sehr sensibilisiert für deren Bedürfnisse. Sobald meine Tochter einmal niest, fühle ich mich schuldig, dass ich mich mit der dickeren Jacke, die sie hätte anziehen sollen, nicht durchgesetzt habe. Wenn beim Fahrrad meines Mannes der Kilometerzähler nicht richtig funktioniert, dann schießt es mir durch den Kopf: »Du bist schuld, du hättest in der Werkstatt noch mal darauf hinweisen sollen.«

Sich für alles und jedes verantwortlich zu fühlen und sich jeden »Schuh anzuziehen, der in der Gegend herumliegt«, kostet sehr viel Kraft.

Es gab eine Phase in meinem Leben, wo mich dieses Muster halb verrückt gemacht hat. Den ganzen Tag hörte ich nur noch: »Das funktioniert nicht« und »Das ist kaputt« und »Wieso hast du das nicht gemacht?«. Ich rannte wie ein aufgescheuchtes Huhn durch die Gegend und versuchte es allen recht zu machen, damit alle glücklich waren. Mit dem Ergebnis, dass ich am Abend völlig erschöpft ins Bett sank, froh, endlich meine Ruhe zu haben.

Aber am nächsten Tag ging es weiter – der Bedürfniskatalog (so schien es) hatte sich nur erweitert, und zur allgemeinen Unzufriedenheit schaffte ich es nicht schnell genug, alle Wünsche zu erfüllen und alle Katastrophen abzuwenden. Ich wurde immer erschöpfter und unzufriedener. Ich fing an Schuld auszulagern. Innerlich schimpfte ich ständig und fühlte mich ungerecht behandelt, weil ich doch soooo viel zu tun hätte und niemand mir helfen würde, sondern im Gegenteil mir auch noch mehr Aufgaben aufgehalst wurden.

Dass ich mich selbst in diese Falle hineinbegeben hatte, war mir zu dem Zeitpunkt nicht klar. Ich wollte eigentlich innerlich nur noch weg und meine Ruhe haben.

Nun kommunizieren wir zu Hause sehr viel miteinander, und meinem Mann war natürlich nicht verborgen geblieben, wie sehr ich mich in diesem selbst gewählten Kreislauf erschöpfte. Er versuchte, erst einmal in Ruhe mit mir darüber zu reden, ohne Emotion. Wir beleuchteten in gegenseitiger Achtung und mit allem Respekt die Schieflage, in die ich mich gebracht hatte.

Ich scheute mich auch nicht, meine Ängste und Sorgen mitzuteilen und auch meine Ratlosigkeit, denn seltsamerweise war es mir erst einige Monate so ergangen. Plötzlich – so schien es – war ein Verhaltensmuster zutage getreten, von dem ich gedacht hätte, das wäre für mich überhaupt kein Thema. Dieses Thema war aber jetzt sehr stark da!

Also machte ich mich an die Ursachenforschung. Oft liegen solche Verhaltensmuster in der Kindheit begründet. Ein Kind fühlt sich sehr schnell schuldig, wenn mit den Eltern nicht alles so harmonisch verläuft.

Wenn die Eltern sich streiten – und das kommt in jeder

Familie vor –, dann leidet das Kind sehr darunter. Es kommt auf die Seele des Kindes an, wie es diese Eindrücke später verarbeitet, aber meistens fühlt es sich schuldig an dem Streit oder Konflikt. Es versucht alles zu tun, um die Harmonie wiederherzustellen. Wenn die Eltern nicht mit dem Kind über seine Gefühle sprechen und ihm nicht sagen, dass der Streit nichts mit ihm zu tun hat, dann wird sich diese falsche Überzeugung innerlich festsetzen. Aber da es den meisten Eltern nicht bewusst ist, was ihr Kind wirklich fühlt, wird darüber auch nicht kommuniziert.

Trauigerweise haben wir in unserem Umfeld festgestellt, dass über die Gefühle der Kinder überhaupt nicht gesprochen wird und diese auch nicht in dem Maße ernst genommen werden, wie es sich gehören würde.

Die Sprachlosigkeit in der Familie führt zu vielen Missverständnissen.

Wenn aber mit dem Kind nicht über Gefühle gesprochen wird, gibt es keine klare Trennung zwischen dem Schuldempfinden des Kindes und der Verantwortung der Eltern für die häusliche Situation. Was man in der Kindheit nicht gelernt hat – auch emotional –, hat man später nicht zur Verfügung. Es muss erst nachgeholt werden. Und an diesem Punkt war ich »plötzlich«!

Wie wird man dieses Verhaltensmuster also los?

Als Erstes war ich schon mal sehr dankbar, dass es ein Verhaltensmuster war und *nicht* die Realität. Ich war *nicht* an den Dingen um mich herum schuld, sondern ich *fühlte* mich nur schuldig. Das war der erste, wichtige Schritt – die Erkenntnis.

Dieses Gefühl hatte seinen Ursprung in meiner Kindheit. Als ich die Ursache erkannte und genauer betrachtete, konnte ich zwischen dem Gefühl meines »inneren Kindes« und dem der erwachsenen Michaela unterscheiden.

Nun folgte der dritte Schritt, die Umsetzung:

Ich versuchte zuerst meinem Umfeld aufmerksam zuzuhören und verlangsamte ganz bewusst mein Reaktionstempo. Da ich normalerweise sehr schnell bin, fiel mir dieser Punkt etwas schwerer. Sobald jemand eine negative Bemerkung über eine Sache machte, fragte ich mich innerlich, ob *ich* dafür verantwortlich war oder nicht. Wenn die Antwort Nein hieß, dann überließ ich die Lösung des Problems den anderen Beteiligten, die dieses Thema aufgebracht hatten.

Wenn die Antwort Ja hieß, dann übernahm ich die volle Verantwortung und beteiligte mich an der Lösung.

Dieses sehr bewusste Betrachten meines Verhaltens und meine Kritikfähigkeit brachten mich Schritt für Schritt aus meiner »Musterfalle« wieder heraus. Das erleichtert mir meinen Alltag und meine Geschäftsbeziehungen sehr! Wenn jetzt wieder so ein Gefühl in mir hochsteigen will, schicke ich es liebevoll weg, denn ich brauche es nicht mehr. Es hat mir geholfen, wieder ein Stückchen Bewusstsein zu erlangen, aber eine Wiederholung brauche ich nicht mehr.

4. Stufe
Reduzieren

1. Entrümpeln Sie Ihr Zuhause, und Sie entrümpeln Ihre Seele

> Am reichsten sind die Menschen,
> die auf das meiste verzichten können.
> *Tagore*

Entrümpeln und loslassen?

Das ausgerechnet mir! Als passionierter Sammlerin!

Ich *befinde* mich nicht nur in einem Hamsterrad, sondern diese kleinen blonden Tierchen haben es mir auch in puncto »hamstern« sehr angetan...

Ich liebe schöne Dinge und meine Familie auch. Pierre, Julia und ich halten oftmals einen Diskutierwettbewerb im Keller ab, warum wir gerade dieses spezielle »Ding« auf gar keinen Fall weggeben können und warum wir es im Jahre 2188 mit ziemlicher Sicherheit wieder brauchen werden. Die naturgegebene Tendenz der Materie, aus allen Ecken hervorzuquellen, hat uns am Schlafittchen!

Nur unsere gute Erfahrung im Loslassen verhilft uns dazu, die überschüssigen Dinge an Menschen weiterzugeben, die sie dringender brauchen als wir.

Als wir das letzte Mal umgezogen sind, hat ein großer Lastwagen mit Anhänger nicht mehr gereicht – da war es ganz klar: Weg mit dem Zeug, das wir nicht brauchen!

Als Erstes haben wir einen Garagenverkauf gemacht, dann waren wir auf dem Flohmarkt, und den Rest haben wir dem Frauenhaus geschenkt. Die meisten der tausend Stofftiere, die unsere Tochter besitzt, kann ich ihr nur mit dem Argument entreißen, dass es viele arme Kinder gibt, deren Eltern sich keine Spielsachen leisten können und die sich riesig über einen Spielgefährten freuen würden.

Da sie auch sehr sozial eingestellt ist und arme Kinder ihr schrecklich leidtun – sie will später einmal Kinderärztin werden –, sind wir oft mit einem vollbepackten Auto in Richtung Frauenhaus unterwegs. Zusätzlich sammeln wir alle überschüssigen Sachen von Freunden und Verwandten in unserer Garage, um diese dann von einer Privatinitiative nach Rumänien in Waisenhäuser fahren zu lassen.

Lange bevor die Feng-Shui-Lehre bei uns so richtig bekannt wurde, wussten wir schon um das befreiende Gefühl des Entrümpelns. Spätestens bei jedem Umzug – und wir sind oft umgezogen – gab es fast rauschartige »Loslass-Zustände«. Es stellt sich nämlich nach der erfolgreich überwundenen ersten Jammerhürde ein totales Glücksgefühl ein.

Feng Shui ist eine chinesische Harmonielehre, die sich mit unserem Lebensraum beschäftigt. Sie geht davon aus, dass alles Energie ist. Diese Energie – auch hier »Chi« genannt – soll frei fließen können. Über alles, worüber man selbst stolpert, stolpert auch das Chi.

Die Energie kommt über die Eingangstür in die Wohnung, durchströmt alle Räume und fließt durch die Fenster wieder hinaus.

Bei mir hatte das Chi viel Gelegenheit zu stolpern, denn ich verteilte meine Arbeitsunterlagen sehr gerne (aber fein säuberlich in Themen unterteilt!) auf dem Boden. So, meinte ich, hätte ich den besten Überblick.

Aber das entspricht nicht dem Wohlfühl-Prinzip des Feng Shui. Da heißt es: Fühlt sich der Lebensraum beengt an, so fühlt sich auch die Seele in ihrer Ausweitung blockiert und beengt. Der Lebensfluss gerät ins Stocken.

Nun ist das Loslassen an sich eine feine Sache, aber auch mit sehr viel Zeitaufwand verbunden. Jedes Mal, wenn ich daran dachte, ich sollte doch in den Keller gehen, um mein Zeug zu entrümpeln, fielen mir tausend andere Dinge ein, die ich genau zum jetzigen Zeitpunkt noch erledigen *musste*.

Ich hatte unbewusst genau den Gedankenfehler begangen, den viele Menschen machen – ich dachte, ich müsste alles auf einen Schlag erledigen. Dieser Gedanke überforderte mich so, dass ich wie gelähmt war. Anstatt mir erst mal nur einen Karton vorzunehmen, wollte ich gleich – perfektionistisch, wie ich bin – den ganzen Keller innerhalb eines Tages in eine Oase der Klarheit und Ruhe verwandeln.

Diesen Fehler begehe ich nicht mehr. Jetzt setze ich mir kleine Ziele – meistens als Entspannungsprogramm nach einem anstrengenden Bürotag. Ich mache mir eine schöne Tasse Tee, lege schöne Musik auf und entrümple erst mal nur ein Fach im Schrank oder im Regal. Jeden Gegenstand halte ich nur *kurz* in der Hand und frage mich innerlich, ob ich ihn *wirklich* brauche oder ob ich in dem – längst veralteten – Pulli *heute noch* gut aussehen würde. Alte Briefe und Postkarten lese ich gar nicht erst, sondern verbrenne sie gleich, denn das Lesen der alten Zeilen schwemmt so viele Gedanken und Erinnerungen an die Vergangenheit hoch, dass man erneut emotional gefangen wäre.

Unser Leben ist vollgestopft mit materiellem und seelischem Gerümpel.

Das Wegschmeißen von alten Dingen hat eine starke Symbolkraft. Man löst sich von der Vergangenheit und macht Platz für Neues. Alleine an Ihrer Bereitschaft, etwas wegzutun und loszulassen, können Sie ablesen, wie offen und bereit Sie für das Neue in Ihrem Leben sind. Ordnung im Außen zu schaffen, schafft auch Ordnung im Inneren. Ihr Auge kann dann über klare Strukturen schweifen und nicht über Chaos.

Chaotische Lebensräume binden sehr viel Energie und Gedankenkraft. Mich persönlich strengt es sehr an, mich auf etwas zu konzentrieren, wenn um mich herum Chaos herrscht.

Doch auch hier gilt: Seien Sie geduldig mit sich selbst, fangen Sie mit kleinen Dingen an, überfordern Sie sich nicht – aber hören Sie auch nicht gleich auf. Bleiben Sie dran, langsam, aber kontinuierlich. Mit dem Tun werden Sie entdecken, wie heilsam und befreiend es ist.

Ja, es braucht Zeit, aber es hat doch auch Zeit gebraucht, alles anzuhäufen, nicht wahr? Mittlerweile habe ich mich schon so weit diszipliniert, dass ich in der Stadt beim Shoppen nicht gleich bei *allen* schönen Dingen »hierher« schreie und sie kaufe. In Gedanken sehe ich sie eigentlich schon in einem Karton im Keller verstaut. Ich schaue sie mir an, erfreue mich daran und lege sie wieder zurück.

Inzwischen kenne ich meine Begeisterungsfähigkeit sehr genau, denn ich falle immer wieder auf ähnliche Dinge rein, wie zum Beispiel auf schöne Tischkultur und Glasobjekte. Um meine Vitrinen nicht zum Einstürzen zu bringen, kaufe ich erst etwas Neues, wenn ich Platz gemacht habe.

Mein Traum ist es, alles Gerümpel losgelassen zu haben, um die gewonnene Zeit nur noch den Themen zu widmen, die für mich wichtig sind. Materie beschäftigt einen nämlich ganz schön ...

Besitz belastet! Dauernd muss geputzt, erneuert und repariert werden, muss abgestaubt, gewaschen, gebügelt und zusammengelegt werden. Stellen Sie sich vor, Sie würden in dieser Zeit etwas Sinnvolles tun können! Was für ein Luxus ...

1. Entrümpeln Sie Ihr Zuhause, und Sie entrümpeln Ihre Seele 195

Ich persönlich will nicht der Archivar meines eigenen Gerümpels werden. Also, los geht's! Wir sehen uns im Keller wieder ...

2. Machen Sie sich innerlich frei von Stress

> Tue das, was notwendig ist.
> *Zen-Spruch*

Eindrücke, Sinnesreize und Empfindungen überfluten uns den ganzen Tag. Es wird zur Herausforderung, bei den vielen Informationen, die auf einen einströmen, ruhig und gelassen zu bleiben. Oft kann man sich gar nicht rechtzeitig davor schützen, dass unangenehme Informationen einen erreichen. Diese Informationen setzen uns unter Stress. Stress ist mittlerweile die Ursache für die meisten Erkrankungen.

Unser Körper-Seele-Geist-System ist auf so viele Sinnesreize nicht eingestellt. Es hat große Koordinationsprobleme. Die Sinnesreize versetzen uns in unterschiedliche Stimmungen. Wir merken nicht mehr, wie viel wir eigentlich »schlucken« müssen. Ohne es zu merken, fallen wir aus unserer Mitte heraus und strampeln – nur noch nach Luft japsend – wie ein Käfer im Honig…

Auch ich muss mich immer wieder zur Ruhe bringen, um in meine Balance zu kommen. Manchmal kam ich mir regelrecht wie ein »Hampelmännchen« vor:

In dem einen Moment, in dem ich etwas Erfreuliches hörte, sprang ich in die Luft vor Freude, und im nächsten Moment, wenn ich etwas Unerfreuliches hörte, »hing« ich innerlich schlapp herab und war gefrustet. Um diesen – doch etwas stressigen – Stimmungsschwankungen zu entgehen, wende ich meine berühmte »Halte inne und konzentriere dich auf deinen Atem«-Übung an (siehe unten). Erst wenn ich innehalte, habe ich überhaupt die Möglichkeit, zu bemerken, was mit mir geschieht.

Oft genug, wenn ich in Ruhe den Zusammenhang von Ereignis und Reaktion betrachtete, merkte ich, dass ich mich wieder einmal komplett in der Hand der äußeren Umstände befand. Jeder konnte praktisch »daherkommen« und mich in eine andere Stimmungslage versetzen, ohne dass ich wirklich Herrin meiner Sinne war.

Da es mittlerweile so viele Kommunikationswege gibt, mit denen sich die Menschen erreichen können, haben diese vielen Informationen auch ununterbrochen Zutritt zu uns. Es hat eine Weile gedauert, bis ich für mich herausgefunden habe, wie ich mit der Informationsflut gut umgehen kann, ohne mich völlig zu verausgaben oder gar krank zu werden.

Die Zeiten, wo ich wie ein aufgescheuchtes Huhn herumlief, um allem und jedem gerecht zu werden, sind vorbei. Jetzt habe ich mir meine Zeit eingeteilt und habe nun – überraschenderweise – mehr Zeit zur Verfügung.

Es ist durchaus vertretbar, seine E-Mails eine Stunde am Vormittag und eine Stunde am Nachmittag zu beantworten. Meine Antworten sind kurz, versehen mit der nötigen Info, aber sehr freundlich gehalten.

Überweisungen und Rechnungen sammle ich erst mal auf meinem Schreibtisch in einer besonderen Ablage, um sie dann zweimal in der Woche gezielt zu bearbeiten. So können keine Versäumnisse passieren.

Meine »Zettelwirtschaft« habe ich abgeschafft, nachdem mein Schreibtisch, meine Pinnwand und mein Telefon aussahen wie eine Wiese voller Butterblumen. Stattdessen habe ich mir ein Ringheft meiner Tochter ausgeliehen und alle Punkte untereinander geschrieben, die zu erledigen sind. Links an den Anfang der Zeile male ich einen Kreis und rechts neben den zu erledigenden Punkt schreibe ich das Datum, wann ich es tatsächlich erledigt habe. Den Kreis kreuze ich durch, wenn es erledigt ist. So habe ich durch die Betrachtung der leeren Kreise und der durchgekreuzten Kreise einen schnellen Überblick, was erledigt ist und was nicht.

In meiner Zeiteinteilung lasse ich auch genügend »Luftlöcher«. Durch Erfahrung weiß ich, dass *immer* etwas Unvorhergesehenes dazwischenkommt, deshalb baue ich genug Reserven ein, um mich dann tatsächlich darum kümmern zu können, ohne in totale Hektik zu verfallen.

Sobald ich merke, dass mir etwas zu viel wird und ich keinen klaren Überblick mehr habe, halte ich inne, setze mich ruhig hin, schließe die Augen, lege eine Hand auf meinen Unterbauch, atme ein paar Mal tief ein und aus und sortiere mich erst mal. Ich halte so lange inne, bis die gewünschte Lösung »wie von selbst« aus meinem Inneren in mein Bewusstsein tritt. Damit verhindere ich Fehleinschätzungen.

Jede Situation hat eine ihr innewohnende Lösung, man muss nur darauf kommen! Und das braucht seine Zeit. Es ist effektiver, sich die paar Minuten Zeit zu nehmen, um in Ruhe auf die Lösung zu kommen, als weiterhin Zeit zu vergeuden mit hektischem Suchen, bis man ganz verzweifelt ist.

Wenn du es eilig hast, mache einen Umweg.

(Zen-Spruch)

Es ist nur scheinbar ein Umweg – dieser Spruch will uns sagen, dass die Lösung woanders liegt als in der gewohnten Richtung.

Wenn ich scheinbar gar nicht mehr weiterkomme, lege ich mich am Abend in die Badewanne. Ich gebe ein paar Tropfen Aromaöl hinein und entspanne mich.

In der Entspannung hat das Unterbewusstsein eine Chance, gehört zu werden. Die Hektik des Alltags und der Gedankenlärm verhindern oft die Weisheit und intuitive Wahrheit, die aus dem Innersten kommen. Im liebevollen inneren Dialog mit mir selbst erfahre ich viel. Neue Ideen nehmen ihre Form an und Bilder zeigen sich vor meinem inneren Auge.

Wenn mich ein Problem länger als gewohnt beschäftigt, weil die Lösung verzwickter ist, als ich erwartet habe, dann trete ich innerlich zurück und bitte darum, dass dieses Problem sich zum Wohle aller Beteiligten auflösen möge. Ich vertraue darauf, dass es eine höhere Intelligenz gibt, die die richtige Lösung parat hat.

Denn wenn man sich mitten im Wirbelsturm befindet und mit ihm mitgewirbelt wird, dann wird man nur ständig durch die Luft geschleudert – die nötige Ruhe ist da nicht zu finden. So geht es mir auch beim Schreiben: Wenn ich nicht weiter weiß, halte ich inne, schließe die Augen, warte ein paar ruhige Atemzüge ab, bis der Satz sich »wie von selbst« in den Computer tippt.

Dies klingt alles zu einfach, meinen Sie? Sie haben Recht! Es ist einfach. Es fängt in dem Moment an einfach zu werden, in dem Sie Ihren lärmenden Verstand ausschalten und ihm einfach kein Gehör mehr schenken.

Es stresst unser System auch, wenn dauernd ein »Aber« vor jedem Satz steht. »*Aber* das kann doch nicht funktionieren.« Uns stressen innerlich auch die vielen Bewertungen wie: »Das ist ja furchtbar, wie das aussieht«; uns stressen Verurteilungen wie: »Wie konnte das passieren!«; uns stresst: »Das gibt's doch gar nicht, wie dumm muss man denn sein« und vielerlei Kommentare mehr. Wenn Sie diese Dinge aus Ihrem Alltag streichen, dann machen Sie Platz für eine Lösung jenseits der gewohnten Pfade.

Versuchen Sie auch, nicht ständig Recht haben zu wollen.

Recht haben wollen kann sehr stressig sein! Ein Mensch, der Recht haben will, ist ständig in einen Machtkampf verwickelt. Sich über alle anderen Meinungen zu erheben und stur bei seiner eigenen zu bleiben, zeugt von Minderwertigkeitsgefühlen. Man will auftrumpfen, den anderen klein sehen, um sich besser zu fühlen. Dieses Verhalten stammt ursprünglich noch aus der Steinzeit, wo es ums Überleben ging. In uns sind so viele *instinktive* Reaktionsmuster versenkt, die in Sekundenschnelle vorpreschen, dass wir kaum glauben wollen, dass die *intuitive* Möglichkeit, einem Problem zu begegnen, auch noch vorhanden sein könnte.

Lassen Sie öfter mal »Herrn/Frau Intuitiv« zu Wort kommen statt »Herrn/Frau Instinktiv«. Um Ihre Intuition zu Wort kommen zu lassen, braucht es ein wenig mehr Zeit und Ruhe, sonst preschen die Instinkte wieder vor, als wäre der Bär hinter Ihnen her...

Stress als Stress zu empfinden ist eine sehr individuelle Sache. Manche Menschen stresst es schon, einen Überweisungsträger auszufüllen, während andere Menschen mehrere Berufe gleichzeitig ausüben können

Es ist nicht wichtig, was für ein Stresstyp Sie sind, es ist nur wichtig, wie Sie damit umgehen. Aufmerksames Betrachten der Situation, die Emotionen erst mal zur Ruhe kommen zu lassen, das ist der bessere Weg. Wundern Sie sich nicht, wenn Sie innerlich in einen kleinen Machtkampf verwickelt werden, sobald Sie sich entscheiden, Ihr Verhalten zu ändern.

Der Verstand möchte uns gerne beschäftigen, deshalb schickt er uns ständig von einer Stimmung in die nächste. In diesem Stimmungsschwankungsspiel zu bleiben hat für den Verstand viele Vorteile: Das Ego wird nicht infrage gestellt. Das Ego fühlt sich gestresst, wenn die gewohnten Bahnen verlassen werden. Da hat es so viele Jahre darauf verwendet, diese Begrenzungen und Sicherheitswälle aufzubauen, und jetzt sollen sie über Bord geworfen werden? Auf gar keinen Fall!

Das Ego ist ein guter Selbstverhinderungs-Architekt. Es bläst sich auf, krallt sich an äußeren Dingen fest und benimmt sich wie ein trotziges Kind an der Süßigkeitentheke des Supermarktes.

Man kann sich auch dem Alltag mit all seinem »Stress« hingeben. Sie können sich Ihren Tätigkeiten widmen, zu denen Sie sich freiwillig verpflichtet haben.

Sie können die Verantwortung dafür übernehmen, dass Sie sich freiwillig verpflichtet haben, die Situation, in der Sie sich befinden, auf diese Art und Weise zu bewältigen. Wenn Sie diese Situation bejahen, anstatt gegen sie anzukämpfen, lassen Sie mindestens fünfzig Prozent Ihres Stressfaktors los.

Den ständigen Widerstand aufrechtzuerhalten und sich innerlich auf Abwehr zu stellen, macht Sie früher oder später krank. Sobald Sie diesen kleinen inneren Schalter Ihrer Abwehr von Nein zu Ja umschalten, können Sie die Situation besser überblicken und durch ruhige Beobachtung der Lage überlegen, was Sie gerne ändern möchten. Im Nein-Rausch machen Sie nur die Augen zu und sehnen sich das Ende dieser Situation herbei.

Bevor Sie auf eine einsame Insel auswandern wollen, betreten Sie lieber Ihre eigene einsame Insel und machen Sie diese für sich gemütlich und bewohnbar!

3. Was ist wirklich wichtig im Leben?

So vieles haben wir in der Schule gelernt: Wie lang der Rhein ist, wo Erdöl vorkommt und dass die Schnecken Zwitter sind.

Aber was man uns in der Schule nicht beigebracht hat, ist: Wie halte ich meinen Körper bis ins hohe Alter gesund; wie werde ich zu einem liebevollen Menschen; wie schaffe ich es, Krisen zu bewältigen; wie finde ich den richtigen Partner – und kann ihn auch halten; wie erziehe ich meine Kinder zu verantwortungsvollen Menschen; wie finde ich meine Berufung und kann auch davon leben; und wie werde ich glücklich?

Das sind die *wirklich* wichtigen Fragen, die uns tagtäglich bewegen. Wir fangen an zu suchen. Wir wollen aus dem inneren und äußeren Chaos heraustreten und dem Leben eine Struktur geben.

Bevor wir so weit sind, können auf unserem Weg eine Vielzahl von Problemen liegen, die sich in zwei große Themenkomplexe einteilen lassen:

Psychische Probleme wie: Depression, Verzweiflung, Hoffnungslosigkeit, Mutlosigkeit, Freudlosigkeit, Einsamkeit, Lebensangst.

Existierende Probleme wie: Geldprobleme, Arbeitslosigkeit, chronische Krankheiten, Beziehungsprobleme.

Wenn wir die psychische Problematik in den Griff bekommen würden, wären wir den tagtäglichen Herausforderungen durchaus gewachsen, denn die meisten Probleme haben ihren Ursprung in der Psyche. Bevor wir da nicht aufgeräumt haben, sind wir nicht richtig in der Lage, den realen Problemen zu begegnen. Psychosomatische Störungen können körperliche Entgleisungen hervorrufen.

Um überhaupt einen Überblick zu bekommen, was mit uns geschieht, ist es dringend notwendig, unsere bewusste Wahrnehmung zu schärfen. Kein Wunder, dass die sehr praxisorientierte Schulung der östlichen Religionen mit gelebter Achtsamkeit beginnt. Der Buddhismus ist übrigens keine Religion, sondern ein Weg zur Bewusstwerdung.

Die bewusste Wahrnehmung unseres Seins, die absolute Aufmerksamkeit im Hier und Jetzt, gibt uns die Möglichkeit, allen aufkommenden Problemen zu begegnen.

Hören Sie auf, im Dunkeln zu tappen! Sie können Ihr inneres Licht jeden Moment einschalten und aufwachen! Lernen Sie sich richtig kennen, damit Sie verstehen, was *Ihnen* wirklich wichtig ist im Leben. Alles angelernte Wissen unserer Erziehung wird unter diesem Aspekt hinfällig.

Bildung ist wichtig, aber Herzensbildung ist wichtiger. Herzensbildung befähigt Sie, glücklich zu sein.

Echte Sicherheit und Zuversicht beginnen mit der Erkenntnis darüber, wer Sie *wirklich* sind. Und – das wird Sie am meisten überraschen – die Erkenntnis darüber ist ein *Gefühl*. Keine Worte der Welt können beschreiben, wie kraftvoll es sich anfühlt, wenn man den psychischen Müll hinter sich gelassen hat – wenn weder die Erziehung noch die eigenen Selbstverhinderungsprogramme einen daran hindern können, die Freiheit zu *spüren*.

Verlassen Sie die Ebene des Kritisierens, Ängstigens und Nörgelns. Hören Sie auf mit dem Beziehungshickhack. Ihre Zeit ist begrenzt. Ihr Körper hat ein Verfallsdatum. Früher oder später werden Sie sich mit den wirklich wichtigen Dingen im Leben auseinandersetzen müssen. Warum nicht lieber gleich? Warum Berge von unerledigten Dingen vor sich herschieben, bis sie einen erdrücken?

Ihr Körper ist das Instrument, durch das Ihre Seele mit Ihnen spricht. Sie besitzen nichts weiter als Ihren Organismus. Er geht mit Ihnen durch dick und dünn. Versäumen Sie nicht, Ihrem Körper den Platz in Ihrem Leben einzuräumen, den er verdient. Sonst schickt er Ihnen irgendwann eine saftige Rechnung.

Je weiter Sie auf Ihrem Weg der Erkenntnis und Bewusstwerdung voranschreiten, desto stärker werden Sie in sich selbst das Gefühl der Freiheit spüren. Sie werden in Ihrem Körper angekommen sein und durch ihn hindurch die Tiefe der allem innewohnenden Wahrheiten *fühlen*.

Sie werden keine Worte mehr brauchen, weil Sie tief in Ihrem Inneren bereits *wissen*. Sie werden den Unterschied spüren zwischen *Sein* oder *Nichtsein*. Das ist dann keine Frage mehr, sondern eine Erkenntnis, ein Seinszustand.

Manchmal bin ich in der glücklichen Lage diesen Seinszustand zu spüren – dann ist alles um mich herum Ausdruck dieses Seins und ich bin mittendrin.

Oft genug befinde ich mich nicht in diesem Zustand, aber dann *weiß* ich es wenigstens. Dann höre ich mir beim Streiten zu oder bei anderen sinnlosen Dingen und *spüre*, dass ich aus meiner Einheit herausgefallen bin.

Dadurch, dass ich mich selbst lieben gelernt und mich angenommen habe, mit all meinen Schatten- und Sonnenseiten, ist mir mehr denn je bewusst, wie kostbar ein Menschenleben ist. Wie kostbar die Zeit ist, die wir in Gesundheit verbringen können. Wie schwierig es ist, in Harmonie und Ausgeglichenheit zu leben, und wie wichtig es im Gegenzug dazu ist.

Erst die Beschäftigung mit meinen Gefühlen hat mich dahin gebracht, wo ich jetzt stehe. Kein angelerntes und angelesenes Wissen kann uns beibringen, mit uns selbst und mit unseren Mitmenschen in liebevollem Miteinander zu leben. Kein Professorentitel, kein Doktortitel ist eine Garantie für ein erfülltes und selbstverwirklichtes Leben. Kein Psychotherapeut wird in jahrelanger Therapie Heilung bringen – Sie werden zwar über Ihre »Probleme« bestens Bescheid wissen, aber wenn Ihre Gefühle keine Heilung erfahren, dann werden Sie auf der Stelle treten.

Die Traumata, welche wir erfahren haben, haben ausschließlich mit der Verletzung unserer *Gefühle* zu tun. Schwere körperliche Übergriffe bleiben seelisch haften. Der Körper erholt sich schneller als die Seele. Traumatisierte Menschen werden kaum mehr ein sicheres Gefühl in ihrem Leben haben. Erst wenn das Trauma *gefühlsmäßig* aufgearbeitet wird, kann es erlöst werden.

Ein Beispiel: Ein Kind wird von seinem Vater oft geschlagen, willkürlich, ohne ersichtlichen Grund. Das Kind fühlt sich gedemütigt, hilflos, ohnmächtig, wütend, schwach und ausgeliefert. Nehmen wir an, das Kind ist erwachsen und befindet sich in einem Arbeitsverhältnis. Der Chef dieses Erwachsenen hat »zufälligerweise« ähnliche Charakterzüge wie der Vater. Vielleicht ist er ganz nett, aber manchmal muss er auch hart durchgreifen, um die Mitarbeiter auf die richtige Spur zu bringen. Unser Erwachsener versteht dieses harte Durchgreifen – durch seine Erfahrungen in der Kindheit – als Angriff auf sich selbst.

Die Gefühle zu seinem Chef als Autoritätsperson sind genau die gleichen wie zu seinem Vater. Der Chef ist gar nicht so, wie ihn unser Erwachsener sieht, aber dieser projiziert alle seine vergangenen Erfahrungen auf ihn. Der Chef spiegelt dem Erwachsenen tagtäglich ein Szenario der Demütigung und Ohnmacht vor. Unser Erwachsener merkt nicht, dass er selbst es ist, der diesen Chef dazu macht, was er sieht, sondern er *fühlt* sich nicht wohl, er *fühlt* sich schwach und wird früher oder später kündigen – um bei der nächsten Arbeitsstelle eine ähnliche Situation vorzufinden, denn wir nehmen uns überall hin mit.

Wie kommen wir nun heraus aus diesem Dilemma? Hier mein Vorschlag, ein Weg in zehn Schritten:

1. Erkennen Sie, dass es so ist.
2. Akzeptieren Sie, dass das Dilemma in einem selbst hervorgerufen wird und nicht von außen kommt.
3. Übernehmen Sie Verantwortung – kein Opferspiel mehr.
4. Lassen Sie sich Zeit in der Betrachtung der Ursache. Wenn Sie möchten, sollten Sie professionelle Hilfe in Anspruch nehmen. Achten Sie darauf, dass diese Hilfe mit Emotionen arbeitet und nicht ausschließlich über die Sprache funktioniert.
5. Wenn es zu heftige Ursachen sind, an die Sie allein nicht herankommen, ist es auf jeden Fall ratsam, Hilfe zu suchen und Erfahrungen mit Gleichgesinnten auszutauschen.
6. Sprechen Sie viel darüber, schreiben Sie Ihre Gedanken dazu auf. Gehen Sie in die Natur oder finden Sie einen Platz für sich, wo Sie geschützt und sicher sind.
7. Finden Sie etwas, das Ihnen Freude macht. Singen, tanzen, malen – etwas Schönes und Angenehmes.
8. Gehen Sie liebevoll mit sich um, und haben Sie Geduld. Die Heilung der Gefühle dauert seine Zeit. Nehmen Sie sich den inneren und äußeren Raum, den Sie dafür brauchen, um wieder in Ihre Mitte zu kommen.
9. Versöhnen Sie sich mit Ihrer Vergangenheit, sie ist – ob Sie es glauben wollen oder nicht – Ihr größtes Potenzial. Nur

durch Ihre Vergangenheit lernen Sie, sich selbst zu erkennen.
10. Verzeihen Sie den »Mitspielern« in Ihrem »Drama«, sie haben den besten Job gemacht, der ihnen möglich war. Sie haben Sie dorthin gebracht, wo Sie jetzt sind.

4. Entspannen Sie sich und lassen Sie los

Unser Dasein pendelt ständig zwischen Spannung und Entspannung hin und her. Meistens sind wir so in der Spannung gefangen, dass wir nicht einmal merken, wie verkrampft wir sind. Dieses Verkrampfen kann sich natürlich noch viel weiter steigern.

Wir verkrampfen uns körperlich so stark, dass die Muskeln sich zusammenziehen, bis sie festgebacken sind und sich von selbst nicht mehr lösen können.

Wir verkrampfen uns geistig, indem wir unsere alten Überzeugungen ständig vor uns »hinbeten«, bis sie uns in die Sackgasse führen. Die Konsequenz daraus ist, dass unsere Körperhaltung ebenso wie unsere Lebenseinstellung unflexibel werden.

Wenn Körper und Geist unbeweglich sind, richtet sich danach auch das Erleben unserer Umwelt und Umstände. Wir bestimmen eigenhändig und selbstverantwortlich mit unseren festgefahrenen Überzeugungen das Erleben unseres Umfeldes. Das, was wir erleben können, wird durch unsere subjektive Sichtweise vorgefiltert und lässt nichts anderes mehr zu.

Leben war nie als Kampf gedacht, mehr als ein Wandern durch ein sonniges Tal von einem Punkt zum nächsten.

(Stuart Wilde)

Dieser Satz löst in mir sofortige Entspannung aus.

Ich erinnere mich sogleich daran, dass ich nicht so viel

kämpfen muss, um mein Leben nach meinen Wünschen zu gestalten. Meine Schultern senken sich gleich um mehrere Zentimeter nach unten, und mein Atem geht wieder ruhiger und tiefer. Sogleich sehe ich vor meinem inneren Auge ein sonniges Tal, inmitten von grüner, saftiger Landschaft, und ich muss lächeln.

Dann schmunzle ich über meine Bereitschaft, mich wieder einmal vom Stress auffressen zu lassen, und bin dankbar für den Augenblick, der mir dies vor Augen geführt hat. Ich erinnere mich an meine Kraftquellen, die mir die Freude wiederbringen, und ich nehme vieles wieder leichter.

Wie viel Spannung wir für eine Tätigkeit aufwenden, bestimmen wir selbst ganz allein. Für den einen Menschen ist eine Tätigkeit mit viel Anspannung verbunden, für den anderen Menschen klappt sie ganz von alleine. Wir brauchen nicht zu kämpfen, um etwas durchzusetzen.

Wie oft habe ich in der Vergangenheit versucht meinen Willen durchzusetzen, um dann erschöpft an der Mauer des Widerstandes zusammenzubrechen. Als ich schließlich erschöpft aufgegeben hatte, löste sich diese Mauer des Widerstandes wie durch ein Wunder auf, und ich bekam, was ich brauchte. Ohne Kraftanstrengung.

Wie oft habe ich schon mit denen »da oben« geschimpft! Die Fähigkeit, ein Ziel zu verfolgen, bis es sich in der Welt verwirklicht, ist an sich eine feine Sache. Aber warum ist sie dann nicht immer gleich von Erfolg gekrönt?

Das Geheimnis liegt in der Entspannung und im richtigen Zeitpunkt. Es ist ein physikalisches Gesetz: Wenn der richtige Zeitpunkt nicht gekommen ist, dann sind alle Mühe und Anstrengung umsonst. Wie merken Sie, dass der richtige Zeitpunkt gekommen ist? Nun, indem Sie sich für die Lösungsfindung entspannen. Indem Sie Ihre Idee konsequent weiterverfolgen und sich innerlich fragen: Bin ich zu fordernd? Bin ich zu schnell oder zu langsam? Was hat der andere für eine Befindlichkeit? Ist diese Person, mit der ich gerade ein Geschäft abschließen will, durch emotionale Belastungen so weit beeinträchtigt, dass keine Konzentration oder Aufmerksamkeit für mich übrig bleibt? Vielleicht kann sie oder er gerade nicht zuhören, oder diese Fähigkeit fehlt komplett?

Wenn ich so etwas bemerke, dann habe ich ein sehr gutes Mittel parat:

Ein gute Möglichkeit, um mit der Gegenseite in Gleichklang zu kommen, ist, auf den Atem des Gegenübers zu achten. Lassen Sie sich auf den Atemrhythmus und Sprechrhythmus Ihres Gegenübers ein. Wenn Sie selbst schneller sind in Wort, Gedanken und Atem, werden Sie Schwierigkeiten haben, etwas zu Ihrer Zufriedenheit durchzusetzen. Achten Sie darauf, wie schnell oder langsam er/sie antwortet. Wie viel Zeit zwischen den Antworten bleibt. Entspannen Sie sich. Durch Ihre bewusste Entspannung bringen Sie den anderen auch in eine Entspannung, und die Kommunikation kann besser fließen.

Nur wenn die Energie frei fließen kann, sind alle Faktoren, die es zur Verwirklichung braucht, miteinander verbunden. Durch Ungeduld kann man oft mehr kaputtmachen als aufbauen. Wie oft habe ich durch meine Ungeduld schon Gespräche vorzeitig beendet! Meinem Gegenüber blieb nur noch die Möglichkeit, mir mit offenem Mund hinterherzublicken… Der Nachteil war natürlich, dass ich weiter von meinem Ziel entfernt war als zuvor.

Gedanken sind schneller als deren Umsetzung.

4. Entspannen Sie sich und lassen Sie los

Entspannen Sie sich! Die Umsetzung braucht immer länger, als man erwartet. Da Sie nicht der alleinige Entscheidungsträger und Umsetzer Ihrer Ideen sind, sondern viele Menschen auf dem Weg dorthin brauchen, sollten Sie sich in Geduld üben. Diesen Ratschlag gebe ich auch mir selbst.

Eine Idee braucht ja schon aus sich selbst heraus eine gewisse Zeit der Reifung. Genauso geht es den Menschen, die Ihnen bei der Verwirklichung helfen sollen. Jeder hat ein anderes Timing. Ihre Meinung und Ihre Überlegungen müssen nicht unbedingt geteilt werden. Bleiben Sie entspannt und geduldig, ohne Bewertung, und kommunizieren Sie klar und deutlich Ihre Absicht, ohne Druck. Das physikalische Gesetz »Druck erzeugt Gegendruck« lässt sich sehr gut auf zwischenmenschliche Beziehungen übertragen.

Entspannen Sie sich und lassen Sie los! Wenn Sie merken, dass etwas ins Stocken gerät, dann lassen Sie los. Lehnen Sie sich zurück – im Gespräch selbst oder innerlich – und atmen Sie ruhig und tief ein und aus. Lassen Sie die Bindung an das Erwünschte los. Ich meine die *Bindung* daran, nicht das Erwünschte! Die Absicht und den Wunsch sollen Sie behalten, nur die Bindung daran aufgeben.

Das Loslassen signalisiert, dass Sie frei und unabhängig sind. Es ist ein sehr starkes Signal. Sie sind souverän und stark genug, sich mit dem Ergebnis zufriedenzugeben, egal in welche Richtung die Entscheidung fällt. Diese Souveränität lädt das Gegenüber ein, sich in Ihre gewünschte Richtung zu bewegen.

Wie immer ist es ganz einfach: Abhängigkeit macht klein und beruht auf Unsicherheit. Unabhängigkeit macht groß und beruht auf Sicherheit. Wenn man innerlich die Bindung loslässt, passiert etwas ganz Erstaunliches: Die Energie fließt frei und ungehindert und kann sich dorthin orientieren, wo die Absicht klar und deutlich definiert ist.

Die Reduktion von Anstrengung im richtigen Moment öffnet das Feld und macht Räume frei für das Erwünschte.

Das Loslassen lässt Erschaffen zu.

Durch das Aufgeben von Bindung, Abhängigkeit und Druck entspannen wir uns und lassen vertrauensvoll zu, dass etwas geschieht. Wir strahlen Stärke, Kraft und Entschlossenheit aus, aber nicht um jeden Preis. Wir sind innerlich gefestigt, aber flexibel genug, um auf die Situation eingehen zu können.

5. Positive Gedanken – positives Erleben

Die glücklichen Fügungen des Lebens sind auch für Sie bestimmt! Sie haben sie nur bis jetzt nicht als solche erkannt. Oder nicht daran geglaubt, dass sie auch Ihnen »zufallen« könnten ...

Eine bejahende und positive Lebenseinstellung fördert glückliche Fügungen in Ihrem Leben.

Um solche Fügungen, die uns im Grunde ständig über den Weg laufen, besser erkennen zu können, ist es wichtig, die eigene Wahrnehmung zu erhöhen. Achtsamkeit ist der Schlüssel zu Ihrem Glück. Mit dieser kleinen Wahrnehmungsübung können Sie sich bewusst machen, was den ganzen Tag über alles so passiert ist, um die Geschicke das nächste Mal in Ihre Richtung zu lenken:

Setzen Sie sich – kurz bevor Sie schlafen wollen – am Abend auf Ihr Bett, schließen Sie die Augen und lassen Sie den heutigen Tag wie einen Film vor Ihren Augen ablaufen. Fangen Sie innerlich mit dem Aufstehen an, und erinnern Sie sich Schritt für Schritt an das, was Sie getan und empfunden haben. Bewerten Sie nichts, beobachten Sie nur. Versuchen Sie sich an jedes Detail zu erinnern, jedes Wort, jede Begegnung. Atmen Sie tief und ruhig ein und aus, und betrachten Sie Ihren Tagesfilm. Je öfter Sie diese Übung machen, desto mehr wird Ihnen wieder einfallen. Schön wäre es, wenn Sie

> *fast lückenlos bewusst betrachten können, wie Ihr Tag ablief. Vielleicht gibt es Situationen, die nicht so optimal liefen, dann können Sie mit sich verabreden, es das nächste Mal anders zu machen. Hören Sie auch in sich hinein, wer zu Ihnen was gesagt hat. Vielleicht sind da Informationen für Sie versteckt, die Sie überhört haben, weil Sie zu gestresst waren.*

Diese Übung ist leicht und angenehm und sie sorgt nicht nur dafür, dass Sie bewusster werden, sondern auch dafür, dass Sie die Erlebnisse des Tages nicht in Ihren Schlaf mitnehmen. Wir sollten, bevor wir schlafen gehen, alles abstreifen und uns dem Träumen widmen. Es kann sein, dass Sie sich durch diese Übung auch wieder öfter an Ihre Träume erinnern können. Im Traum verarbeitet unser Unterbewusstsein sehr viel. Ich bin schon oft mit einer Lösung zu einer bestimmten Situation aufgewacht, die mir am Tag zuvor nicht eingefallen war.

Seien Sie überzeugt davon, dass Sie die glückliche Fügung erkennen – manchmal kommt sie nämlich etwas anders daher, als man sie sich vorgestellt hat...

Ich persönlich liebe es, den Tag auf diese Art und Weise ausklingen zu lassen. Mir fallen in dieser Entspannungsphase so viele wunderbare Ideen ein, mit denen ich dann am nächsten Morgen aufwache. Vieles habe ich mir in dieser Einschlafphase schon erträumt! Meine Wünsche und Ziele schreibe ich auf Zettel und lege sie unters Bett. Oft habe ich diese Zettel beim Umzug wiedergefunden und mich gewundert, wie viele dieser Wünsche in Erfüllung gegangen sind.

Früher habe ich mir so meine Schauspielrollen herbeigewünscht. Heute ist es mir wichtiger, mich weiterzubilden und meine seelische Entwicklung voranzutreiben. Dazu gehört auch, Reisen zu unternehmen, verschiedene Ausbildungen zu machen oder interessante Persönlichkeiten zu treffen.

5. Positive Gedanken – positives Erleben

Ich stelle mir alles vor meinem inneren Auge vor, und jedes Mal, wenn ich mich da wieder hineinträume, stelle ich es mir ein wenig konkreter vor, noch präziser, noch bunter. Diese Übung nennt sich »kreative Visualisation« – je klarer das gewünschte Bild, desto größer die Chance auf Verwirklichung.

Ich belasse es natürlich nicht dabei, mir nur einen Parkplatz in der gefragten Straße zu wünschen, nein, ich gehe da noch viel weiter: Ich wünsche mir den Parkplatz vor der Hausnummer, wo ich hinmuss. In 95 Prozent aller Fälle klappt es! Natürlich klappt es auch mit allen anderen Dingen. Je genauer, desto besser.

Durch meine positive Lebenseinstellung habe ich viel mehr Vertrauen in die Kraft, die in uns allen wohnt, bekommen. Mein Erleben ist fast durchweg von positiven Dingen bestimmt. Es ist alles in Hülle und Fülle vorhanden! Sie können jeden Impuls bekommen, den Sie sich wünschen – Sie müssen »nur« Ihre Antennen auf Empfang schalten. Oft sollte man auch an der Einstellung etwas ändern, aber manchmal braucht man gar nicht viel zu tun...

Sie werden überrascht sein, wie schnell sich Ihre Welt ändert, wenn Sie sich ändern! Eine positive Lebenseinstellung bringt Ihre Gefühle in Harmonie und Einklang mit Ihnen selbst. Diese positiven Gefühle sind die Wellen, die Sie als »Radiostation« in Ihr Umfeld aussenden. Sie können jede Sekunde Ihre Frequenz ändern...

6. Verwirrung und die Jagd nach Statussymbolen

> Sammle ich auch noch so viel,
> alles werd ich nie bekommen.
> In dem die Wahrheit lebt,
> der hat alles gewonnen.
> *Tagore*

Die meisten Menschen befinden sich im inneren und äußeren Chaos. Sie haben weder ihre Gesundheit noch ihre Beziehung, noch ihre Finanzen noch ihre beruflichen Angelegenheiten im Griff. Sie rasen Statussymbolen hinterher, die ihnen eine ausgeklügelte Werbekampagne als »Das musst du unbedingt zum Leben haben, sonst bist du nichts wert« verkauft. Jedes Jahr traben wir wie eine wohl trainierte Herde braver Schafe dem nächsten Trend hinterher.

Natürlich ist Materie schön und macht viel Spaß!

Mir haben leider schon immer die teureren Sachen besser gefallen als die billigen. Aber gekauft habe ich sie mir erst, als ich sie mir leisten konnte, und wenn ich eines Tages kein Geld mehr habe, dann verkaufe ich sie eben wieder. Das, was unser Leiden verursacht, ist nicht die Sehnsucht nach Materie, sondern das Anhaften daran. Wir meinen, Materie zu *brauchen* – dass unser Leben davon abhängt, etwas zu *besitzen*. Das Einzige, was wir wirklich brauchen, ist innerer Frieden.

Die existenzielle Leere, die Sie in Ihrem Inneren spüren, werden Sie mit Materie nicht auffüllen können. Die Anhaftung an Materie sollte nicht so weit gehen, dass man den

Überblick über seine Finanzen verliert und sich in der Schuldenfalle wiederfindet.

Auch ich kenne die Frustkäufe und die anschließenden Schuldgefühle, weil es sinnlos war, diese teure Tasche zu kaufen, und ich mich nach der ersten Euphorie doch nicht besser gefühlt habe. Am besten verstaut man die neue Tasche gleich weit hinten im Schrank – aus den Augen aus dem Sinn –, um sich nicht an diese sinnlose Aktion erinnern zu müssen.

Aber die Verwirrung darüber, was nun im Trend ist und was nicht, macht vor dem eigenen Körper nicht Halt. Die wachsende Anzahl an Schönheitsoperationen ist in meinen Augen erschreckend. Dem Körper und auch der Seele werden unglaubliche Schmerzen zugemutet, um jemandem zu gefallen. Mädchen können es kaum erwarten, volljährig zu werden, um sich endlich den Busen vergrößern zu lassen. Omas legen von ihrer Rente was weg, damit die Enkelin eine neue Nase bekommt.

Die steigende Machbarkeit vieler Dinge lässt uns denken, dass wir nur an uns herumzuoperieren brauchen, um endlich unserer Traumvorstellung zu entsprechen, und dann »wird alles gut«. Die Industrie macht ein Milliardengeschäft mit unseren Minderwertigkeitskomplexen.

Den Männern geht es auch nicht besser. Sie kommen immer mehr unter Druck. Auch sie müssen einem Idealbild entsprechen und legen sich unters Messer.

Die inneren Werte werden zugunsten der äußeren Werte verdrängt. Leider haben die äußeren Werte nicht sehr lange Bestand. Wir sind aus unserer Mitte herausgefallen, um einem uns vorgegaukelten falschen Bild zu genügen.

Auch wir (mein Mann und ich) haben uns kurzzeitig in der Jagd nach Statussymbolen wiedergefunden. Das dicke Auto musste her, weil »man« ja als bekannte Schauspieler ein dickes

Auto fahren »muss«. Als wir aber mit dem dicken Auto in der Stadt fast nie einen Parkplatz bekamen und jeder Kratzer am Lack einem Landesverweis gleichkam, haben wir uns sehr schnell entschieden, diese ganze Nummer nicht mehr mitzumachen. Jetzt haben wir seit sieben Jahren ein gemeinsames Auto und sprechen uns ab, wer es gerade dringender braucht. Der andere fährt dann mit der U-Bahn. Das entspricht unserem Umweltbewusstsein und unserer Art zu leben viel mehr.

Meines Erachtens resultiert so viel Verwirrtheit und Anhäufung von Äußerlichkeiten hauptsächlich aus Mangel an Wissen und Kenntnis der Dinge. Wenn man nicht weiß, wer man eigentlich ist und was eigentlich wirklich los ist, dann ist man abhängig von der Meinung anderer. Das, was andere über einen sagen und denken, wird wichtiger als das, was man selbst über sich denkt. Ein Mensch, der eine schlechte Meinung über sich hat, ist leichter zu manipulieren als jemand, der um seine inneren Qualitäten weiß.

Das Pendel schlägt innerhalb der Gesellschaft von einem Extrem ins andere. Auf der einen Seite gibt es Menschen, die als Hypochonder alle paar Tage zum Arzt rennen, und auf der anderen Seite gibt es Menschen, die nicht einmal zur Vorsorge gehen. Komplette Unkenntnis der Vorgänge im Körper macht Angst. Die wenigsten Menschen fragen sich selbst, wie es ihnen körperlich geht; sie warten ab, bis der Schmerz so unerträglich wird, dass sie zum Arzt gehen *müssen* – und für viele ist es dann schon zu spät. Über 400 000 Krebskranke jedes Jahr in Deutschland sprechen eine deutliche Sprache.

Auf ein liebevolles Miteinander in der Familie wird kaum noch Wert gelegt, vieles versinkt im Chaos der emotionalen Überforderung. Ehen werden reihenweise geschieden, und in meinem Freundeskreis kenne ich nur noch alleinerziehende Mütter oder Patchworkfamilien. Jedes Jahr kommen hunderttausende verwirrte und traumatisierte Scheidungskinder neu dazu. Von den verwirrten und traumatisierten Müttern und Vätern gar nicht zu reden.

Wie sollen diese Kinder später liebevolle, selbstverantwortliche Erwachsene werden? Wenn sie es in der Kindheit nicht gelernt haben, dann ist es besonders schwer, es später weiterzugeben. Was man nicht kennt, kann man nicht mitteilen.

Mit Geld können die wenigsten Menschen gut umgehen, sie verschulden sich, weil sie das einfache Prinzip »Gib nie mehr Geld aus, als du verdienst« nicht beherzigen wollen. Wenn es nach mir ginge, würde unseren Kindern schon in der Schule der richtige Umgang mit Geld beigebracht werden. In der Schule werden zwar langweilige Geschichtsdaten gelehrt, aber die einfachsten Dinge für das Leben danach werden nicht unterrichtet. Wie kann man sich sonst die steigende Anzahl der Teenagerschwangerschaften und Teenagerabtreibungen erklären?

Besonders das Thema Sexualität wird schamhaft unter den Tisch gekehrt. Deutschland ist der zweitgrößte Absatzmarkt für Viagra – nach den USA. Und wer schluckt diese Pille? Nicht nur die alten Männer, sondern meistens die jungen, durchtrainierten Fitnessstudiobesucher. Trotz durchtrainiertem Body haben sie solche Versagensängste im Bett, dass sie Viagra schlucken, um nicht als Verlierer dazustehen.

Die gängige, vorgefertigte Meinung über Erfolg, Glück und Reichtum diktiert ein stereotypes Verhalten: Wir müssen alle ständig und überall Sex haben. Fremdgehen soll den ultimativen Kick in der Beziehung bringen, und nur wenn wir stundenlang im Bett turnen, sind wir »in«.

Quantität wird Qualität vorgezogen, und eine eigene Meinung zu haben, grenzt an Exzentrik.

Unsere Angst, aus der Gruppe ausgeschlossen zu werden – übrigens ein Überbleibsel aus der Neandertalerzeit –, lässt uns

Dinge tun und sagen, die wir im Innersten gar nicht wollen oder meinen. Nur um dazuzugehören, verleugnen wir uns selbst. Bevor wir überhaupt feststellen können, wer wir wirklich sind, werden wir schon »gebranded«. Das ist ein Begriff aus der Werbung, die darauf aus ist, die Kunden von morgen schon sehr früh an sich zu binden.

Neulich, als ich nach Berlin geflogen bin, wurde ein Baby in der Babyschale an mir vorbeigetragen, und neben ihm lag ein Stoffflugzeug mit dem Firmenlogo der Airline als Geschenk. Es ist natürlich ganz zauberhaft, ein Geschenk zu bekommen, aber warum hat es wohl dick und fett das Firmenlogo drauf? Weil das Unterbewusstsein des Kindes von Anfang an alles »filmt«, was in seinen Radius kommt.

Das, was das Kind mit »zu Hause«, »geborgen«, »angenehm« assoziiert, will es später in der Erwachsenenwelt auch erleben. Wenn ein angenehmes »Zuhause« sich zum Beispiel mit einem Besuch in einem Junkfoodrestaurant verbindet, dann wird es dieses später so oft wie möglich besuchen wollen.

Unsere Gesellschaftsform hat sich ein Pseudowerteprogramm einbrennen lassen, das einem ganz eigenen Kreislauf folgt, nämlich dem, so viel Geld wie möglich zu verdienen und auf der anderen Seite so viel Geld wie möglich auszugeben. Für die, die ihr Geld gerne behalten wollen, gibt es »Geld-Arbeitsstätten« wie den Aktien- und Anlegermarkt. Bedenkt man, dass es bis vor wenigen Jahrhunderten noch kein auch nur annähernd vergleichbares Geldsystem gab – und trotzdem haben die Menschen gelebt –, ist das eine beachtliche Entwicklung. Es ist eine beachtliche Entwicklung vor allem aus der Sicht, dass wir unsere körperliche und seelische Gesundheit aufs Spiel setzen, um genug Geld zu verdienen, und dann das verdiente Geld dafür aufwenden müssen, um unsere ruinierte Gesundheit wiederherzustellen.

Nur ein Mensch, der die Absurdität dieses Handelns bewusst begreift und durchschaut, wird sich davon lösen können und wollen. Die viel gepriesene Freiheit können wir nicht erreichen, wenn wir weiterhin so empfänglich für die äußeren Werte bleiben und unser Seelenheil in sie hineinprojizieren. Schöne Dinge sind sicher erstrebenswert. Ich umgebe mich auch sehr gerne mit schönen Dingen, aber ich weiß, dass vom Besitz dieser Dinge sicher nicht mein Seelenheil abhängt, im Gegenteil – das Seelenheil wird abgedrängt.

Wenn Sie gerne aus diesem Kreislauf wieder herauswollen, dann fragen Sie sich einfach: Was bringt es mir persönlich, ständig Materie aufzuhäufen? Brauche ich die Dinge wirklich? Oder folge ich einfach dem ersten Kaufimpuls?

Überlisten Sie sich doch mal, wenn Sie das nächste Mal meinen, etwas unbedingt haben zu müssen. Sehen Sie sich dieses Stück genau an, und dann legen Sie es wieder zurück und kommen am nächsten Tag wieder. Wenn es dann immer noch da ist und Ihnen noch genauso gut gefällt, dann fragen Sie sich noch mal, für wen Sie es kaufen: für sich oder um anderen zu gefallen? Können Sie es öfter gebrauchen, oder ist es ein Stück Effekthascherei? Können Sie es zu den Dingen kombinieren, die Sie bereits haben, oder müssen Sie sich noch was dazukaufen, damit Sie es überhaupt tragen oder benutzen können?

Stellen Sie sich vor Ihrem geistigen Auge vor, Sie hätten es bereits und kämen damit nach Hause. Wie lange würden Sie sich daran freuen? Einen Tag, eine Woche, einen Monat? Oder ist es so zeitlos, das Sie über Jahre Freude daran haben?

Mir geht es darum, Ihnen bewusst zu machen, was hier überhaupt mit Ihnen geschieht. Materie hat Ihnen zu dienen und nützlich zu sein, Sie sollten sich nicht zum Sklaven der Materie machen.

7. Entscheiden Sie sich, glücklich zu sein

Glück ist eine Entscheidung! Sie können sich hier und jetzt entscheiden, glücklich zu sein! Es hält Sie niemand davon ab. Vielleicht haben Sie im gegenwärtigen Leben ein paar Probleme, aber jetzt in diesem Augenblick, wo Sie diese Zeilen lesen, können Sie sich entscheiden, mit Ihrem gegenwärtigen Leben glücklich zu sein. Glücklich und dankbar, dass es Lernaufgaben für Sie bereithält, die Sie bewältigen dürfen.

Wenn Sie Ihre Situation annehmen, wie sie ist, dann reißen Sie die Mauer ein, die zwischen Ihnen und Ihrer Umwelt besteht. Öffnen Sie Ihr Herz und freuen Sie sich des Lebens. Es ist ein großartiges Geschenk! Vielleicht haben Sie in der Vergangenheit ein paar Dinge gemacht, die Ihnen nicht so guttaten – das ist Vergangenheit. Vielleicht haben Sie zugelassen, dass andere Menschen Dinge getan haben, die Ihnen nicht guttaten – auch das ist Vergangenheit.

Lassen Sie Ihre Vergangenheit nicht Ihre Zukunft bestimmen.

Stellen Sie Ihre eigene Glücksfähigkeit wieder in den Mittelpunkt Ihres Alltags. Beobachten Sie bewusst, was Sie davon abhält, sich glücklich zu fühlen. Geben Sie niemand anderem die Schuld an Ihrem Erleben. Sie alleine sind verantwortlich dafür.

Sie können sehr viel dazu beitragen, glücklich zu werden und zu sein. Niemand hält Sie davon ab – nur Sie selbst. Hören

Sie auf, andere Menschen verändern zu wollen, damit Sie selbst glücklich sind. Verändern Sie erst mal sich selbst, damit Sie glücklich sind.

Sagen Sie sich folgende Sätze:

Hier und jetzt ist meine neue Startposition.
Jetzt kann ich mein Leben verändern, wenn ich es wünsche.
Jetzt kann ich meine Pläne in die Tat umsetzen, indem ich, meinem eigenen Tempo gemäß, ganz bewusst einen Schritt nach dem anderen tue, damit die Veränderung auf einer sicheren Basis steht.
Ich sortiere die Informationen und Fakten, die mir die anderen Menschen bieten, und entscheide aus meiner inneren Weisheit heraus.

Nur wenn dieses Vorgehen Sie inspiriert und Ihnen Freude bereitet, werden Sie den neuen Weg gehen. Wenn Sie sich noch nicht so weit fühlen, dann halten Sie noch ein wenig inne und setzen es dann in die Tat um, wenn es sich für Sie richtig anfühlt. Aber verabreden Sie innerlich mit sich, es so bald wie möglich umzusetzen.

Ein wichtiger Bestandteil unseres Glückes besteht in unserer inneren Freiheit. Diese innere Freiheit und – in der Konsequenz daraus – die äußere Unabhängigkeit bekommen wir, wenn wir uns entscheiden loszulassen.

Wir haften immer noch an Gedanken, Situationen und Dingen an, die uns nicht gut tun.

Normalerweise häufen wir die Probleme auf oder verdrängen sie. Ein verdrängtes Problem wird mit der Zeit vergessen und fatalerweise nicht mehr als so wichtig erachtet. Dann häufen sich weitere Probleme auf, die ebenfalls verdrängt oder vergessen werden. Es kann sein, dass manche Probleme sich mit der Zeit von selbst lösen oder von anderen Menschen gelöst werden. Der »kleine« Unterschied ist nur, dass Sie vom Problem nicht befreit sind. Ein unerlöstes Problem erschafft ein neues Problem. Wenn Sie es zulassen, dass jemand anders Ihr Problem löst, dann stehen Sie in seiner Schuld. Schuld macht abhängig.

Unerlöste und aufgehäufte Probleme belasten die Seele und können sie im Laufe der Jahre krank machen.

Der Weg zum Glück liegt darin, sich von allem zu befreien, was einen belastet. Das kann einige Zeit dauern, aber es hat ja auch viel Zeit und Energie in Anspruch genommen, alles anzuhäufen. Diese Belastungen machen uns unglücklich und unfrei. Sie bringen uns Schwere und bleierne Müdigkeit. Unser Herz fühlt sich eingezwängt und ohnmächtig an.

Fangen Sie jetzt an, Ihr Leben aufzuräumen! Lassen Sie alles los, was Sie belastet. Natürlich kann es passieren, dass Ihr Umfeld Ihre Veränderung bekämpft oder nicht wahrhaben will. Betrachten Sie die Abwehrmechanismen Ihrer Umgebung als Versuche, Sie in der alten Rolle festhalten zu wollen – aber diesmal machen Sie nicht mit.

Diesmal sehen Sie den Problemen ins Auge. Diesmal haben Sie den Mut, sich den Dingen verantwortungsvoll zu stellen und loszulassen. Lassen Sie sich nicht emotional erpressen. Reduzieren Sie den Umgang mit Menschen, die Sie belasten und nur herunterziehen.

Proportional zu den belastenden Dingen, welche Sie loslassen, sollten Sie die Dinge in Ihr Leben einladen, die Sie glücklich machen. Lassen Sie es zu, dass Sie glücklich sind! Seien Sie so, wie Sie *wirklich* sind.

Kommen Schuldgefühle hoch, weil Sie jetzt endlich Ihr Leben leben wollen? Fühlen Sie sich schlecht, weil Sie nicht mehr aus einem Gefallen heraus Dinge tun, die Sie innerlich

7. Entscheiden Sie sich, glücklich zu sein

nicht tun wollten? Belastet es Sie, an Ihrem Glück zu arbeiten? Haben Sie Angst, alles könnte nur ein Trugschluss und ein Irrtum sein? Haben Sie Angst davor, Ihr Leben könnte leicht und unbeschwert sein?

Dann sind genau diese belastenden Gedanken die ersten, die Sie loslassen sollten!

Lassen Sie Ihre innere Stimme lauter sprechen und hören Sie ihr zu. Hören Sie auf, auf andere zu hören. Kein Mensch weiß besser, was Sie zum Glück brauchen, als Sie selbst.

Hören Sie nicht darauf, ob Ihre Lebensweise den anderen gefällt oder nicht. Sie sind nicht verantwortlich für deren Enttäuschungen und verpasste Chancen – und genauso wenig sind die anderen für Ihre Enttäuschungen und verpassten Chancen verantwortlich.

Setzen Sie einen Schlussstrich unter die Beziehungen, die Sie belasten und ausnutzen. Sammeln Sie Ihre Kräfte für sich und entscheiden Sie sich, glücklich zu sein!

8. Emotionale Konflikte bergen die Lösung in sich

In Konfliktsituationen kommen wir ständig – immer wieder, gewollt oder ungewollt. Wir prallen mit unseren Mitmenschen aneinander, in unserer Beziehung, mit unseren Kindern und mit uns selbst. Dieses Aufeinanderprallen unterschiedlicher Zielsetzungen kann sehr anstrengend sein, aber auch sehr lehrreich. Wenn Streit entsteht, kommt es darauf an, wie wichtig es beiden Seiten ist, dieses Ziel durchzusetzen.

In uns toben oft emotionale Konflikte. Ein innerer Widerstreit ist losgebrochen, und wir wissen nicht mehr, für welche Seite wir uns entscheiden sollen. Zum Beispiel kann es sein, dass wir uns zwei ganz unterschiedliche Dinge wünschen. Der beliebteste innere Konflikt ist zum Beispiel dieser: Ich möchte abnehmen und trotzdem viel essen können.

Aber es geht mir hier nicht um Diäten, sondern um emotionale Konflikte. Um Zwickmühlen, in die wir uns hineinbegeben, um dann im Leid oder im Chaos zu enden. Meistens lebt man beide Seiten aus, bis man vor Erschöpfung zusammenbricht. Wie kann man sich Klarheit verschaffen?

Nun, erst einmal, indem Sie Ihren inneren Konflikt annehmen. Gestehen Sie es sich ein, dass Sie hin und her gerissen sind zwischen vielen Möglichkeiten, Sehnsüchten, Bedürfnissen etc. Versuchen Sie nicht zu jammern und Probleme auszulagern, sondern blicken Sie sich selbst ins (innere) Auge. Was spüren Sie? Was hat Ihren inneren Konflikt ausgelöst? Warum können Sie sich nicht entscheiden? Was hält Sie davon ab, beide auszuleben oder die eine fallen zu lassen?

8. Emotionale Konflikte bergen die Lösung in sich 227

Gibt es in Ihnen einen inneren Richter, der eine Einteilung in »gut« und »schlecht« vornimmt? Lieben Sie es, zu leiden? Möchten Sie den Konflikt beibehalten, weil Sie sich sonst nicht spüren? Können Sie mit Klarheit umgehen? Oder kokettieren Sie damit, um Ihre Umgebung in Atem zu halten? Lässt Ihr mangelndes Selbstwertgefühl es nicht zu, den Sprung zu wagen? Welcher Wunsch ist der stärkere?

Um all diese Fragen durchzuarbeiten, sollten Sie sich Zeit nehmen und die Antworten aufschreiben. Beobachten Sie beim Schreiben Ihre Gefühle. Wo fängt der Verstand an, zu konstruieren und Ängste hervorzuheben, und wo jubiliert das Herz oder der Bauch?

Wenn Sie beim Schreiben innerlich aufgeregt sind, Herzklopfen bekommen und zart anfangen zu lächeln, dann merken Sie daran, dass dieser Wunsch Ihre Lieblingsmöglichkeit ist. Müßig zu sagen, dass Sie dieses Ziel vor allen anderen verfolgen sollten. Es ist auch sehr hilfreich, die Vor- und Nachteile aufzulisten. Sie wissen ganz genau, dass Sie nicht zwei Wege im Leben gleichzeitig gehen können. Wenn eine Entscheidung getroffen wurde, sollte man entschlossen diesen Weg gehen. Dann sollte man diesen Entschluss allen Beteiligten kommunizieren und danach handeln.

Als wir heirateten, wollten wir sehr gerne Kinder haben, so schnell wie möglich und am besten gleich vier. Als ich mit unserer Tochter schwanger war, überfielen mich dann doch angstvolle Gedanken, dass ich nicht mehr würde arbeiten können. Einerseits wollte ich zu Hause bleiben und mich um mein Kind kümmern, andererseits wollte ich so schnell wie möglich wieder arbeiten und selbstständig sein. Innerlich wusste ich aber, dass mein Wunsch, viel Zeit für meine Tochter zu haben, mir viel wichtiger war.

Als sie kam, war es wie ein Wunder für uns. Wir waren ganz vernarrt in sie, und die ersten zwölf Monate vergingen wie im Flug. Irgendwann kam ein kribbeliges Gefühl hoch und auch Frust, dass ich nichts anderes mehr tat als Windeln wechseln, Spielplätze besuchen und kochen. Als mein grummeliges Gefühl nicht mehr auszuhalten war, entschied ich mich, schweren Herzens einerseits, leichten Schrittes andererseits zwei Abende in der Woche die Heilpraktikerschule zu besuchen.

Am Anfang waren meine Schuldgefühle immens, ich konnte den Vorlesungen kaum folgen, so schrecklich fühlte ich mich. Ich hatte Sehnsucht nach meiner süßen Maus und quälte mich mit Selbstvorwürfen. Aber ihr ging es mit ihrem Papa prächtig. Meine Schuldgefühle waren zwar immer noch da, aber ich merkte auch, dass ich die Zeit mit ihr sehr viel mehr genoss, weil ich das Gefühl hatte, meinen Raum für mich innerlich wieder einnehmen zu können.

Unsere emotionalen Konflikte zeigen uns immer wieder, dass es etwas in uns gibt, das an die Oberfläche will, um gesehen und beachtet zu werden.

Unsere Gefühle sind der Wegweiser zu uns selbst.

Da, wo das Gefühl am stärksten ist, da will die Seele hin. Manchmal sind es für einen selbst sehr überraschende Richtungen – für den Verstand meistens eine Katastrophe, aber immens wichtig für Ihre Entwicklung.

Bleiben Sie flexibel in Ihrem Denken, erlösen Sie Ihre festgefahrenen und anerzogenen Überzeugungen.

Das Leben will mit Ihnen etwas erleben! Lassen Sie es zu! Bewerten Sie nicht! Bremsen Sie sich nicht durch Minderwertigkeit und Schamhaftigkeit. Haben Sie Mut! Gehen Sie beherzt Ihren Weg, egal was die anderen Leute sagen. Finden Sie für sich Ihren optimalen Platz zum Leben und zum Arbeiten. Hören Sie auf Ihre innere Stimme, fühlen Sie in sich hinein – bei welchem Gedanken springt Ihr Herz vor Freude? Gehen Sie dem nach! Lassen Sie nicht los! Bleiben Sie dran.

Sie können eine kleine Übung in Ihren morgendlichen Ablauf integrieren, die Ihnen helfen wird, den Tag sogleich positiv zu beginnen:

Stellen Sie sich bequem hin, mit leicht gebeugten Knien und atmen Sie in Ihren Unterbauch. Schließen Sie die Augen und fangen Sie damit an, dass Sie Ihre Füße gut auf dem Boden spüren. Gehen Sie mit Ihrer Aufmerksamkeit nun aufwärts zu Ihren Knien, zur Hüfte, zum Bauch, zum Herzen, zu Ihren Armen, zum Brustkorb, zum Hals, zum Kopf.
Denken Sie jetzt an etwas Schönes. Stellen Sie sich dieses schöne Bild richtig dreidimensional vor, wie einen Film. Beobachten Sie, wie sich Ihre Atmung verändert, wie sich Ihr Gefühl verändert. Lächeln Sie. Fühlen Sie sich in diesem Zustand so lange wohl, wie Sie es wollen.
Wenn Sie nach einer gewissen Zeit die Augen öffnen, dann nehmen Sie dieses wohlige Gefühl mit in den Tag.

Beobachten Sie, in welcher Situation Sie dieses Gefühl wieder verlieren und wie Sie es sich wieder herholen können. Erinnern Sie sich so oft wie möglich daran, holen Sie das schöne Bild in Ihren Tag hinein, bis es im Bauch »kitzelt«. Laden Sie die Freude in Ihr Leben ein!

Ihre Emotionen zeigen Ihnen den Weg zur Freude. Ein emotionaler Konflikt ist dazu da, Ihnen eine Lösung aufzuzeigen, die Sie sonst nicht gesehen hätten. Der Verstand wird ständig versuchen, dazwischenzufunken, denn er will den Weg des geringsten Widerstandes gehen.

Der Verstand hat eine Art Logik für sich aufgebaut, die oft nichts mit Ihrem tatsächlichen Potenzial zu tun hat. Am ehesten finden Sie den Weg zu Ihrem Potenzial, wenn Sie sich von Ihren Gefühlen leiten lassen. Der Konflikt entsteht genau aus diesem Grund: damit Sie sich für das Ausleben Ihres Potenzials entscheiden.

5. Stufe
Lieben

1. Fangen Sie an, sich selbst zu lieben

Bei meinen vielen Begegnungen mit Menschen erfahre ich viel Liebenswertes, Trauriges und auch Lustiges. Viele Gespräche drehen sich um das tiefe Bedürfnis, verstanden zu werden. Die Menschen sind dankbar, wenn ihnen jemand zuhört und das Gehörte nicht bewertet oder analysiert. Sie wollen einfach nur genug Zeit zur Verfügung bekommen, sich zu erklären, und wünschen sich ein Gegenüber, das ihnen mit ehrlichem Interesse zuhört.

Durch die vielen emotionalen Verletzungen, die die Menschen mit sich herumtragen und die sich zu einem fast unerträglichen Berg aufstauen, fällt es ihnen immer schwerer, sich zu öffnen, aus Angst, erneut verletzt zu werden. Viele Menschen schämen sich auch, ihre emotionalen Verletzungen zu zeigen, aus Angst, lächerlich zu wirken.

Ich kann Ihnen sagen: Keine Verletzung ist lächerlich! Wenn Sie tief getroffen sind – weswegen auch immer – und dieses Gefühl über einen längeren Zeitraum mit sich herumtragen, was sollte daran lächerlich sein? Es ist augenscheinlich so wichtig für Sie, dass Sie daran festhalten, also sollte es auch für Ihr Gegenüber wichtig sein. Oft habe ich bei mir und auch bei anderen Menschen erlebt, dass sich ein befreites Gefühl einstellt, wenn die Sache erst einmal ausgesprochen ist und man sie dann aus einem neuen Blickwinkel heraus betrachten kann.

Ein Gefühl der Erleichterung und des Verstehens kann allerdings nur in einer vertrauensvollen Atmosphäre entstehen. Gefühle sind sehr vielschichtig, und manchmal verhalten sie sich wie der kleine Fuchs in der poetischen Geschichte *Der kleine Prinz* von Saint-Exupéry. Sie brauchen Zeit und Vertrauen, um sich zu zeigen, aber dann sind sie kraftvoll da.

Oft neigt man dazu, sich selbst zu verurteilen. Es sieht so aus, als ob die anderen vollkommen sind, nur man selbst ist noch Lichtjahre davon entfernt. Man ist ungerecht mit sich und lobt sich nie für etwas, das man gut gemacht hat. Man fühlt sich wie ein kriechendes Insekt, und alle anderen dürfen einen in den Dreck treten, denn man hat es nicht anders verdient. Fehler zu machen kommt unter diesen Umständen einer inneren Hinrichtung gleich...

Eines Abends besuchte ich einen Vortrag eines buddhistischen Lamas, der zu Besuch nach München gekommen war. Dieser Lama ist in der Hierarchie der buddhistischen Linien eine Wiedergeburt eines hohen spirituellen Führers. Prima, dachte ich, jetzt lerne ich einen Erleuchteten kennen, und der hat bestimmt schon alles verstanden, und vielleicht kann ich »langsame Schnecke« von ihm noch etwas lernen.

Der Vortrag handelte von Anhaftung und Bindung, welche nach der buddhistischen Lehre eine der Hauptursachen des Leidens sind. Tsokny Rinpoche – so sein Name – sprach sehr offen und humorvoll über die verschiedenen Aspekte der Bindungen und Anhaftungen. Er sprach über seine eigene Erfahrung, als er in Indien den Bodhi-Baum besuchte, unter dem Buddha seine Erleuchtung fand und der heute als heiliger Baum verehrt wird.

Tsokny Rinpoche war sich der Heiligkeit dieses Ortes sehr bewusst und legte in meditativer Versenkung den Weg zum Baum zurück. Rechts und links des Weges saßen viele, viele Menschen und meditierten auch oder beobachteten die Situation. Als er in die Nähe des Baumes kam, flatterte ein einzelnes Blatt herab. Nun muss man dazusagen, dass die Blätter dieses heiligen Baumes heiß begehrt sind und es nicht erlaubt ist, die Blätter einfach zu pflücken. Aber wenn ein Blatt herabfällt, dann ist es ein Glücksfall, und das Blatt wird als Reliquie aufbewahrt.

Dieses Blatt nahm also seinen Weg, der Schwerkraft folgend, in Richtung Boden, und hunderte Arme reckten sich ihm entgegen. Tsokny sah es und, zack, griff er sich dieses Blatt und verstaute es in seinem Gewand. In der gleichen Sekunde, als das Triumphgefühl nachließ, dieses Blatt erwischt zu haben, stiegen Schuldgefühle und Scham in ihm hoch. Er machte sich Vorwürfe, wie er überhaupt dem Wunsch erliegen konnte, dieses Blatt besitzen zu wollen. Zurückgeben wollte er es auch nicht, denn es war ja vom heiligen Baum.

Dieses kleine Blatt brachte ihn in eine ordentliche Zwickmühle. Hatte er einen Fehler begangen? Waren seine jahrelangen Studien nutzlos gewesen? Er musste schmunzeln, denn ein einzelnes Blatt konnte so viel an Lernaufgabe für ihn bereithalten. Jetzt thront es, in einem Bilderrahmen, auf seinem Schreibtisch.

Wir alle mussten nach dieser Erzählung lachen, es war mehr ein Lachen aus Erleichterung, denn wir haben verstanden, dass das Menschsein eine immerwährende Herausforderung ist und dass auch die Menschen, die in unseren Augen schon viel höheren Ansprüchen genügen, nicht vollkommen sind.

Seien Sie also nicht zu streng mit sich selbst. Gehen Sie liebevoll mit sich um. Wählen Sie die kleinen Schritte für die große Wanderung Ihres Lebens. Kein Mensch ist vollkommen. Um in das Zentrum der eigenen Weisheit vorzudringen, ist es wichtig, dass Sie überhaupt in Erwägung ziehen, dass in Ihnen ein unentdecktes Potenzial schlummert, welches Sie erwecken können.

Ich hatte viele Jahre lang Minderwertigkeitskomplexe, besonders in der Zeit meiner Ausbildung und der ersten Jahre am Theater. Ich hatte das Gefühl, dass es wohl allen Menschen in meiner Umgebung Spaß machen würde, mich zu demütigen und keine Gelegenheit auszulassen, um mir zu zeigen, was sie von mir halten, nämlich: nichts. So dachte ich zumindest. Mit weidwundem Blick »schrie« ich direkt danach, kritisiert zu werden. Wenn mich jemand für meine Leistung lobte, dann habe ich ihm nicht geglaubt. Im Gegenteil, ich war misstrauisch, weil ich dachte, der will sich bei mir einschleimen.

Ich hatte meine festgelegte Meinung über mich und war in diesem Punkt sehr beratungsresistent. Auch glaubte ich, um eine gute Schauspielerin zu sein, müsste ich leiden, leiden, leiden. So behandelte ich mich schlecht, schimpfte mit mir und ließ mich von anderen Menschen schlecht behandeln und beleidigen.

Glücklicherweise gab es Menschen in meinem Leben, die mein Verhalten und meine Minderwertigkeitskomplexe nicht verstanden. Sie ließen mich zwar so, wie ich war, aber ihre zarten Impulse, mir zu mehr Selbstvertrauen zu verhelfen und mein Leben nicht in Selbstzerfleischung untergehen zu lassen, führten mich Schritt für Schritt aus meinem selbst erschaffenen Kerker.

Meine Minderwertigkeitsgefühle gingen damals auch so weit, dass ich nur große, dicke Pullover trug, die fast bis zu den Knien gingen, oder Männerhemden der Größe XXL, um meine weibliche Figur zu verstecken, und dicke Hornbrillen, hinter denen man mein Augen nicht sah, um auf gar keinen Fall auf mein Aussehen reduziert zu werden. Jeder noch so zaghafte Annäherungsversuch wurde gleich mit einer Selbstschussanlage aus Worten abgeschmettert.

Da war ich nun: innerlich und äußerlich hässlich – wie ich

1. Fangen Sie an, sich selbst zu lieben 237

dachte. Mehrere Theaterjahre gingen ins Land, in denen ich meine innersten Gefühle nach außen stülpte, bis ich eines Tages körperlich und seelisch zusammenbrach. Mein Immunsystem wollte mich nicht mehr vor all den Grippeattacken und Bronchitisbakterien schützen, mein Verdauungssystem streikte, und meine Liebesbeziehung brach zusammen.

Zu allem Überfluss hatte ich als Radfahrerin einen Autounfall. Als ich so in Zeitlupe durch die Luft flog, hatte ich nur einen Gedanken: »Mir darf nichts passieren, ich habe in zwei Wochen Premiere.« Verrückt, oder? Da konnte ich von Glück sagen, dass ich überhaupt überlebt habe, nur mit einer Bänderzerrung davonkam, und das Wichtigste für mich war nicht ich, sondern eine von vielen Theaterpremieren.

Ich hatte mich schon sehr von mir selbst entfernt. Ab und zu erreichte mich ein gutes Gespräch oder berührte mich eine Geschichte, aber in mein Innerstes ließ ich niemanden hinein.

In der Zeit las ich viele Biographien von berühmten Persönlichkeiten, die mir Mut machten und mir zeigten, dass ich nicht die Einzige in der Welt bin, die Schwierigkeiten mit sich selbst hat. Durch die Bücher fand ich auch zu psychologischen Ratgebern und zu positiven Affirmationen. Langsam begann ich zu verstehen, dass meine ständigen Schimpfkanonaden gegen mich selbst auch eine Art Affirmation waren, nur in destruktiver, negativer Form.

Meine körperlichen Beschwerden hatten eine seelische Entsprechung, und ich begann die Affirmationen von Louise Hay in meinen Alltag zu integrieren. Ich begann zu verstehen, dass alle meine körperlichen und seelischen Schwierigkeiten von mangelnder Selbstliebe herrührten und dass ich, wenn ich endlich anfangen würde mich selbst zu lieben, eine reelle Chance hätte, glücklich zu werden!

Diese Erkenntnis betäubt mich fast. Da hatte ich all die Jahre versäumt, mich zu lieben, und deshalb musste ich so leiden? Wut und Trauer kamen hoch. Wie viel verschwendete Zeit! Wie viel verschwendete Energie! Ich schämte mich dafür, wie viele Menschen ich vor den Kopf gestoßen hatte, und war schon wieder drauf und dran, mich in Schuldgefühlen zu ergehen.

In dieser Phase waren die Bücher und Tagebücher mein einziger Trost. Ich las viel, weinte viel und schrieb viel. Ich war ehrlich und schonungslos zu mir selbst. Ich wollte aus dem Kreislauf aussteigen und veränderte die Einstellung zu mir. Ich begann zu erkennen, wie dankbar ich doch sein kann für meine Gesundheit, für meine Fähigkeiten und für mein Aussehen.

Langsam stellte sich ein Glücksgefühl ein, ich fing an alles zu segnen, was um mich herum war, ich jubilierte innerlich und fing an, die Wunder wahrzunehmen, die mich umgaben. Und ich begann langsam zu glauben, dass auch ich wundervoll bin.

Diese Erkenntnis hat mich tief in meinem Innersten getroffen und berührt mich immer noch, wenn ich daran denke oder darüber schreibe. Ich habe mich selbst an die Hand genommen und ins Licht geführt. Ich habe mich mit all meinen Licht- und Schattenseiten erkannt und akzeptiert. Und erst als ich diesen Entwicklungsschritt getan hatte, kam ein Partner in mein Leben, der mich genau so liebt, wie ich bin, aber davon später mehr...

Solange Sie einen Teil von sich zurückweisen, bedeutet das, dass Sie sich noch nicht vollständig lieben. Sie können nicht nur die Dinge an sich lieben, die Ihnen gefallen – die Hauptarbeit besteht darin, *alles* an sich zu lieben. Ohne Ausnahme. Akzeptieren Sie sich so, wie Sie sind, verdrängen Sie nichts, denn das kommt früher oder später als destruktive Kraft wieder auf Sie zurück. Nehmen Sie sich ohne Einschränkung an, fangen Sie an sich zu lieben, so wie Sie sind.

Sind Sie immer noch in der Überzeugung gefangen: »Keiner liebt mich«? Dieser Satz birgt zweierlei Gefahren in sich:

1. Er ist an das Außen gerichtet, das heißt, man braucht also jemanden, der einen liebt.
2. Er beinhaltet das Wort »keiner«, was wie eine Art »Abschlussbefehl« für Ihr seelisches System wirkt.

Ein Abschlussbefehl verschließt Sie innerlich – wie eine Tür, die Sie zugemacht haben – gegen Ihr Umfeld. Was glauben Sie, was danach passiert? Sie werden bestätigt. Es wird tatsächlich keiner da sein, der Sie von Ihrer Überzeugung abbringt. Dieser Satz ist in seiner Verneinung so stark, dass selbst die kleinsten Signale, die in die andere Richtung weisen würden, übersehen werden.

Wie wäre es denn mit einer anderen Überzeugung? Nur so aus »Spaß« und zum Ausprobieren. Wiederholen Sie einfach genauso oft, wie Sie die alte Überzeugung wiederholt haben, jetzt folgende:

»Ich bin liebenswert.«

Wie fühlt sich das an? Können Sie es ohne Einschränkung sagen? Ohne dass eine kleine Stimme in Ihrem Hinterkopf sagt: »Das stimmt doch nicht«?

Wiederholen Sie diesen Satz so lange, bis Sie ihn wirklich annehmen können. Stellen Sie sich vor den Spiegel und sagen Sie sich: Ich bin liebenswert. Beobachten Sie genau alle Abwehrmechanismen! Das sind Ihre Anteile, die Sie davon abbringen wollen, sich so zu lieben, wie Sie sind. Sagen Sie sich diesen Satz, sooft es geht. Fangen Sie an, ihn zu *fühlen*. Sagen Sie ihn sich so oft, bis er sich als Überzeugung tief in Ihr Körper-Seele-Geist-System eingeprägt hat. Sie werden erstaunt sein, wie sehr sich Ihr Leben dadurch verändert!

2. Fangen Sie an zu lieben, was Sie tun

> Wähle einen Beruf, den du liebst, und du musst keinen einzigen Tag deines Lebens arbeiten.
> *Konfuzius*

Eines meiner wichtigsten Lebensmottos ist folgendes: »Love it, change it, or leave it.«

Übersetzt bedeutet das: »Liebe es; wenn du das nicht kannst, dann verändere es; wenn das nicht geht, dann lass es bleiben.« Diese kurze Aussage ist für mich eine sehr wichtige und klare Formel. Nach dieser Formel können Sie sehr viele Dinge, die Sie tun, erst mal auf ihre Effektivität hin überprüfen. Wie in allem geht es darum, sich seiner Einstellung bewusst zu werden, um zu sehen, dass das Umfeld nur das widerspiegelt, was in einem drinsteckt.

Wenn Sie Ihren jetzigen Job nicht lieben, dann wird Ihr innerer Widerstand wachsen und wachsen, und irgendwann wird Ihre Seele schreien und Sie in die Krankheit führen. Ihre Seele will keinen belastenden Dauerzustand, sie will Lösungen, um wieder in die Balance zu kommen.

Für mich bedeutet, etwas zu lieben, es erst mal zu bejahen. Mit all seinen Vor- und Nachteilen. Wenn die Nachteile nach einer Zeit überwiegen, dann versuche ich, es zu verändern. Ich überlege mir, was ich besser machen kann und was mein Anteil an der Situation ist. Vielleicht gibt es ja Lösungen, auf die ich noch nicht gekommen bin...

Wenn alle meine Bemühungen fehlschlagen und eine Veränderung oder Besserung der Lage nicht erreicht werden kann, dann lasse ich los. Ich ziehe die Konsequenzen und trenne mich von der Situation, die mich daran hindert, mein Potenzial zu zeigen und zu leben.

Als ich mein drittes Theaterengagement annahm, fühlte ich mich nach einem Jahr sehr unwohl. Ich hatte nicht das Gefühl, verstanden und meinen Fähigkeiten entsprechend eingesetzt zu werden. Dieses Unwohlsein und der innere Widerstand steigerten sich ins Unermessliche. Immer wenn ich das Theater betrat, merkte ich, wie ich die Schultern hochzog und mich innerlich verkrampfte.

Langsam, aber sicher baute ich mir unbewusst eine Situation auf, die die Schlinge um meinen Hals noch enger zog. Ich wurde immer kränker und kränker. Meine Seele wehrte sich, und mein Immunsystem spielte bereitwillig mit, indem ich – in ständig wechselnder Reihenfolge – vereiterte Bronchitis, Seitenstrangangina, Blasenentzündung, Nebenhöhlenentzündung und andere »schöne« Krankheiten bekam. Mit fiebrig glänzenden Augen und vollgepumpt mit Antibiotika stand ich fast jeden Abend in einem anderen Stück auf der Bühne.

In stundenlangen Selbstgesprächen und Spaziergängen versuchte ich herauszufinden, wie ich die Situation bejahen konnte, um das Beste daraus zu machen. Damals las ich viel von Erich Kästner und mochte dieses Zitat sehr gerne:

»Auch aus Steinen, die dir in den Weg gelegt werden, kannst du etwas Schönes bauen.«

Die Zeit, die mir zwischen den täglichen Proben und Vorstellungen blieb, nützte ich, um meine gesundheitlichen Beschwerden in den Griff zu bekommen. Ich machte eine Ernährungsumstellung und fing an, die Bedürfnisse meines

Körpers mehr zu achten. Ich ging einen Dialog mit meiner Seele ein, um festzustellen, warum sie sich gegen die Situation wehrte. In dieser Zeit wurde der Grundstein gelegt für meine Kenntnisse über Ernährung, Naturheilkunde und neue Therapieformen. Im Nachhinein sehe ich diese schwierige Zeit als eine der konstruktivsten Phasen in meinem Leben an.

Da ich die Lage an diesem Theater nicht lieben noch verändern konnte, was auch immer ich tat (ich war sogar für kurze Zeit Ensemblesprecherin), kündigte ich.

Ich trennte mich von der Kräfte raubenden Situation, ohne einen Rückhalt zu haben. Im Gegenteil, da ich selbst meinen Vertrag vorzeitig aufgelöst hatte, wurde ich vom Arbeitsamt für drei Monate gesperrt. Das läutete die nächste Lernphase in meinem Leben ein: Ich war also arbeitslos, aber auch sehr stolz darauf, dass ich es geschafft hatte, Nein zu sagen, und mich nicht verbiegen ließ.

Nun gut, aber der Stolz bringt noch keine Butter aufs Brot. Zuerst liebte ich meine wiedergewonnene Freiheit. Aber nach drei Wochen wurde ich kribbelig, die Auftragslage war nicht gerade berauschend, und ich machte mir langsam Sorgen, ob mich überhaupt noch jemand haben wollte.

Also fing ich mit meinem damaligen Freund an, ein Theaterstück zu suchen, welches wir in Eigenregie auf die Bühne bringen wollten. Nachdem dieses Unterfangen finanziell nichts gebracht hatte, versuchten wir es mit einem Liederabend. Dieser Liederabend spielte uns die Miete ein, machte sehr viel Spaß, und wir bekamen sogar gute Kritiken.

Diese Zeit legte also noch einen Grundstein mehr für mein Leben, denn ich erfuhr dadurch, dass ich fähig war, etwas Eigenes auf die Beine zu stellen. Sie mobilisierte in mir ungeahnte Kräfte, die ich bis heute zur Verfügung habe, denn ich bekam sehr viel Anerkennung für meine Entscheidungen.

Dies machte mir Mut. Ich hatte anscheinend alles richtig gemacht. Ich hatte versucht, aus der Ausgangslage das Beste zu machen. Als es mir nicht gelang, die Situation am Theater zum Positiven hin zu verändern, zog ich einen Schlussstrich darunter. Dann baute ich mir eine neue Ausgangslage auf, die mich vollkommen erfüllte.

Heute weiß ich, dass ich nur Erfolg mit etwas haben kann, was ich liebe. Wobei ich den Erfolg weder am Geld noch am Ruhm messe. Für mich ist alles ein Erfolg, was mir und den Menschen gefällt, es kann sich dabei auch um nur *eine* Person handeln – wenn ich sie erreicht habe, bin ich glücklich.

Fangen Sie an zu lieben, was Sie tun! Sie werden den Unterschied körperlich *fühlen*. Es wird Ihnen so viel leichter fallen, Ihre Tätigkeit auszuüben.

Bauen Sie Ihr Leben nicht auf der Meinung anderer Menschen auf. Es ist egal, was andere über Sie denken und sagen. Stören Sie sich nicht daran, denn diese Leute können gar nicht wissen, wer Sie wirklich sind. Hören Sie auch auf, es ihnen dauernd klarmachen zu wollen.

Es funktioniert nicht. Schaffen Sie sich Ihren eigenen, sicheren Raum, in dem Sie gerne arbeiten. Machen Sie sich frei von den Dingen, die Sie in Ihrer Arbeit belasten. Achten Sie darauf, dass Sie nur auf Fakten reagieren und nicht auf diffuse Gerüchte oder Mutmaßungen. Beteiligen Sie sich nicht am Tratsch, das zieht Sie runter. Sprechen Sie nicht schlecht über andere Menschen, das schwächt Ihre eigene Position. Bleiben Sie in Ihrer Mitte.

Versuchen Sie sich nicht mit allen zu verbrüdern. Harmoniesucht bringt Sie weg von sich selbst, denn Sie werden immer versuchen, im Außen etwas herzustellen, was nicht Ihre Aufgabe ist. Bleiben Sie bei sich, und machen Sie Ihre Arbeit kompetent und professionell.

2. Fangen Sie an zu lieben, was Sie tun 245

Schütteln Sie alles ab, wenn Sie nach Hause fahren und durch Ihre Wohnungstür spazieren. Sprechen Sie zu Hause wenig über Ihre Arbeit, denn sonst findet kein Beziehungsleben mehr statt.

Neulich fuhr ich um sechs Uhr morgens mit einem Taxi zum Hauptbahnhof. Der Taxifahrer erzählte mir eine süße Geschichte über seinen Kater, der sehr sensibel sei. Der Taxifahrer war früher beim Bau beschäftigt und kam ständig sehr negativ geladen nach Hause, denn irgendetwas war immer passiert, und er machte seinem Unmut zu Hause Luft. Wenn er das tat, ging es dem Kater immer extrem schlecht. So schlecht, dass seine Frau und er beschlossen, zu Hause nicht mehr über den Ärger bei der Arbeit zu reden. Der Taxifahrer sagte zu mir: »Sie können mir glauben, seit über zwölf Jahren fällt bei uns kein böses Wort mehr!« Katzen sind manchmal weiser als Menschen…

3. Die Kraft der Partnerschaft

Für mich ist eine funktionierende Liebesbeziehung die Quelle meiner Kraft und Inspiration. In den Phasen, wo ich ohne eine Beziehung war, fühlte ich mich entwurzelt und arbeitete sehr viel an mir, um auch in diesen Zeiten Kraft und Inspiration zu haben.

Sind Sie ein Beziehungsmensch? Diese Frage kann ich für mich ganz klar mit Ja beantworten. Es gibt Menschen, die nur durch eine Beziehung in ihre Tiefe gelangen können, um sich seelisch weiterzuentwickeln. Es gibt natürlich auch Menschen, die sich am besten alleine weiterentwickeln können. Es gibt in dieser Hinsicht kein »richtig« oder »falsch«, wesentlich ist nur, ob Sie mit Ihrer Situation glücklich sind oder nicht.

Ich persönlich bin glücklich in einer Beziehung, denn ich brauche ein Gegenüber, um zu wachsen.

Eine erfüllte Liebesbeziehung leben zu können, erfordert sehr viel Einsatzbereitschaft. Um das zu bekommen, was man auf allen Ebenen braucht, muss man bereit sein, das in gleichem Maße auch zu geben. Eine Liebesbeziehung ist eine Vereinigung auf seelischer, geistiger und körperlicher Ebene, wobei es keine Norm gibt. Jede Ehe hat ihre eigenen Vereinbarungen.

Unsere Vereinbarungen haben mit Treue, Aufrichtigkeit, Ehrlichkeit, gegenseitiger Achtung, Loyalität und beiderseitiger Unterstützung zu tun. Das Wohl meines Mannes und meiner Tochter liegt mir mehr am Herzen als jeglicher berufliche Erfolg, und genauso funktioniert es umgekehrt. Wir beide geben in unsere Partnerschaft viel Kraft und Aufmerksamkeit hinein und können dadurch auch viel Kraft daraus schöpfen. Unser Wunsch und unser Bestreben ist es, uns gegenseitig seelisch, geistig und in jeder anderen Weise zu erhöhen und weiterzuentwickeln. Wir streben danach, uns und unseren Mitmenschen unterstützend zur Seite zu stehen – wenn sie es wünschen.

Jeder Mensch hat eine Aufgabe im Leben; die gelebte Partnerschaft hat auch eine – ungeachtet der individuellen Aufgabe. Eine Partnerschaft kann sehr viel Energie und schöpferische Kraft freisetzen. Ihr Partner kann Sie inspirieren, Sie über das Tal Ihrer Ängste hinwegführen und mit Ihnen über Ihre Begrenzungen hinausgehen, um schöpferische Kräfte freizusetzen.

Diese der Partnerschaft innewohnende Energie kann nur frei werden, wenn beide Individuen keine Konkurrenzkämpfe ausfechten und das Stadium des Recht-haben-Wollens verlassen haben.

So viel wunderbare Energie wird verschwendet bei Revierkämpfen! Die innersten Grundfesten werden ständig durch Kleinkriege erschüttert. Da, wo Unruhe herrscht, kann sich keine Basis für wahrhaftige Liebe bilden.

Da, wo die Partnerschaft auf wahrer Liebe begründet ist, gibt es nur noch gegenseitige Achtung und Unterstützung. Da wurde das große Geschenk erkannt, welches der Partner mit in die Beziehung eingebracht hat.

Dass so viele Ehen scheitern, liegt meiner Meinung nach daran, dass sich Paare aus den unterschiedlichsten Gründen bilden – unter dem Deckmantel der Liebe zwar, aber ohne *wirklich* zu begreifen, was Liebe ist und sein kann. Manche Paare kommen zusammen aus Angst, alleine zu sein, oder aus eingebildeter Minderwertigkeit und weil sie fürchten, niemand Besseres zu finden. Auch aus Statusdenken heraus bilden sich Paare oder aus Gründen der sexuellen Anziehungskraft.

Man darf Sex nicht mit Liebe verwechseln. Sex ist ein starker Magnetismus, er bindet die Menschen aneinander. Ganz leicht kann man sich aber an den falschen Menschen binden, der mit einem sonst nicht viel zu tun hat.

Heutzutage ist es leichter, einen Sexualpartner zu finden als einen Lebenspartner.

Woran das liegt? Nun, dafür gibt es viele Gründe. Meiner Meinung nach liegt der Hauptgrund darin, dass die Menschen sich keine Zeit lassen, sich *wirklich* kennen zu lernen. Wenn die Suche nach einem Beziehungspartner ausschließlich über die Sexualität erfolgt und erst danach gefragt wird: »Wer bist du eigentlich?«, dann ist die Bindung schon passiert, ob man will oder nicht.

Eine sexuelle Handlung verbindet mehr, als man sich eingestehen mag. Diese Verbindung wieder aufzuheben bringt emotionale Verletzungen mit sich. Warum behandeln wir uns und andere Menschen so, als ob wir nur ein Haufen Hormone wären, die nach Befriedigung suchen?

Sex ist etwas Wunderbares, wenn es mit dem Partner geschieht, den man von Herzen liebt. Erst dann kann sich eine ganzheitliche Verbindung vollziehen, die über das übliche Körpergefühl hinausgeht. Eine erfüllte Liebesbeziehung potenziert die individuellen Fähigkeiten zu noch größeren gemeinsamen Fähigkeiten. Die Voraussetzung dafür ist Hingabe. Auf allen Ebenen. Ohne Hintertürchen.

So wie es einen Grund geben muss, warum Sie hier sind, genauso muss es doch einen Grund geben, warum Sie genau mit diesem Menschen zusammen sind! Sonst wäre es ja egal, mit wem Sie leben, und Sie könnten den Partner [wech]seln – was durchschnittlich übrigens alle vier Ja[hre in unserer] Gesellschaft passiert.

Sind Sie an dem Punkt, wo Sie eine Ahnung hab[en, was die] gemeinsame Kraft sein könnte? Die gemeinsame A[usrichtung be]deutet sicher nicht, seine eigene Persönlichkeit aufzugeben. Im Gegenteil. Fahren Sie mit Ihrer Entwicklung fort, aber haben Sie auch noch genügend Aufmerksamkeit für Ihre Partnerschaft übrig. Sie sind ein Team. Ein Team muss am Laufen gehalten werden.

Sie können Machtkämpfe vermeiden, wenn Sie gemeinsam ein höheres Ziel anstreben. Sie beide bringen gegenseitig in Ihnen selbst gute Eigenschaften hervor. Betrachten Sie diese Eigenschaften bewusst und benennen Sie sie. Heben Sie die positiven Eigenschaften hervor. Die negativen kosten Sie nur Kraft.

Wir neigen dazu, Dinge, die wir an uns nicht mögen, auf unsere Umgebung zu projizieren. Wenn Sie an Ihrem Partner nur noch Negatives sehen, dann sind das die Dinge, die Sie an sich verdrängt oder vergraben haben.

Ihr Partner ist Ihr Spiegel – er zeigt Ihnen die Seiten an Ihnen, die Sie nicht sehen wollen.

Ein Beispiel: Ihr Partner ist schlampig und lässt alles herumliegen. Sie ärgern sich darüber und räumen alles hinter ihm her. Der Ursprung ist aber folgender: Eigentlich haben Sie *innerlich* bei sich nicht aufgeräumt. Wenn das der Fall wäre, würden Sie sich nicht so darüber ärgern, dass Ihr Partner nicht aufräumt. Sie würden die Sachen liegen lassen oder abwarten, bis er sie aufräumt, aber es würde Sie nicht ärgern. Wenn es Sie in einen starken emotionalen Zustand versetzt, dann hat es immer etwas mit Ihnen zu tun. Fragen Sie sich, was für eine Botschaft dahinter versteckt ist. Räumen Sie erst mal die Dinge in sich selbst auf, vor denen Sie Angst haben. Seien Sie ehrlich zu sich. Freuen Sie sich, dass Ihr Partner Ihnen Ihre Aufgabe täglich vor Augen führt, bis Sie sie gelöst haben.

Dies ist nur ein relativ harmloses Beispiel dafür, dass Ihr Partner genau das Register zieht, das Sie brauchen, um sich gewisser Dinge bewusst zu werden.

Sie können alles nur erdenklich Gute in Ihrer Partnerschaft erleben, wenn Sie auch alles nur erdenklich Gute hineinlegen. In jedem Konflikt liegt eine Botschaft verborgen. Meistens werden Konflikte nur an der Oberfläche abgehandelt, bis beide erschöpft aufgeben oder das Feld verlassen. Dieses Verhalten nimmt Ihnen jegliche Chance, dem Problem auf den Grund zu kommen.

Wenn es wieder einmal zu Streit wegen – vermeintlicher – Lappalien gekommen ist, dann probieren Sie doch mal Folgendes aus:

Setzen Sie sich nach dem Streit ruhig irgendwohin und rufen Sie sich die Situation, in der Ihr Partner Sie verletzt hat, in allen Details noch einmal ins Gedächtnis. Diesmal schalten Sie Ihre Argumentationen aus und beobachten Ihr Gefühl. Wo sitzt das Gefühl? Im Herzen, im Bauch, im Kopf? Gehen Sie nur dem Gefühl nach und spüren Sie noch tiefer hinein. Was kommt in Ihnen an Erinnerungen oder Bildern hoch? Schauen Sie sich diese Erinnerungsfetzen genau an. Wo kommen die her? Aus der Kindheit? Aus einer vergangenen Beziehung? Intensivieren Sie jetzt dieses Gefühl und lassen Sie es raus. Weinen Sie, oder werden Sie wütend – lassen Sie es stattfinden. Erst wenn alle Emotion draußen ist, können Sie mit

3. Die Kraft der Partnerschaft 251

Ihrem Partner ruhig darüber reden, was zwischen Ihnen geschehen ist.
Erzählen Sie von Ihrem Erlebnis und dem Gefühl, das Sie hatten. Fangen Sie das Gespräch damit an, dass Sie bei sich bleiben und über Ihre Gefühle und Verletzungen sprechen. Vermeiden Sie »Du-Botschaften« wie: »Du hast mich dazu gebracht...« und Schuldzuweisungen. Sprechen Sie nur über sich und teilen Sie sich mit. Sagen Sie: »Ich habe mich... gefühlt.«

Sie werden überrascht sein, wie harmonisch und erwachsen die Kommunikation anschließend verläuft. Jetzt haben Sie die Chance, eine andere Ebene in Ihrer Kommunikation zu erreichen. Sie können Ihr Verhalten reflektieren und sind nicht mehr darauf angewiesen, dass sich Ihre aufgestauten Emotionen explosionsartig entladen.

Eine erwachsene, reife Partnerschaft ist eine Kraftquelle. Geben Sie sich die Möglichkeit, diese Kraft zu erfahren. Sie können eine Partnerschaft nur in ihrer Tiefe erleben, wenn Sie diese Tiefe anbieten.

4. Entwickeln Sie sich zu einem liebenden Menschen

Eigentlich sind wir grundsätzlich fähig dazu, alles zu haben: liebevolle zwischenmenschliche Beziehungen, Freude am Leben, Achtung und Respekt, Begeisterungsfähigkeit und Erfolg. Diese Eigenschaften können wir nur in ihrer ganzen Fülle leben, wenn wir gelernt haben, uns selbst zu lieben.

Das Zitat aus der Bibel »Liebe deinen Nächsten wie dich selbst« hat für mich nur in der folgenden Interpretation einen Sinn, wenn es heißt: »Du kannst deinen Nächsten nur lieben, wenn du dich selbst liebst.« Woher sollen wir es denn können, wenn uns keiner das Lieben beigebracht hat? Wenn wir uns nicht selbst lieben und achten, wie sollten wir es dann auf andere übertragen können? Um jemand anderen glücklich zu machen, müssen Sie doch erst mal wissen, wie Sie sich selbst glücklich machen können!

Wie das gehen soll? Nun, indem Sie sich und Ihre innersten Bedürfnisse wahrnehmen, kennen und auch danach leben. Es hilft Ihnen wenig, wenn Sie Ihre innersten Bedürfnisse endlich kennen gelernt haben, aber nicht danach handeln und nicht danach leben. Wenn Sie Ihren Weg nicht konsequent weitergehen, dann missachten Sie Ihre eigene seelische Entwicklung. Dann sind Sie nicht viel besser als alle anderen in Ihrer Umgebung, denn Sie haben jeglichen Kontakt zu Ihrem Inneren abgetrennt.

Wie gravierend so eine Trennung vom inneren Selbst die eigene Entwicklung bremsen kann, möchte ich Ihnen gerne erläutern.

Kein Mensch hat eine optimale Kindheit erlebt. Das geht schon alleine wegen der Tatsache nicht, dass wir eine komplett andere Wahrnehmung haben als unsere Eltern. Als Kind überwältigen uns unsere Gefühle, aber oft wird uns vorgelebt, dass Gefühle zu haben unangebracht ist.

Eine Freundin von mir hat mir eines Tages erzählt, wie schwer es für sie sei, Gefühle wie Wut zu empfinden und auszuleben. Sie beschrieb es so, dass sie zwar in Situationen geriete, wo es angebracht wäre, aufzustehen und wütend zu sein, aber dieses Gefühl hätte sie einfach nicht parat, und so würde sie vieles geschehen lassen, ohne dass sie daran innerlich beteiligt wäre.

Ich schickte sie zu meinem Kinesiologen, der über den Muskeltest herausfinden kann, wo unter Umständen ein traumatisches Erlebnis in der Kindheit oder wann auch immer stattgefunden hat, um dieses »innere Kind« zu erlösen. Die psychologische Kinesiologie ist nicht nur sehr hilfreich bei der Arbeit am »inneren Kind«, sondern auch bei der Bewusstwerdung von Lebensmustern, die sich verselbstständigt haben und die eine weitere Eigenentwicklung behindern. Oftmals ist einem gar nicht mehr bewusst, welche tief liegende Überzeugung einen am Weitergehen hindert.

Sie ging also hin und fand heraus, dass sie im Alter von fünf Jahren, nach einem Streit mit ihrer Mutter, zur Strafe in die Besenkammer eingeschlossen worden war. In ihrer Angst, im Dunkeln zu sitzen und nicht genau zu wissen, ob sie da wieder rauskam, hatte sie beschlossen, nicht zu weinen und auch nicht zu schreien. Sie schluckte einfach die Wut und alle Gefühle hinunter, um ihre Schwäche nicht zu zeigen und der Mutter den Triumph nicht zu gönnen. Als die Tür wieder geöffnet wurde, spazierte sie mit erhobenem Kopf hinaus und tat so, als ob nichts geschehen wäre.

Dieses Verhaltensmuster wiederholte sie im Erwachsenenleben ständig. Sie lehnte jede Art von Gefühlen ab, die in irgendeiner Form eine Schwäche zeigen könnten. Ein Teil ihrer selbst war immer noch in der Besenkammer eingeschlossen. Dieses »innere Kind« saß da im Dunkeln und wartete darauf, erlöst zu werden.

Als sie sich dieser Situation bewusst wurde, kamen die bis dahin verdrängten Gefühle wieder hoch, und sie konnte sie für sich durchleben. Als das kleine Mädchen in ihr seine Gefühle zeigen konnte, war sie bereit, ihr inneres Kind wieder zu sich zu holen.

Seitdem sie diese Erfahrung gemacht hat, kann sie mit unklaren Situationen viel besser umgehen. Sie fühlt sich nicht mehr überrannt und eingeschlossen in sich selbst. Die Wut ist nun für sie keine unkontrollierbare Kraft mehr, die sie verdrängen muss, um sich nicht schwach zu fühlen – sondern sie ist eine Kraft, die ihr zur Verfügung steht, wenn ihr inneres Kind sich bedroht fühlt.

Wir haben viele innere Kinder auf unserem Weg stehen, sitzen oder liegen lassen müssen. All diese Kinder wollen gehört, verstanden und erlöst werden. Wir brauchen sie, weil sie uns wieder vollständig machen. Oft übermannt uns eine Traurigkeit, die wir nicht einordnen können. Vielleicht meldet sich da wieder ein inneres Kind, das gesehen werden will? Wir brauchen diese liebevolle Betrachtungsweise unserer verdrängten und nicht ausgelebten Seiten, denn sonst sind wir nicht fähig, mit anderen Menschen liebevoll umzugehen.

Viele Menschen sind äußerlich erwachsen, legen aber Verhaltensweisen von trotzigen kleinen Kindern an den Tag. Ich habe auch sechzigjährige Personen kennen gelernt, die durchaus als infantil in ihrer Konfliktbewältigung zu bezeichnen waren. In der Biographie über Einstein habe ich folgendes schöne Beispiel gelesen: Einstein liebte Erdbeereis über alles. An einem ganz besonders heißen Tag kaufte er sich sein geliebtes Erdbeereis und fuhr im Cabrio mit einem Bekannten spazieren. Das Eis fiel ihm an einer holprigen Stelle aus dem Auto, und Einstein soll vor Wut und Enttäuschung geweint haben.

Dies ist für mich ein besonders schönes Beispiel dafür, dass man ein noch so intelligenter Mensch sein kann – wenn der Emotionalkörper nicht erwachsen geworden ist, dann werden auch diese Menschen von kindlichen Reaktionen überwältigt.

Alle diese Anteile, die Sie und mich und alle anderen Menschen ausmachen, gilt es liebevoll anzunehmen.

Wir sind nicht perfekt, und wer kann das auch von uns verlangen? Wir sind erst mal die Summe von anerzogenen und erlebten Mustern. Ein paar von den Mustern sichern vielleicht eine Zeitlang unser Überleben. Aber irgendwann können sie sich »überleben« – dann ist es an der Zeit, diese alten Erfahrungen gegen neue auszutauschen.

Manchmal helfen uns liebevolle Menschen dabei, diese Erlebnisse loszulassen, manchmal müssen wir uns selbst darum kümmern, bis wir liebevollen Menschen neu begegnen können.

Begegnen Sie sich selbst mit G1eduld und Selbstachtung.

Achten Sie den Weg, den Sie schon gegangen sind. Lassen Sie sich Zeit, um verschiedene Dinge zu bearbeiten. Ziehen Sie sich zurück, wenn Sie sich unter Druck gesetzt fühlen. Spüren Sie erst mal in sich hinein, was Sie *wirklich* wollen und brauchen. Und wenn Sie vorläufig keine Antwort finden – fein, dann nehmen Sie sich noch mehr Zeit und Raum, um es herauszufinden. Vertrauen Sie auf Ihr inneres Gespür.

Öffnen Sie Ihr Herz und begegnen Sie den Situationen des Lebens voller Liebe: Wenn Ihr Kind schlechte Noten nach Hause bringt, wenn Ihr Ehepartner Entscheidungen fällt, die Sie nicht nachvollziehen können, wenn Ihre Eltern Sie immer noch behandeln, als seien Sie nicht alleine lebensfähig und, und, und. All diese Situationen erfordern große Geduld und Liebesfähigkeit.

Wenn ich in eine Situation hineingerate, die mir nicht passt, und spüre, wie die Wut auf jemanden in mir hochklettert, dann segne ich im Stillen diese Person. Ich sage mir innerlich: »Ich segne dich für das, was du tust. Ich bin mir im Klaren darüber, dass du genauso einen göttlichen Anteil in dir trägst wie ich. Wir sind uns nur beide dessen in diesem Moment nicht bewusst.«

Wenn ich das denke, merke ich sofort, wie sich ein Gefühl der Aussöhnung in mir ausbreitet und mir Lösungen einfallen, wie man gemeinsam zu einem Ziel kommt. Meine Gesichtszüge entspannen sich, ich nehme den Druck und die Emotion aus der Situation heraus und leite dann eine liebevolle Betrachtungsweise ein.

Liebevolle Menschen strömen eine sonnige Energie aus. Diese Energie erfasst die Herzen der Mitmenschen und erweckt in ihnen den Wunsch, auch so ein liebevoller Mensch zu sein. Menschen mit solch einer Ausstrahlung sind wie ein Magnet für andere. Man spürt Freude und Verbundenheit.

Wenn Sie sich selbst achten, dann ist Ihr Glück oder Unglück nicht mehr von anderen abhängig. Sie lagern nicht aus, sondern behalten die Verantwortung für Ihre Liebesfähigkeit bei sich. Sobald Sie die Abhängigkeit losgelassen haben, müssen Sie nicht mehr darauf warten, dass Ihnen die Menschen liebevoll begegnen. Dann sind *Sie* liebevoll. Und diese liebevolle Energie wird sich in Ihrer Umgebung ausbreiten.

5. Fluchtmechanismen

Evolutionstechnisch gesehen, sind wir von unseren tierischen Vorfahren nicht sehr weit entfernt. Um im Dschungel zu überleben, brauchten unsere Vorfahren einen Kampf-oder-Flucht-Mechanismus. Um die Muskeln zur Flucht zu aktivieren, ist ein Nervenschock notwendig, der das Adrenalin in die Blutbahn schießen lässt. Das geschieht in Bruchteilen von Sekunden.

Dieser Reflex aus der Urzeit gaukelt uns immer noch vor, wir würden ständig ums Überleben kämpfen. Wir laufen – damals wie heute – vor etwas davon, von dem wir überzeugt sind, es würde uns schaden. Dieses Etwas kann von außen kommen, es kann aber auch aus der eigenen seelischen Tiefe stammen. Alles, was uns auf irgendeine Art und Weise gefährlich werden könnte, wird bekämpft, oder wir nehmen die Beine in die Hand und laufen davon.

Wir sind im Grunde genommen »Fluchttiere«, da gibt es nichts zu beschönigen. Der Fluchtmechanismus ist ein archaischer Anteil von uns selbst, und wir sind unentwegt gefordert, diesen zu überwinden. Wir laufen nicht nur vor äußeren Veränderungen davon, sondern auch vor uns selbst. Warum? Weil uns wahrscheinlich vieles zu heftig, verwirrend und »gefährlich« erscheint. Weil wir emotional überfordert sind. Weil wir uns vor Entscheidungen drücken, denn wir wissen, dass alle unsere Handlungen Konsequenzen haben, angenehme und unangenehme.

Es ist unmöglich, eine *Nicht-Reaktion* hervorzurufen. Alles in unserem Umfeld reagiert auf unsere Taten und Entscheidungen. Wir können nichts ungeschehen machen und nichts ungesagt lassen. Das macht Angst.

Nun ist die Flucht aus einer Situation die denkbar ungünstigste Variante, denn die Konsequenzen aus dieser Entscheidung häufen sich an, und die Lage verschärft sich. Eine Flucht hat noch nie das Problem gelöst.

Es gibt mehrere Fluchtmechanismen:

Sie können sich in die Arbeit stürzen, ein kompletter Workaholic werden, die Bewunderung Ihrer Geschäftspartner erringen und doch meilenweit von Ihrem Glück entfernt sein.

Sie können sich in den Zynismus flüchten und eine brillante sprachliche Barriere von Worthülsen um sich aufbauen, andere erniedrigen, damit Sie sich selbst erhöhen können, und Sie werden »da oben« sehr alleine bleiben.

Sie können verdrängen und versuchen zu vergessen, um an irgendeinem Punkt Ihres Lebens vom »Schicksal« daran erinnert zu werden, dass Sie Ihre Hausaufgaben nicht gemacht haben.

Sie können in ein anderes Land auswandern, um festzustellen, dass Sie sich doch mitgenommen haben. Wenn Sie Ihr Paradies nicht in sich selbst gefunden haben, kann Ihnen eine karibische Insel auch nicht helfen.

Sie können sich in Projektionen flüchten und Ihre Wunschträume, die Sie sich nicht trauen selbst zu verwirklichen, durch jemand anderen ausleben. Die Ent-Täuschung ist vorprogrammiert.

Bei dieser Aufzählung frage ich mich:

Warum sollte ich flüchten wollen, wenn mich sowieso alles einholt? Warum nicht gleich, hier und jetzt, der Situation ins Auge blicken?

Die Angst davor ist meistens schlimmer als der tatsächliche 1Schritt, der zu tun ist.

Unsere Ängste bieten ein Szenario an, welches überhaupt nicht der Realität entspricht. Es hilft nichts, diese »Vogel-Strauß-Taktik« an den Tag zu legen. Ein Problem ist nur dann gelöst, wenn man sich ihm stellt und alle Konsequenzen daraus trägt. Dann ist es schneller vom Tisch, als wenn man diesen Berg vor sich herschiebt.

Überall in der Welt ist der menschliche Alltag durchsetzt von Angst, Bedrohung, Sorgen, Nöten, Elend und Krankheit. Alleine diese Themen dauernd im Fernsehen zu sehen, treibt uns schon in die Flucht.

Wie kann man all diesen Dingen ins Auge blicken, ohne zu verzweifeln? Sich ständig mit diesen großen Weltthemen zu beschäftigen, hält uns in Atem – aber auch davon ab, erst mal mit uns selbst zu beginnen.

Wie ich schon mehrmals erwähnte, läuft unser Leben nach einem selbst erschaffenen Überzeugungsmodell ab, welches die Summe der bereits gemachten Erfahrungen, angelernten oder angeborenen Muster beinhaltet. Sie haben sich entschieden, wie »bunt« Ihre Welt ist, in der Sie leben. Diese »Brille«, durch die Sie die Welt sehen, gilt es neu zu gestalten.

Sie haben sich im Prinzip Ihre Welt und Ihre Vorurteile selbst erschaffen. Diese Vorurteile hindern Sie daran, neue Erfahrungen zu sammeln. Wenn Sie sich ständig »verfolgt« fühlen und überfordert sind, dann sollten Sie sich bewusst machen, *warum*. Das können Sie am besten, wenn Sie anfangen, Ihre Gedanken zu beobachten:

Tausende von Gedanken schwirren uns täglich durch den Kopf – diese gilt es nach Kategorien zu ordnen: Vergangenheit, Gegenwart oder Zukunft, konstruktiv oder destruktiv.

Ich habe diese Art von Aufmerksamkeitsübung immer sehr gerne gemacht, denn ich bin neugierig, was passiert, wenn ich die Farben meiner »Brille« ändere. Ich fing also an, meine Gedanken zu beobachten und zu überprüfen, ob sie sich in der Gegenwart oder in der Zukunft aufhielten. Dies war und ist bei meinen vielen herumschwirrenden Ideen und Gedanken keine leichte Aufgabe.

Im Prinzip gleiten alle unsere Gedanken ständig zwischen Vergangenheit und Zukunft hin und her. Wir erinnern uns gerne an das Lied, welches wir gerade gehört haben, an den Parfümduft der geliebten Person, die gerade den Raum verlassen hat, oder denken daran, wie es sein wird, wenn wir heute Abend kochen. Die Gedanken streunen ständig herum und gaukeln uns frohe oder traurige Erinnerungen und Pläne vor.

Ich habe mich in Gedanken auch schon oft in Rage geredet, das kann ich gut!

Diese Wahrnehmungsübung hat mich sehr beeindruckt, und ich verstand, dass wir uns im Wesentlichen damit beschäftigen sollen, in der Gegenwart zu leben und den »Problemen«, die auf uns zukommen, wachsam ins Auge zu blicken, ohne uns damit zu identifizieren. Wir sollten nicht unserem inneren »Fluchttier« nachgeben, aber auch nicht unserem Verstand gehorchen, der nur eine sehr limitierte Lösungsvorstellung hat.

Die bewusste Wahrnehmung unserer Gedanken und Gefühle hilft uns dabei, uns mit unserer inneren Lebensweisheit zu verbinden und dem Fluss des Lebens zu folgen.

6. Warum machen wir uns zum Affen?

Unser Denken hält uns gefangen. Unser Verstand gaukelt uns Pseudotatsachen vor, die uns in unserem Leben einschränken. Es gibt einen schönen Begriff für unseren Verstand, den ich in Zen-Schriften gelesen habe: »Monkey-Mind«. Er bedeutet übersetzt ungefähr so etwas wie »Affengeist«.

Der Begriff hat etwas mit der Art zu tun, wie man in Indien Affen fängt: Man überlistet sie, indem man einen schmalen Röhrentunnel in einen großen Stein schlägt und am Ende des Tunnels einen Apfel hineinrollen lässt. Affen essen Äpfel sehr gerne und werden ganz bestimmt versuchen, diesen Apfel herauszufischen. Der Affe steckt also seinen Arm in den Tunnel, um ihn herauszuholen. Dadurch, dass er den Apfel mit der Hand umklammert, schafft er es nicht, ihn herauszuziehen, und fängt an, schrecklich zu zetern und lauthals zu schimpfen. Er lässt ihn aber nicht los – genau in diesem Moment werfen die Affenfänger das Netz über ihn.

Dies ist eine schöne Metapher für unseren Verstand. Er zetert und schimpft ununterbrochen, dabei müsste er nur loslassen... der, der ihn in eine Falle lockt und darin gefangen hält, ist er selbst.

Glauben Sie an sich! Glauben Sie stärker an sich als an andere. Wenn Sie nicht genug Glauben an sich selbst haben, sind Sie angewiesen darauf zu glauben, was Ihnen andere Leute erzählen. Dann bleiben Sie in der Verwirrung, denn je mehr Menschen Sie fragen, desto mehr Meinungen holen Sie ein. Wessen Leben leben Sie dann?

Der Glaube ist die stärkste Kraft, die wir zur Verfügung haben. Damit meine ich den Glauben an uns selbst, die Überzeugung, dass wir die Kraft aufbringen, etwas Neues zu schaffen. Auf was können wir uns denn sonst verlassen? Unser angelerntes Wissen kann limitiert und schon längst überholt sein, aber unser Glaube an uns selbst gibt uns die Energie, die wir brauchen, um die Dinge anzupacken, die tief in uns drin als Potenzial schlummern. Manchmal ist man sogar selbst von seinen Fähigkeiten überrascht. Ich bin es dauernd.

Zwar habe auch ich nicht gleich zu Anfang an mich geglaubt, aber es war sehr hilfreich für mich, mich selbst zu fragen, warum denn bitte ein fremder Mensch besser über mich und meine Fähigkeiten Bescheid wissen sollte als ich selbst. Nur Sie allein können herausfinden, was in Ihnen steckt! Warten Sie nicht damit, bis vielleicht irgendjemand vorbeikommen könnte und Sie aus Ihrem Dornröschenschlaf erweckt!

Wie so vieles im Leben, hat auch der Glaube an sich selbst mit Übung zu tun.

Stecken Sie sich ein Ziel, welches Sie sich wünschen, und bleiben Sie dabei. Es gibt zwei Möglichkeiten auf Ihrem Weg: Entweder Sie fangen an zu zweifeln und scheitern, oder Sie glauben an sich und Ihre Kraft so lange, bis Sie das Ziel erreicht haben. Trauen Sie sich das zu? Trauen Sie sich so viel Kraft und Konzentration zu? Oder denken Sie Gedanken wie: »Das habe ich ja noch nie gemacht, das kann gar nicht klappen«?

All die Errungenschaften der Wissenschaft, Medizin und Technik sind voll von Projekten der Menschen, die so »verrückt« waren, daran zu glauben, dass etwas möglich ist, von dem sie manchmal noch nicht einmal wussten, was es werden würde.

Sind auch Sie bereit, sich selbst zu »ver-rücken«, oder bleiben Sie im festen »Ver-stand«?

Werden Sie wieder so neugierig und experimentierfreudig

wie ein Kind! Wagen Sie etwas Neues. Hören Sie nicht auf die Zweifler in Ihrer Umgebung, die wollen sowieso keine Veränderung zulassen, denn das würde sie auch infrage stellen, und genau das wollen die meisten Menschen verhindern.

Das Erreichen Ihrer Ziele und die Reise zu Ihrem authentischen Selbst hängen damit zusammen, wie Sie denken. Wenn Sie nicht genug an sich glauben, dann werden Sie abhängig von anderen Menschen und deren Meinung.

Sie selbst und Ihre eigenen Ideen sind es wert, dass Sie an sie glauben!

7. Emotionale Kommunikation

> Darin besteht die Liebe: dass sich zwei Einsame
> beschützen und berühren und miteinander reden.
> *Rainer Maria Rilke*

Am Anfang einer Liebesbeziehung ist alles wunderbar! Man lernt sich kennen, ist inspiriert und neugierig und führt stundenlange Gespräche. Wir erklären uns gegenseitig die Welt und erklären uns selbst. Wir sprechen über unsere Vorlieben und über das, was wir nicht mögen. Wir teilen uns mit, und alleine die Tatsache, dass da jemand ist, der uns zuhört, macht uns glücklich. Wir fühlen uns verstanden, angenommen und bestätigt.

Wenn die »heiße« Phase dann vorüber ist, erlahmt das Bedürfnis zu kommunizieren. Man hat sich alles erzählt, die Geschichten sind nicht mehr neu, und man fängt an sich zu langweilen. Die alten Geschichten werden dann nur noch in geselliger Runde zum Besten gegeben, was den Partner »augenrollenderweise« in die Küche flüchten lässt. Der Alltag holt einen ein in seiner Routine. Vorbei die viele schöne Zeit, die man trotz stressigen Berufs hatte, um sich auszutauschen. Vorbei die Nähe, die man empfunden hat, weil nichts wichtiger war als die Beziehung.

Jetzt findet nur noch Informationsaustausch statt. Es werden nur noch organisatorische Dinge besprochen und so unliebsame Dinge gesagt wie: »Kannst du nicht auch mal den Müll rausbringen?« Der Bewältigung des Alltags und des Berufes wird mehr Aufmerksamkeit geschenkt als der Beziehung. Langsam, aber sicher schleicht sich das Gefühl der Liebe und Freude aus dem Raum, und keiner hat es bemerkt.

Kommt Ihnen das bekannt vor? Nun, mir schon. Wenn mein Mann und ich nicht darauf achten, unsere Liebesbeziehung zu leben und auch über unsere Gefühle zu sprechen, dann wird unmerklich nur noch über den Beruf und die alltäglichen Probleme geredet. Besonders mit einem Kind gibt es so viele verantwortungsvolle Entscheidungen zu besprechen, dass man abends müde ins Bett fällt, ohne sich als Liebespaar zu spüren.

Ich bin immer wieder erstaunt, wie sehr doch der Alltag einen in Beschlag nimmt. Dieses ständige Organisieren beansprucht sehr viel Raum und Zeit. Wenn wir nicht darauf achten, noch genügend Zeit für uns als Paar einzuplanen, leidet unsere Beziehung genauso darunter wie jede andere Beziehung auch. Mit einem großen Unterschied: Wir reden darüber. Wir sprechen über unsere Gefühle und wie es uns dabei geht. Manchmal kann es schmerzvoll und unangenehm sein, manchmal kommen Trauer und Schuldgefühle hoch und manchmal auch Abwehr und Streit. Wer will denn schon gerne hören: Du hast nicht genügend Zeit für mich!

Oft rast man mit Scheuklappen durch die Gegend und fühlt sich auch noch toll dabei. Wer sonst kann einen zum Innehalten bewegen, wenn nicht der geliebte Mensch? Richtig gute Freunde können auch diese Aufgabe im Leben übernehmen. Es ist immens wichtig, dass alle Gefühle stattfinden dürfen und gemeinsam betrachtet werden – ohne Bewertung und Schuldzuweisungen.

Für jedes Verhalten gibt es einen tieferen Beweggrund. Um diesem Grund auf die Spur zu kommen, braucht es Vertrauen und viel Zeit für Gespräche.

Ich für meinen Teil verbringe sehr viel Zeit damit, zu arbeiten. In mir sitzt immer noch eine tiefe Angst davor, mich selbst und meine Familie nicht ernähren zu können. Es hat nichts mit der Realität zu tun, aber trotzdem kann ich diese tief sitzende Angst – noch – nicht überwinden. Das kommt wohl unbewusst daher, dass meine beiden Eltern Künstler sind, ich in Künstlerkreisen aufgewachsen bin, viele Künstler kenne und viele Künstler gesehen habe, die auf der Straße gelandet sind. Dieses Wissen treibt mich innerlich dazu, mir zu viel Arbeit aufzuhalsen.

Die Konsequenz daraus liegt auf der Hand – ich habe zu wenig Zeit für die Familie. Zur rechten Zeit drückt mein Mann auf die »Stopptaste«, und wir überprüfen gemeinsam, ob wir eine bessere Lösung finden können, die uns allen guttut. Dabei gehe ich in mich und sehe mir alle meine Gefühle an, die hochkommen, besonders die Schuldgefühle. Dann bin ich wütend und traurig, dass ich die Bedürfnisse meiner geliebten Menschen nicht gesehen habe und einfach weitergerannt bin, im besten Glauben, alles richtig gemacht zu haben. Oft bemerkt man wirklich nicht, wie sehr man in seinen eigenen Kram verstrickt ist.

Durch Gespräche und intensive Beschäftigung mit den wichtigen Themen in der Beziehung entstehen Nähe und Zusammengehörigkeit. Wir finden gemeinsam eine Lösung, die sich für alle Beteiligten entspannter anfühlt und jedem genügend Freiraum und auch Nähe gibt.

Ganz ähnlich funktioniert es selbstverständlich auch umgekehrt. Wenn mein Mann zu viel arbeitet, drücke ich genauso auf die »Stopptaste«, und auch unserer Tochter bringen wir bei, dass sie (rechtzeitig!) über ihre Gefühle sprechen soll, damit sie ihre eigenen Bedürfnisse versteht und auch die Bedürfnisse anderer verstehen lernt.

Für mich ist es immer wieder überraschend, wie wenig die

Menschen *konkret* über sich und ihre Gefühle reden können und wollen. Lieber verständigen sie sich mit versteckten Botschaften »zwischen den Zeilen« und nehmen dadurch sehr viel mehr Enttäuschungen und Missverständnisse in Kauf, als sie müssten.

In der Tiefe zu kommunizieren, das ist das Wesentliche in einer Partnerschaft. Alles andere ist austauschbar. Es ist unwichtig, wer den Müll hinausbringt oder die Geschirrspülmaschine ausräumt. Wenn diese Dinge wichtiger werden als alles andere, dann sind sie stellvertretend für ein anderes, tiefer liegendes Problem.

Menschen verändern sich im Lauf der Jahre. Auch die Sehnsüchte und Vorlieben können sich verändern. Wenn Sie diese Veränderungen nicht mitteilen, dann finden weder Sie selbst den Raum, den Sie für sich brauchen, noch gibt es eine Chance für gemeinsame Veränderung und Wachstum. Verfallen Sie nicht dem Irrtum zu glauben, Ihr Gegenüber müsste es doch automatisch merken. Pustekuchen! Wir sind alle noch nicht so weit, nur mit Gedanken kommunizieren zu können. Wir müssen darüber reden.

Fangen Sie an, über sich und Ihre Bedürfnisse zu sprechen. Bleiben Sie bei sich und vermeiden Sie Schuldzuweisungen. Verändern Sie Ihre Satzbildung in eine konstruktive Form: Fangen Sie Ihre Sätze mit »Ich fühle mich…« an und nicht mit: »Du hast…« oder »Du tust…«. Ich-Botschaften werden viel besser vom Gegenüber akzeptiert als Du-Botschaften. Das »Du« zeigt auf den anderen, der sich dann in die Ecke gedrängt fühlt.

Sprechen Sie darüber, was Sie fühlen, über Ihre Ängste und Sorgen und darüber, was Sie gerne anders haben möchten. Bieten Sie Lösungen an und zeigen Sie nicht ständig auf das Negative. Wenn man nur aufzeigt, was alles nicht funktioniert, sieht es so aus, als ob überhaupt nichts Schönes mehr übrig bleibt. Dabei gab es doch am Anfang der Beziehung sehr viel Schönes, was man gemeinsam unternommen hat. Erinnern Sie sich an diese Zeit und knüpfen Sie da wieder an.

Achten Sie darauf, dass Sie nicht alles zerreden und sezieren. Hören Sie auf, wenn alles gesagt ist, und gehen Sie zur Lösung über. Sonst verharren beide im Recht-haben-Wollen, und die Situation bleibt so bestehen.

Streit ist eine wichtige Form der Kommunikation. Er zeigt, dass der andere einem noch wichtig genug ist, sich mit ihm auseinanderzusetzen. Streiten Sie konstruktiv, das heißt immer um die Sache. Gehen Sie nie unter die Gürtellinie, und fügen Sie Ihren Sätzen keine Beleidigungen und abfälligen Bemerkungen hinzu wie: »Du bist ja zu dumm, um das zu verstehen…« Solche Aussagen verletzen den anderen tief und lassen ihn jeglichen Respekt vor Ihnen verlieren.

Wo kein Respekt ist, kann die Liebe nicht wachsen.

8. Eine Verbindung zu sich und anderen entwickeln

Innere Leere und Isolation machen die Menschen einsam und krank. Sie fühlen sich allein, abgesondert, missverstanden und ausgegrenzt. Sie glauben, von allen anderen abgeschnitten zu sein und nicht geliebt zu werden. Sie schaffen es nicht, mit anderen gut auszukommen, weil das Gefühl des Getrenntseins jede wahrhaftige Kommunikation verhindert.

Wie oft bekomme ich Gespräche von Menschen mit, die sich ganz offensichtlich nicht *wirklich* zuhören, sondern nur eine Konversation an der Oberfläche führen, aus Angst, etwas von sich preiszugeben – was der andere dann gegen einen benutzen könnte. Das Gefühl mangelnder Verbundenheit mit sich und mit anderen ist der Ursprung vieler Probleme. Die Folge davon sind emotionale Verletzungen, Missverständnisse und Trennung.

Aus Angst vor Verletzung wird eine gerade beginnende Beziehung oder Freundschaft viel zu früh beendet, bevor überhaupt eine Tiefe erreicht werden konnte. Viele Menschen haben es verlernt, soziale Kontakte aufzubauen und zu pflegen. Bei der kleinsten Unstimmigkeit wird die Freundschaft oder Beziehung sogleich abgebrochen. Wenn es nicht so perfekt läuft, wird nicht einmal mehr über den Grund der Unstimmigkeit gesprochen, sondern innerlich gleich die Entscheidung gefällt: »Wir passen eben doch nicht zueinander« oder: »Ich habe mich wieder einmal geirrt«. Die Person wird ausgetauscht, und man begibt sich rastlos weiterirrend auf die Suche nach etwas »Besserem«.

Nicht einmal Kinder schaffen es, spielerisch ihre Freundschaften zu pflegen. Sie haben keine richtigen Freunde mehr, mit denen sie durch dick und dünn gehen können. Sie lernen nicht mehr aneinander, wie sie *gemeinsam* alle emotionalen Höhen und Tiefen durchlaufen können, sondern haben nur noch Schulbekanntschaften, um sich die neusten elektronischen Errungenschaften vorzuführen.

Wer da nicht mithalten kann, ist out. Es ist fast erschreckend festzustellen, wie kaum jemand mehr krisensicher ist. Die Angst davor, Fehler zu machen, treibt uns in die Enge und die Angst davor, einen getanen Fehler einzugestehen, noch mehr. Verantwortung will heute keiner mehr übernehmen. Heutzutage wird per Mail oder SMS der Freundschaft oder Beziehung die Bankrotterklärung gemacht. Gefühle werden durch Sprachlosigkeit ersetzt, abgeschnitten und verdrängt.

Aus so einem Verhalten heraus entsteht ein Kreislauf der Angst und Verwirrung.

Diese Angst kenne ich nur zu gut. Ich glaube, jeder kennt diese Phase in seinem Leben, in der man sich komplett alleine und isoliert fühlt. Ich habe mich damals zu Hause vergraben und gedacht, keiner wolle etwas mit mir zu tun haben, ich würde keiner Gruppe angehören und keine wahren Freunde haben. Das Gefühl wurde noch dadurch verstärkt, dass mich in dieser Zeit kaum jemand zu erreichen versuchte.

Ich spielte alle Phasen des Abgelehntseins durch: Ich fühlte mich missverstanden, ich fühlte mich einsam, ich schämte mich meiner selbst, ich war wütend auf mich und alle anderen, ich erhöhte mich über die anderen und ich erniedrigte mich. Ich fühlte mich als Opfer und dachte, ich brauchte nicht auf dieser Welt zu sein, weil mich sowieso keiner liebte.

Nach drei Wochen konsequenter »Gedankendramen« fiel mir die Decke auf den Kopf. Draußen war schönes Wetter, und ich wollte endlich wieder ein paar Sonnenstrahlen tanken. Kaum war ich im Park und betrachtete die wunderschöne Natur und die Hunde, die spielend herumtollten, musste ich über mich selbst lachen. Ich erkannte, dass ich einem absoluten Hirngespinst aufgesessen war, nämlich meiner ureigenen Affinität zum Leiden und zum Unglücklichsein.

Ich atmete die wundervolle Luft tief in meine Lungen und spürte mit jeder Faser meines Körpers, wie sehr ich mit allem verbunden war. Ich betrachtete die Natur, als würde ich sie zum ersten Mal *wirklich* wahrnehmen. Ich rief meine Freunde an, die sich sehr freuten, dass ich endlich wieder da war, denn sie dachten, ich wäre verreist.

Mir wurde bewusst, dass meine festgefahrene Meinung über mich und meine Außenwirkung mich davon abhielt, die Realität zu sehen, wie sie wirklich war. Ich hatte mir ein Szenario aufgebaut, welches hieß: »Keiner liebt mich.« Dieses agierte ich so lange aus, bis es mir selbst nicht mehr gefiel. Noch nie zuvor hatte ich die Machbarkeit meiner Gedanken auf destruktive Art und Weise so gespürt wie damals.

Ich konnte ein Gefühl der Isolation kreieren, und ich konnte ein Gefühl des Verbundenseins kreieren – es war meine eigene Entscheidung. Ich konnte mich geliebt fühlen oder ungeliebt, ganz so, wie ich es gerade brauchte. Bedingt durch die Erfahrung von damals habe ich die Entscheidung für mein Heute gefällt:

Ich bin mit allem verbunden, was ist.

Mir geht es viel besser, wenn ich mich mit allem verbunden fühle – ich bin in Beziehung mit allem, was ist. Natürlich falle ich manchmal wieder aus diesem Gefühl heraus, aber diese Phasen sind heute viel seltener geworden. Dadurch dass ich viele meiner Ängste angeschaut und überwunden habe, gibt es nicht mehr so viele Probleme in meinem Leben.

Sobald ein Problem mit einem Mitmenschen auftaucht, frage ich mich, ob die Ablehnung, die mir begegnet, vielleicht meine Haltung mir selbst gegenüber widerspiegelt? In welcher Hinsicht lehne ich mich ab? Kann es sein, dass ich die unterdrückte Wut über mich selbst auf mein Gegenüber projiziere? Man bekommt von den Mitmenschen genau das zurück, was man selbst erzeugt: bewusst oder unbewusst.

Hier ein paar Tipps, wie Sie besser mit anderen auskommen können:

Wenn Sie Ihre Beziehung zu anderen Menschen verbessern wollen, dann fragen Sie sich erst mal selbst nach der Ursache Ihres Verhaltens und Ihrer Stimmung, die Sie ausstrahlen.

Haben Sie Geduld mit sich und anderen.

Versuchen Sie niemanden zu ändern; die Menschen reagieren aus der Summe ihrer Erziehung und festgelegten Überzeugungen heraus. Lernen Sie die Menschen so zu nehmen, wie sie sind, und betrachten Sie Ihren eigenen Anteil daran.

Stellen Sie sich vor, dass Sie mit allen verbunden sind.

In diesem Zustand der Verbundenheit wird es Ihnen nicht möglich sein, ständig auf die Unzulänglichkeiten Ihres Geschäfts- oder Lebenspartners oder anderer Menschen zu zeigen.

Kommentieren Sie die Andersartigkeit Ihrer Mitmenschen nicht, weder versteckt in einem humorvollen Spruch noch zynisch oder sarkastisch. Eine verletzende Bemerkung sitzt tief, auch wenn sie als Witz gemeint war. Gefühle kennen keine Witze.

Wenn Sie in eine harmonische Beziehung zu Ihren Mitmenschen treten wollen, dann verbinden Sie sich mit ihnen und achten und respektieren Sie sie, so wie sie sind. Sie beanspruchen das Gleiche ja auch für sich. Sie wollen auch nicht dauernd kritisiert werden oder ständig das Gefühl vermittelt bekommen, Sie seien unzulänglich.

Beobachten Sie sich, wo Ihr Gefühl des Abgetrenntseins herkommen könnte und ob es *tatsächlich* der Realität entspricht.

Interpretieren Sie nicht das Verhalten anderer und ziehen Sie keine voreiligen Schlüsse daraus. Wenn Ihnen etwas unklar ist, dann sprechen Sie es aus. Sie werden feststellen, es hat fast nichts mit der Geschichte zu tun, die Sie sich im Kopf zurechtgelegt haben. Wenn Sie ständig alles besser wissen und an sich reißen wollen, können Sie keine liebevolle Basis aufbauen.

Öffnen Sie sich dem Gefühl der Verbundenheit und dem liebevollen Miteinander. Haben Sie Verständnis und hören Sie zu.

Erzählen Sie nicht immer nur von sich und bringen Sie im Gespräch nicht gleich Gegenbeispiele aus Ihrem Leben. Manchmal zeigt das bloße Zuhören die innere Verbundenheit mehr, als wenn Sie sogleich anfangen zu reden.

9. Authentisch sein

> Ein integriertes Wesen weiß, ohne irgendwohin zu gehen,
> sieht, ohne hinzublicken,
> und hat Erfolg ohne eigenes Zutun.
> *Lao Tse*

Sind Sie mutig? Sind Sie bereit, ehrlich und offen zu sein?

Sind Sie liebevoll, geduldig und mitfühlend? Tun Sie die meiste Zeit Ihres Lebens das, was Sie sich immer gewünscht haben? Haben Sie sich den Anforderungen des Lebens mit vollem Bewusstsein gestellt, und haben Sie die Konsequenzen verantwortungsvoll getragen? Egal was Ihre Mitmenschen über Sie denken?

Herzlichen Glückwunsch, dann sind Sie schon ein ganzes Stück Ihres Weges zum authentischen Menschen gegangen.

Ein authentischer Mensch lebt aus seinem Inneren heraus, er weiß, was seine naturgegebenen Talente sind, und weitet seine Fähigkeiten aus, ohne andere Menschen aus ihrer Position zu verdrängen. Dies ist für mich erstrebenswert: natürliche Ausweitung des seelischen Potenzials ohne Störung durch den Verstand.

Unser Verstand bringt uns durch seine Voreingenommenheit, seine Besserwisserei und sein immerwährendes Geschwätz auf die Nebenspur unseres Lebens. Die Realität, welche ausschließlich durch unseren Verstand betrachtet und kommentiert wird, ist nicht die *wirkliche* Realität.

Das, was wir zu erleben meinen, ist die Resonanz auf unser eigenes Erlebnisfeld, bestehend aus festgefahrenen Überzeugungen und Erinnerungen.

Wenn ich zum Beispiel davon überzeugt bin, dass alle Männer vor mir davonlaufen, dann suche ich mir nur Männer, die dieser Überzeugung entsprechen – und über kurz oder lang das Weite suchen.

Das universale Feld, von dem viele Philosophen und spirituelle Führer sprechen, ist in ständiger Bejahung auf uns eingestellt. Es sagt ununterbrochen Ja zu uns und unseren Überzeugungen und Lebensplänen. Wenn wir *äußerlich* zwar meinen, positiv eingestellt zu sein, aber *innerlich* unserer eigenen Einstellung misstrauen, was glauben Sie, was dann passiert? Richtig, wir bekommen innerlich Recht zugesprochen.

In dieser Hinsicht habe ich am Anfang meiner beruflichen Laufbahn eine sehr spannende Erfahrung gemacht: Auf die vielen Fragen nach meiner Berufswahl erzählte ich allen begeistert, dass ich Schauspielerin werden wollte. Dem Augenrollen als Antwort folgte: »Und welche Ausbildung willst du machen?«

Ich antwortete, dass ich mich zwar zur Aufnahmeprüfung am Max-Reinhardt-Seminar angemeldet hatte, aber nicht glaubte, eine Chance zu haben, da sich jedes Jahr ca. 800 Leute anmeldeten und nur zwölf Studenten angenommen würden. Äußerlich gab ich mich sehr ungläubig und unsicher, aber innerlich *wusste* ich, dass ich die Aufnahmeprüfung schaffen würde. Als ich dann die Prüfung bestanden hatte und mein Studium begann, sagte einer der Professoren zu mir: »Du warst so überzeugt davon, dass du es schaffst, wir *mussten* dich nehmen.«

Heute wende ich dieses Kräfte raubende System nicht mehr

an, *äußerlich* etwas anderes darzustellen als das, was ich *innerlich* wirklich meine. Ich erzähle einfach niemandem mehr von meinen Projekten, bis sie tatsächlich »geboren« sind. Diese Verabredung mit mir selbst hilft mir, meine Kräfte zu bündeln und keine äußeren Zweifel zuzulassen.

Bis ich wusste, wie meine Seele zu mir spricht, habe ich mehrere Jahre gebraucht. Im Grunde pendele ich ständig hin und her, mal in der Einheit verweilend, mal aus der Einheit herausfallend. Aber die Zeiten innerhalb dieser Einheit sind viel länger geworden als die Zeiten außerhalb. Außerdem spüre ich sofort, wenn ich mich von mir selbst wegbewege, und halte sogleich inne und frage mich, was der Auslöser war. Denn der Auslöser birgt wieder eine Lernaufgabe in sich, der es sich zu stellen gilt.

Authentisch sind Sie da, wo Ihre *wahren* Gefühle sind – nicht die Gedanken *über* die Gefühle. Gefühle finden jenseits des Denkens und der Interpretation statt. Wir sollten uns auf dem Weg zu unserem authentischen Selbst unseren *echten* Gefühlen stellen, anstatt sie zu verdrängen.

Das erste echte Gefühl, das Sie empfinden können, ist zum Beispiel Wut. Über Liebe und Freundschaft hingegen kennen Sie zunächst nur Gedankenkonstrukte. Sie »glauben«, Liebe würde so und so sein oder Freundschaft wäre nur möglich, wenn...

Wahrhafte, echte Liebe haben die wenigsten von uns erlebt. Wir denken, »Liebe ist...«, aber wird *sind* nicht Liebe. Wir knüpfen Symbole an die Liebe, wie Herzchen, Amulette und Ringe, oder nennen Attribute der Liebe wie: warm, kuschelig, zärtlich, himmelhoch jauchzend etc. Wahre Liebe findet jenseits der Worte statt. Dafür gibt es keine Bezeichnung oder Beschreibung. Wahre Liebe und Liebesfähigkeit *ist*. Liebe *ist*. Wir *sind* Liebe. Oder eben nicht...

Versuchen Sie mal eine kleine Übung:

Schließen Sie die Augen und sagen Sie innerlich: »Ich bin Liebe.« Mehrmals. Oft hintereinander. Meinen Sie es!
Spüren Sie Ihrer Aussage nach. Was passiert mit Ihnen? Was fühlen Sie? Einen Kloß im Hals? Ungläubigkeit? Scham? Klopft Ihr Herz bis zum Hals, wird Ihnen warm oder kalt? Können Sie es überhaupt sagen, oder finden Sie es lächerlich? Spüren Sie Widerstand?
Wiederholen Sie diese Übung, sooft es geht. Besonders vor dem Einschlafen. Wiederholen Sie diesen Satz so lange, bis Sie keinen Widerstand mehr spüren.

All das, was dabei hochkommt, verhindert Ihren authentischen Weg dorthin, Liebe zu *sein*.

Diese Gedankenkette von veralteten Überzeugungen, angelernten Vorurteilen, übernommenen Prinzipien, verschwommenen Begriffen und unklaren Konzepten macht es uns schwer, den Nebel unserer Existenz zu lüften und einfach nur zu *sein*.

Wenn Sie Liebe *sind*, dann ist es unmöglich, zu betrügen, zu lügen oder andere zu übervorteilen. Dann leben Sie im Einklang mit sich und anderen. Das heißt nicht, dass Sie jetzt nur noch harmonisch durch die Welt schweben, mit einem leisen Grinsen im Gesicht – aber es heißt, dass Sie innerlich frei sind, die Dinge zu erkennen, wie sie wirklich sind, und die Wahl zu haben, zu bleiben oder zu gehen, ganz wie Sie es innerlich fühlen.

10. Angst vor Nähe ist Angst vor Hingabe

Zu nah, zu fern? Wie viel Nähe ist zumutbar und wann brauchen wir wieder Freiraum? Wovor haben wir eigentlich Angst? Dass man sich daran gewöhnt, geliebt zu werden? Und wenn man sich dann daran gewöhnt hat, ist es vorbei?

In einer langfristigen Beziehung ist es wichtig, unser Bedürfnis nach Abgrenzung und unser Bedürfnis nach Nähe in einem ausgewogenen Rahmen leben zu dürfen.

Einerseits wollen wir eigenständige und starke Persönlichkeiten sein, und andererseits suchen wir nach Gemeinsamkeit und Nähe. Dies kann ein starkes Spannungsfeld in der Beziehung sein, wenn keine Ausgewogenheit zwischen beiden Polen herrscht.

Schwierig wird es auch, wenn es ein unterschiedliches Timing gibt innerhalb des Beziehungsfeldes – der eine gerade gerne allein sein möchte und der andere gerade mehr die Zweisamkeit sucht. Oder wenn beide eigentlich wenig Nähe zulassen können – dann ist das »Wir« in der Beziehung schwach ausgeprägt, der Drang nach Unabhängigkeit überwiegt. Eines der ältesten Beziehungsspiele ist das Tauziehen zwischen Nähe und Freiraum. Es kann bis zur völligen Auflösung der Beziehung führen.

Angst vor Nähe hat damit zu tun, dass wir alle große Angst vor Verletzungen haben. Aber wenn wir keine Nähe zum Partner herstellen können, dann verabschieden wir uns still und leise aus der Beziehung. Es gibt innerlich kein »Wir«, keiner nimmt an den Gefühlen und Erfahrungen des anderen teil. Es ist ein Trugschluss, zu glauben, dass alles, was am Anfang einer Beziehung da war, einfach selbstverständlich da bleibt. Im Gegenteil – am »Wir-Gefühl« darf bewusst gearbeitet werden.

Am Anfang der Beziehung fällt alles leicht. Die Verliebtheit lässt das Blut bis in die Ohren rauschen, und wir übersehen viele Unstimmigkeiten nur gar zu gern. Wenn dieses überfließende Wollen dem anderen gegenüber langsam, aber sicher aufhört, um wahrhaftiger Liebe Platz zu machen, erst dann kann eine gemeinsame Basis aufgebaut werden. Das kann die Basis sein, die eine Beziehung über lange Jahre trägt. Unser Wollen und unsere Aufmerksamkeit sollten wir immer wieder in Richtung Beziehung lenken, um der Partnerschaft Kraft zu geben.

Dieses »Wir-Gefühl« stärken Sie durch Kommunikation und gemeinsames Erleben. Verbringen Sie so viel Zeit miteinander wie möglich; diese gemeinsame Zeit wird Ihre Verbindung stärken und Sie gegen Krisen wappnen. Gemeinsames Erleben bringt Nähe, Vertrauen und Freude in die Beziehung. Ihre Ehe soll doch keine Hülle werden, von der Sie nicht wissen, was sie aufrechterhält? Ihre Sehnsucht geht doch in Richtung »erfüllte« Liebesbeziehung, oder? Wer oder was soll sie denn »er-füllen«. Geben Sie alles hinein, was Sie an Gefühlen zur Verfügung haben, dann kann der andere auch alles hineingeben.

Wahrhaftige Liebe hat mit Hingabe zu tun. Sich hingeben zu können zeugt von tiefem Vertrauen und dem Glauben an die Verlässlichkeit des Partners, der einen im richtigen Augenblick hält. Es ist das tiefste der Gefühle und zugleich das angstvollste.

Warum ist Hingabe denn so schwer? Weil wir unsere Kontrolle aufgeben müssen. Weil wir denken, dass wir aufhören zu existieren, wenn wir die Kontrolle aufgeben und uns fallen lassen.

Hingabe ist einer der Schlüssel zum Glück, aber auch der Schritt, vor dem die Menschen die größte Angst haben.

Sich hinzugeben bedeutet die Aufgabe von Kontrollmechanismen und Versuchen, den Partner zu manipulieren. Es bedeutet, das Sicherheitsdenken auszuschalten, aber auch das Streben nach Macht aufzugeben. Hingabe ist nicht zu verwechseln mit »aufgeben«, »Opfer sein«. Wenn Sie sich hingeben, dann geben Sie nur die Mechanismen auf, die Sie davon abhalten, wahre Liebe zu leben. Da wir wahrscheinlich in unserer Vergangenheit keine gute Erfahrung mit Hingabe gemacht haben, fällt es uns jetzt immer schwerer.

Aus einer negativen Erfahrung erwächst die Angst vor der Wiederholung dieser Erfahrung. Diese Angst verwehrt uns den Zugang zur wahrhaftigen Liebe durch Hingabe.

Wahrhaftige Liebe ist frei von Angst. Hingabe ist frei von Angst. Hingabe gibt es auf allen Ebenen, nicht allein nur in der Sexualität. Hingabe in der Partnerschaft bedeutet *nicht* Aufgabe seiner selbst. Es hat nichts damit zu tun, seine eigene Persönlichkeit vollkommen zu verlieren. Hingabe ist das größte Geschenk an die Liebe.

Natürlich gehen wir Tag für Tag ein emotionales Risiko ein. Aber um eine Beziehung in ihrer Tiefe erfahren zu können, sollten wir uns ohne Ängste zeigen dürfen.

Halten Sie nichts zurück, was Sie in Ihrer Persönlichkeit ausmacht, denn sonst schneiden Sie sich von der Lebensenergie Ihrer Beziehung ab.

Finden Sie heraus, was Sie in Ihrer Beziehung vom Partner fernhält. Suchen Sie nach dem Ursprung in Ihnen selbst, denn

Ihr Partner spiegelt Ihnen Ihr eigenes Selbst und Ihre Ängste wider. Machen Sie sich bewusst, vor wem Sie sich *wirklich* verstecken oder gegen wen Sie kämpfen. Erst hinter dem »Schattenboxen« verbirgt sich Ihre *wirkliche* Beziehung.

Durch gegenseitiges Vertrauen ist es möglich, das Feld der Grabenkämpfe zu verlassen und gemeinsam eine erfüllte Liebesbeziehung zu erschaffen. Es lohnt sich!

Zum Ausklang

Unsere tiefste Angst ist nicht, dass wir unzulänglich sind. Unsere tiefste Angst ist, dass wir unermesslich machtvoll sind. Es ist unser Licht, das wir fürchten, nicht unsere Dunkelheit.

Wir fragen uns: »Wer bin ich denn eigentlich, dass ich leuchtend, hinreißend, begnadet und fantastisch sein darf?«

Wer bist du denn, es nicht zu sein? Du bist ein Kind Gottes. Wenn du dich klein machst, dient das der Welt nicht.

Es hat nichts mit Erleuchtung zu tun, wenn du schrumpfst, damit andere um dich herum sich nicht verunsichert fühlen.

Wir wurden geboren, um die Herrlichkeit Gottes zu verwirklichen, die in uns ist. Sie ist nicht nur in einigen von uns, sie ist in jedem Menschen.

Und wenn wir unser eigenes Licht erstrahlen lassen, geben wir unbewusst anderen Menschen die Erlaubnis, dasselbe zu tun.

Wenn wir uns von unserer eigenen Angst befreit haben, wird unsere Gegenwart ohne unser Zutun andere befreien.

Nelson Mandela: *Antrittsrede als Präsident von Südafrika im Mai 1994*

Literaturtipps

Erika J. Chopich, Margaret Paul: *Aussöhnung mit dem inneren Kind*, Ullstein, Berlin 2004

Dalai Lama: *Ratschläge des Herzens*, Diogenes, Zürich 2003

Deepak Chopra: *Das Tor zu vollkommenem Glück*, Knaur, München 2004

Theo Fischer: *Wu Wei*, Rowohlt, Reinbek 1992

Susan Forward: *Vergiftete Kindheit*, Goldmann, München 1993

Pierre Franckh: *Glücksregeln für die Liebe*, Koha, Burgrain 2002

Louise Hay: *Heile deinen Körper*, Lüchow, Freiburg 1989

Ein Kurs in Wundern, Greuthof, Gutach i. Br., 6. Aufl. 2004

Harriet Goldhor Lerner: *Wohin mit meiner Wut*, Fischer, Frankfurt 2001

Morris Netherton: *Bericht vom Leben vor dem Leben*, Scherz, München 1984

David Servan-Schreiber: *Die neue Medizin der Emotionen*, Goldmann, München 2006

Ron Smothermon: *Drehbuch für Meisterschaft im Leben*, Kamphausen, Bielefeld 2001

Sogyal Rinpoche: *Das tibetische Buch vom Leben und vom Sterben*, Fischer, Frankfurt 2004

Chuck Spezzano: *Wenn es verletzt, ist es keine Liebe*, Goldmann, München 2005

Thich Nhat Hanh: *Mit dem Herzen verstehen*, Theseus, Berlin 2003

Thich Nhat Hanh: *Das Sutra des bewussten Atmens*, Theseus, Zürich 1989

Tsokny Rinpoche: *Furchtlose Einfachheit,* Otter, München 2006

Sylvia Wetzel: *Leichter leben,* Theseus, Berlin 2002

Danke!

Danke den geliebten Menschen, die sich entschieden haben, mit mir zusammen als Seelenfamilie das Wunder des Lebens zu erleben: Pierre und Julia – durch euch habe ich erst begreifen dürfen, was Liebe ist.

Danke den Menschen, die mir in meiner Entwicklung zur Seite standen und die mir den Weg zu meiner inneren Freiheit zeigten: Tineke Noordegraf, Rayner Roehreke, Peter Schwind und Ludwig Koneberg.

Glück ist erlernbar – auch für dich!

288 Seiten. ISBN 978-3-442-33793-4

Freude, Liebe und Glück sind Grundbedürfnisse des
Menschen. Bestsellerautor Pierre Franckh zeigt, wie wir mit den
7 Schlüsseln zur Leichtigkeit des Seins wieder lernen, das Leben
als einen Entwicklungsprozess zu betrachten, der Freude erschafft –
für uns selbst und für unsere Mitmenschen.

Auch als Hörbuch!
ISBN 978-3-442-33940-2

GOLDMANN ARKANA

Überall, wo es Bücher gibt und unter www.arkana-verlag.de